現代社会学叢書

正統性の喪失
＊アメリカの街頭犯罪と社会秩序の衰退＊

Losing Legitimacy
:Street Crime and the Decline of Social Institutions in America

ゲリー・ラフリー　Gary LaFree

監訳 宝月 誠　訳 大山小夜・平井順・高橋克紀

東信堂

Losing Legitimacy:
Street Crime and the Decline of
Social Institutions in America
by Gary LaFree
Copyright©1998 by Westview Press,
A member of the Perseus Books Group
First published in the United States by
Westview Press, A Subsidiary of Perseus Books L.L.C.

本書初版はアメリカ合衆国において Perseus Books L.L.C. の
関連子会社 Westview Press により出版された。

Japanese translation rights arranged with Westview Press,
A Subsidiary of Perseus Books L.L.C., New York
through Tuttle-Mori Agency, Inc., Tokyo

Published by Toshindo Publishing Co., Ltd., Tokyo
1-20-6, Mukougaoka, Bunkyo-ku, Tokyo,113-0023,Japan

序　文

　本書の目的は、第二次世界大戦以降のアメリカにおいて街頭犯罪率が見せた劇的な変化を説明することである。研究を始めるまで、私はこうした劇的な変化があることを知らなかったが、偶然に戦後数年間の合衆国における殺人率のグラフを目にした1982年の夏に、本書の執筆は始まった。私はそのグラフに引きつけられた。そのグラフは、広い平野の上にそびえるゴツゴツした高い山脈のような形をしており、急激な坂を登り詰めると頂上が2ヵ所あり、その後はノコギリ状の峰が続いていた。第二次世界大戦直後は平坦な形をしていたのが、1960年代になると急激な上り坂を示し、1970年代後半には、高くてギザギザした複数の峰になっていたのである。

　実は、私は後になってアメリカの街頭犯罪率は、第二次世界大戦後50年間におよそ8倍に増加していることに気づいた。この増加には歴史的にみてパターンがある。街頭犯罪はたびたび急増し、アフリカ系アメリカ人の若い男性によるものがきわめて多い。このような急増した犯罪の大半は1960年代初めからわずか10年間に生じている。犯罪を生物学的刺激や心理学的衝動、あるいは緩慢に進行する社会的発展に求める一般的な解釈では、犯罪の数が時期によって変化したり、犯罪が特定の少数民族に不均衡に見いだされることを説明できない、と私はしだいに確信するようになった。

　こうした犯罪動向を引き起こしてきたものの正体を見極めるため、私は説明可能な情報を幅広く収集し始めた。これはやりがいのある仕事だった。数年間にわたる変化についてデータ群を収集する［縦断的］研究は、数として増えつつあるものの、犯罪学では、いまだにある一時点における変数関係を検

討する［横断的］研究が圧倒的に多い。とはいえ、データを蓄積し始めそれらを分析していくうちに、私は、変化する社会制度こそが、戦後のアメリカにおける犯罪動向を最も適切に説明できるとますます確信するようになった。

　制度は全人類にとって最も重要なものであろう。制度は人間行動を規制する主要なメカニズムであるとともに、私たちの道徳的価値の中心に位置しており、急速に変化し得るものである。本書の研究は、戦後の犯罪率が特に政治・経済・家族制度の変化と関係があることを示す。とりわけ、犯罪は政治に対する不信や経済的不平等、家族解体の増加にともなって増加した。こうした変化は、ことのほかアフリカ系アメリカ人にあてはまる。アメリカ社会は政治・経済・家族などの伝統的制度の危機に、他の社会的制度とりわけ刑事司法・教育・福祉に投資することによって対応してきた。伝統的制度が1990年代に安定し、さらに新しい制度が継続的に増大するにつれて、犯罪率は20世紀最後の数年間にようやく減少し始めた。本書で考察する犯罪と制度的正統性の動向は、比較的安定していた1940－50年代、激しく変動する1960－70年代、そして不安定な均衡の1980－90年代という変容のストーリーを語ってくれるのである。

ゲリー・ラフリー

謝　辞

　子育てと同じく、本の執筆は周囲の人々の協力が必要である。本書の最後の部分は、関連する調査論文を一緒に書いてきたクリス・ドラスに多くの支援を受けた。特に、クリスは本書では直接扱っていないが重要かつ複雑な計量分析を担当してくれた。この分析は、本書の基礎をなす多くの結論を発展させてくれている。

　私はすばらしい同僚に恵まれた。彼や彼女らはみな熱心に根気強く有益な助言や批判を与えてくれた。その人物をあげさせてもらえば、とりわけミッシェル・ハッソン、パット・オデイ、クリス・ラック、それにアキ・タケウチの大学院生の諸君は、データ収集の様々な段階において協力してくれたし、本書でのトピックの多くについて私を刺激してくれた。クリス・バークベック、マルコム・フィーリー、ボブ・フィアラ、ボブ・オブライアン、リン・ピッカード、ラリー・ロス、バート・ユーシーム、リチャード・ウッドには、草稿に目を通してもらい、有益なコメントをいただいた。このシリーズの編者であるジョン・ハーガンには、コメントだけでなく、絶えず私を支えて下さったことに感謝したい。同じように、ウェストビュー出版社のマーカス・ボッグス、アディナ・ポペスク、リサ・ウィグトフは、ずっと私を支え助けてくれた。

　私はこれまで精力的に詳細な論文を書くことに集中してきた。ようやく一冊の本を完成できると感じることができるようになった。第3章は、ダーネル・ホーキンス（Darnell Hawkins）の編集でニューヨーク州立大学より出版された『民族性、人種、犯罪（Ethnicity, Race, and Crime）』の初出論文に手を加えて

いる。第6章は、クリス・ドラスと共著で「ソーシャル・フォーシーズ (*Social Forces*)」(1997年第75巻)誌に掲載された初出論文を修正している。第7章と第8章は、クリス・ドラスと共著で「アメリカ社会学評論 (*American Sociological Review*)」(1996年第61巻)に掲載された初出論文に同じく手を加えている。これらの修正原稿の掲載は、全て出版社と雑誌社の許可を得ている。

　機関からの援助に常に恵まれていたことも大いに助けになった。特に、本書で報告している調査は、ハリー・フランク・グッゲンハイム基金 (Harry Frank Guggenheim Foundation) の補助による。ニューメキシコ大学では、この研究課題を完了するために有給で一学期間を休ませてもらった。大学の社会調査センターのジェフ・ミックス、クリス・ポーリー、それにブロック・パキンス、社会学部のローズ・ミュラー、カレン・メージャーズには、文献調査や図表の作成、原稿の下調べに多くの協力をいただいた。

　もちろん、解釈とあらゆる技術的な誤りの責任はすべて私にある。しかし、関係者諸氏、諸制度の援助がなければ、多くの誤りが見逃されたことであろう。

ゲリー・ラフリー

正統性の喪失──アメリカの街頭犯罪と社会制度の衰退──／目次

序　　文 (i)
謝　　辞 (iii)
図表一覧 (x)
凡　　例 (xii)

第1章　戦後の犯罪動向を理解する　3
1 アメリカの犯罪動向を解釈する　6
2 犯罪動向が語ってくれること　8
3 犯罪と社会制度　10
　戦後アメリカにおいて変化する社会制度 (12)
　制度と歴史上の犯罪パターン (12)
　制度と犯罪者の特徴 (13)
4 犯罪への制度的対応　14
　注 (16)

第2章　犯罪の波──戦後アメリカにおける街頭犯罪の動向──　19
1 公式犯罪データ　20
2 自己申告調査の台頭　22
3 全米犯罪被害調査　23
4 犯罪データ源を比較する　26
5 戦後アメリカの街頭犯罪の動向　29
　暴力犯罪 (31)
　財産犯罪 (33)
6 戦後の犯罪動向についてさしあたり明らかになったこと　35
　犯罪と犯罪に対する人々の認知 (35)
　諸動向の類似点 (38)
　3つの戦後犯罪期 (38)
7 諸動向をより広い文脈で捉える　39

より長期的な歴史的動向 (39)
　　国際比較 (40)
　　要約と示唆 (43)
　8 戦後アメリカの犯罪動向を説明するために……………………… 44
　　注 (47)

第3章　戦後アメリカにおける犯罪者の特徴と犯罪動向 …………………………………………53

　1 犯罪者の特徴に関するデータ……………………………………… 54
　　性別と犯罪 (58)
　　年齢と犯罪 (62)
　　小括——性別・年齢・犯罪 (67)
　2 戦後アメリカにおける人種と犯罪…………………………………… 68
　3 人種と民族集団別の検挙動向……………………………………… 68
　4 横断的な人種別検挙率……………………………………………… 70
　5 アフリカ系アメリカ人の犯罪と白人の犯罪における戦後の動向…………………………………… 72
　6 犯罪者の特徴と戦後の犯罪動向…………………………………… 74
　　注 (77)

第4章　既存の犯罪理論の評価 ………………………………………… 83

　1 既存の犯罪理論……………………………………………………… 83
　　個人に原因を求めるパースペクティブ (84)
　　社会に原因を求めるパースペクティブ (89)
　2 戦後アメリカの犯罪動向の説明に向けて………………………… 98
　　注 (100)

第5章　犯罪と社会制度 ………………………………………………… 105

　1 制度の正統性・変化・犯罪………………………………………… 108
　　制度の正統性 (110)
　　制度はどのように犯罪を規制するか (112)

2　犯罪と社会制度……………………………………………………115
　　政治制度と犯罪 (117)
　　経済制度と犯罪 (118)
　　家族制度と犯罪 (121)
　　新しい制度の反応 (123)
　　戦後アメリカの犯罪率の制度モデル (124)
　3　戦後の制度的変化の時期………………………………………127
　　注 (128)

第6章　犯罪とアメリカの政治制度 …………………… 137

　1　政治制度と犯罪……………………………………………………138
　　政治の正統性と犯罪との関連の再評価 (140)
　　政治の正統性の測定 (143)
　2　不信の時代のはじまり………………………………………144
　　公民権運動 (145)
　　ベトナム戦争 (146)
　　ウォーターゲートおよび一連の政治スキャンダル (148)
　3　戦後アメリカの政治的正統性の衰退……………………149
　　政府に対する態度 (149)
　　政治的態度と犯罪学研究 (153)
　　信頼できない行為 (155)
　4　犯罪動向と公民権－関連行為………………………………157
　5　要約と結論…………………………………………………………162
　　注 (163)

第7章　犯罪とアメリカの経済制度 …………………… 171

　1　犯罪と経済制度……………………………………………………171
　　緊張理論 (175)
　　絶対的・相対的な経済的圧迫 (177)
　　小括：経済的圧迫・正統性・犯罪 (179)
　2　戦後アメリカの経済的正統性と犯罪……………………179

戦後初期（1946年－1960年）(180)
戦後中期（1961年－1973年）(181)
戦後後期（1974年－1996年）(185)
アフリカ系アメリカ人・犯罪・戦後経済 (187)
アフリカ系アメリカ人・犯罪・移住 (190)
  3 結論：犯罪と戦後経済……………………………………… 193
  注 (195)

第8章　犯罪とアメリカの家族の変貌……………… 201
  1 家族組織と正統性……………………………………………… 202
  家族制度はどのように犯罪を規制するのか (202)
  家族の正統性と犯罪 (203)
  犯罪と家族の正統性に関する研究 (206)
  2 家族の変貌と犯罪動向………………………………………… 207
  ニュー・ファミリーとノー・ファミリー (208)
  アメリカ家庭の少人数化 (212)
  アフリカ系アメリカ人家族と白人家族 (215)
  3 家族と他の制度との関係……………………………………… 217
  4 結論と含意……………………………………………………… 219
  注 (220)

第9章　正統性の危機への制度的対応……………… 227
　　　　　——刑事司法・教育・福祉——
  1 刑事司法・教育・福祉制度の戦後の動向…………………… 229
  刑事司法制度 (229)
  教育制度 (231)
  福祉制度 (233)
  2 新しい制度的対応の影響——時期ごとに考察——………… 233
  3 教育・福祉・犯罪……………………………………………… 235
  アフリカ系アメリカ人と教育 (237)
  公共の福祉と犯罪 (239)

4　戦後アメリカにおける犯罪と刑事司法システム……………241
　　アフリカ系アメリカ人と刑罰 (245)
　　刑事司法制度の犯罪への影響の評価 (246)
　　前衛型戦略への新しい関心 (250)
　5　要約と結論…………………………………………………251
　注 (252)

第10章　戦後アメリカにおける犯罪と制度的正統性……… 259

　1　3つの制度の関係………………………………… 263
　2　犯罪を減らすために何をなし得るか？……………265
　　政治制度 (265)
　　経済制度 (268)
　　家族制度 (270)
　　刑事司法制度・教育制度・福祉制度 (273)
　3　研究・理論・社会政策への示唆………………………… 277
　　縦断的研究の重要性 (277)
　　諸外国への示唆 (278)
　　グローバル化の影響 (280)
　4　制度・犯罪・社会変動………………………………281
　注 (283)

訳者あとがき………………………………………………… 291
事項索引…………………………………………………… 299
人名索引…………………………………………………… 307

図表一覧

表

2-1 合衆国と先進17ヵ国の（人口10万人当たりの）殺人率（1960年・1991年）(41)
3-1 UCRの人種別検挙率（1990年）(70)
3-2 NCVS全国データに基づく、各人口下位集団における潜在的犯罪者10万人当たりの推計年間強盗率（1973－1977年）(75)

図

2-1 街頭犯罪総件数（1946－1996年）(30)
2-2 殺人率（1946－1996年）(32)
2-3 強盗率（1946－1996年）(33)
2-4 不法目的侵入率（1946－1996年）(34)
2-5 17ヵ国における、不法目的侵入被害者の年間割合(42)
3-1 成人男性の強盗と不法目的侵入による検挙件数に対する、成人女性の割合（1965－1992年）(60)
3-2 若者の割合と強盗率（1946－1995年）(64)
3-3 殺人による成人検挙率に対する青少年（18歳未満）検挙率の比率（1965－1992年）(66)
3-4 人種別強盗検挙率（1946－1996年）(72)
5-1 制度の変化・正統性・戦後の街頭犯罪率(125)
5-2 戦後アメリカにおける制度の正統性と街頭犯罪率の縦断的関係(127)
6-1 アメリカ政府を信頼している者の割合（1958－1996年）(150)
6-2 政治家は不誠実だと考えるアメリカ人の割合（1958－1996年）(151)
6-3 合衆国地方裁判所における民事訴訟の全件数と強盗率（1946－1995年）(156)
6-4 集合行為件数と強盗率（1955－1991年）(159)
7-1 男性の収入中央値と強盗率の動向（1947－1995年）（1955年ドルを基準に換算）(182)
7-2 世帯収入格差と強盗率の動向（1957－1990年）（1990年ドルを基準に換算）(183)
7-3 年間物価上昇率と強盗率（1948－1995年）(184)
7-4 アフリカ系アメリカ人男性と白人男性の収入中央値の動向（1948－1995年）（1995年ドルを基準に換算）(188)
7-5 人種と収入の格差（1957－1990年）（1990年ドルを基準に換算）(190)

8-1　離婚と強盗率（1946－1994年）(211)
8-2　人種別母子世帯比率（1957－1995年）(216)
9-1　3－4歳の就学率と強盗率（1965－1993年）(236)
9-2　アフリカ系アメリカ人男性と白人男性の就学年数の中央値（1957－1990年）(238)
9-3　福祉財政支出と強盗率（1948－1992年）（1995年ドルを基準に換算）(240)
9-4　拘禁率と強盗率（1946－1994年）(244)

凡　例

1. 本書は、Gary LaFree, *Losing Legitimacy : Street Crime and the Decline of Social Institutions in America*. 1998. Westview Press の全訳である。
2. 原文のイタリックは、訳文では傍点を付した。
3. ただし、各章の冒頭部の引用文は原文ではイタリックで記されているが、訳文では傍点や括弧をつけずに、段落を落として訳出した。
4. 原文の引用" "は訳文では「 」で示した。
5. 各章の注は、各章末にまとめた。
6. 本文中の[ ]は読者の理解を助けるために訳者が加えたものである。ただし、47頁の[訳注]の箇所を除くと、注に含まれている[ ]は原著にもとづくものである。
7. 人名の原語は人名索引で示しておいた。
8. 本文での引用文は、引用文献のページが記されていなかったり、該当個所に見当たらないことも多いために、翻訳書があっても引用文献に対応する訳書の該当ページを全て示すことはできなかった。

正統性の喪失
――アメリカの街頭犯罪と社会制度の衰退――

第1章　戦後の犯罪動向を理解する

歴史も個人の人生と同じように軽い、明日はもう存在しない舞い上がる埃のような、羽のように軽い、耐えがたく軽いものなのである。
（ミラン・クンデラ，『存在の耐えられない軽さ』，1984）[1]

歴史とは、われわれのささやかな生命が腐葉土そのものになる前に、育っていく事実の不吉な腐葉土、先に死んでいった者たちの脆い、褐色の朽ちていく層、ひじょうに深く、堅く圧縮すればペンシルヴァニアの石炭のようになる層なのだ。
（ジョン・アップダイク，『さようならウサギⅠ』，1990）[2]

　第二次世界大戦後から1990年代初めにかけて、アメリカにおける街頭犯罪の数は急激に増加した。殺人率は2倍に、強姦率は4倍に、強盗と不法目的侵入の率は5倍に膨れ上がった。1990年代初めまでに、毎年ほぼ2万5,000人のアメリカ人が殺害されている。つまり、たった2年間で殺害されたアメリカ人は、ベトナム戦争の戦死者を上回る。12年間ならば、その数は第二次世界大戦の戦死者を上回る。1994年に推計62万人のアメリカ人が強盗の、10万2,000人が強姦の、110万人が暴行の被害を受けている[3]。これらを合わせると、第二次世界大戦後から1990年代初めまでのあいだに警察に通報された殺人や強盗、強姦、加重暴行、不法目的侵入、窃盗罪の率は8倍に増加しているのである。
　これらの動向が戦後アメリカの社会的・政治的状況にとってどれほど重要なものであるかを判定するのは難しい。多くのアメリカ人は、コミュニティの住人が夜間、安心して玄関の鍵をかけなくてよかった時代や、用事を済ま

すまでのあいだ車にキーをつけっぱなしでいられた時代のことを、見聞きしたことがある。こうした話のなかには、むろん大げさなものもある。しかし、街頭犯罪の増加が第二次世界大戦後のアメリカにおいて、事実上、日常生活のあらゆる局面に影響を及ぼしたのは明白である。現在、アメリカ人は国家として、街頭犯罪を防止するために、警官や裁判官、弁護士、矯正院官、防犯システム、民間警備員に毎年何10億ドルもつぎ込んでいる。アメリカ人は自家用車用に特別な盗難防止装置を購入し、家には精巧な警報システムを設置し、大方の先進国の国民よりも犯罪者から身を守るために銃器にたよっている。さらに、アメリカ人が購入するほとんどのものには、防犯と犯罪保険の費用が含まれているので、出費は実質的に割高になっている。

犯罪はしだいに戦後期の一般的政策と国家行政を方向づけるようになっている。合衆国は地方政府の緩やかな連邦として始まったので、刑事司法問題は歴史的に州と地方の問題とされてきた。とりわけ、国家警察に類するものは長年反対されてきた。今日、状況は全く異なっている。治安強化は国家行政において主要な論点となってきている。1960年代初め以降、大統領選挙運動では毎回、犯罪と治安強化の問題に注目が集まっている。連邦政府は、現在、犯罪防止の援助を任務とする巨大な国家官僚を抱えている。犯罪防止は、1960年代の大規模な社会計画を正当化するものであった。犯罪に対する恐怖は、1970年代後半を起点に、刑務所の被収容者数を全国的に激増させた。犯罪への関心は、いまや政府のあらゆるレベルにおいて、重大な政治的問題となりつつある。そして、全世界に及ぼす合衆国の影響力ゆえに、合衆国の犯罪動向を理解することは、他の諸国にとっても重要な意味を持つかもしれない。

犯罪の財政上の重要性やそれが合衆国の社会政策に与える影響、他の諸国に与えるその意義以外にも、正確に測定することは困難であるとしても、大きな混乱をもたらす犯罪の目に見えない影響がある。アメリカ人のなかには自分たちの近隣社会に、事実上閉じこもって生活している者もいる[4]。その他の大多数の人々は、普段から犯罪を恐れて、夜間は特定の地区に近寄らな

かったり、車や徒歩で帰宅する時、道順を変えたりする。犯罪に対する恐怖は、住居や子どもの学校の選択を左右するようになってきている。犯罪を適切に防止すべき警察の能力に対して信頼が低下するにつれて、独自に調達可能な民間の防犯システムや警備員に頼る人々が増加し始めている。国じゅうで、周囲が壁で防備され、防犯通用門が設置され、武装した巡視者がいることが、建て売り住宅とマンションの重要なセールスポイントになりつつある。

　実際のところ、街頭犯罪がアメリカ社会に及ぼしてきた代償を推定するのは不可能であろう。子どもたちが顔なじみの子が殺害された経験をもつ最悪の暴力的な都市状況ですら、その環境の社会的コストを推定することは難しい。同様に、白昼でも外出するのが恐ろしい地域に住む住民の社会的コストや、公的財源を新しい学校や公園やコミュニティセンターにではなく、刑務所や警察支署、拘置施設の設置のために投入した場合の社会的コストを推定することは困難である。

　本書の目的は、第二次世界大戦後のアメリカにおける街頭犯罪の動向、とりわけ1960年代と1970年代の犯罪の「波」[5]について記述し、説明することである。街頭犯罪という用語は不明確であるが、一般に殺人や強盗、強姦、加重暴行、不法目的侵入、窃盗というよく知られた犯罪を含んでいる。社会学者ダニエル・グレーザーは、これら犯罪の全てが他人を「食い物」にしたり、その財産を「奪う」犯罪者を含んでいることから、これらを「略奪的」(predatory)と名づけた[6]。彼は、こうした犯罪と、売春やギャンブルのような「非略奪的」(non-predatory) 犯罪を対比した。本書は、特に略奪的犯罪に関心を持っている。というのも、それらが人々の際立った恐怖と関心をよぶからである。また、略奪的犯罪は、社会から最も広く非難を招く。おそらく、こうした特徴があるため、私たちは他のどのタイプの犯罪にもまして略奪的犯罪に関する十全な情報を手にしているのである。

1 アメリカの犯罪動向を解釈する

　本書で採用するアプローチは、次の3点において独自性がある。第1に、州や都市、個人レベルの犯罪データではなく、ほぼ全国レベルの犯罪データを扱っている。[確かに]全国レベル以外のデータ源をみれば、都市や州の特徴がどのように犯罪率に関係しているかとか、いかなる特徴を持つ個人が犯罪に関わる可能性が高いかについて、多くのことを知ることができる。しかし、本書では、20世紀後半の犯罪動向についてより幅広い理解を目指している。本書の一貫した関心は、合衆国という全国レベルの変化が戦後の犯罪率とどのような関係があるかという点にある。

　第2に、犯罪に関する先行研究の大半は、横断的な「スナップ写真」に基づいており、ある時点における個々人や地理上の単位(例えば、都市や郡、州など)を比較する。こうしたスナップ写真は、なぜあるタイプの人は犯罪をおかしやすいのか、なぜ犯罪率が地域や地区によって高かったり低かったりするのか、といった問いに有益な比較情報を与えてくれる。しかし、それらは時系列的な変化が犯罪動向とどのように関係してきたかという問いには、あまり答えてくれない。そうした横断的分析を重視してきたため、犯罪に関する大半の考え方は、歴史家エリック・ホブズボームが名づけた「永続する現在」(the permanent present) の罠に捕われてしまっている[7]。例えば、最近では研究者と政策立案者は合衆国における目下の高い犯罪率を検討して、合衆国が常に暴力的文化ないし「犯罪生成的」(criminogenic) な文化[8]であると結論づけるようになりつつある。だが、これからみていくように、合衆国文化は一般的に犯罪生成的といわれているものの、1940年代と1950年代には、比較的低い犯罪率を示していたのである[9]。

　さらに、合衆国の犯罪率はこの100年において、横断的分析では見過ごされていた大きな変化を受けている。犯罪率は戦後期を通じて一様に上昇していたわけではない。犯罪率は横ばいや減少の時期もあれば、著しい増加の時期もある。犯罪率が時とともにどのように変化しているかを考察し、さらに

そうした変化の相関関係に目を向けることによって、戦後アメリカの犯罪動向が主要な社会的・経済的・政治的展開とどのように関係しているのかについて、考察したいのである。

　最後に、確かに気持ちはわからないわけではないが、私たちは、おそらく戦後アメリカにおいて人種と犯罪との関係を直接扱うことに気が進まなかったため、犯罪の諸問題を正確に記述し、それらを効果的に扱うことができずにいた。大都市の環状線のように、合衆国の犯罪と司法に関する議論は必然的に人種問題につながる。こうしたつながりは、過去にも存在しなかったわけではない。それはかつて注目された、アメリカ人の民族集団間に見いだされる民族と犯罪との関係に似ている。例えば、ある研究によると19世紀のアイルランド系とドイツ系の移民は、ニューヨーク市の街頭犯罪に関わる割合がとりわけ高く[10]、また、20世紀初頭の20年間、フィラデルフィアにおいて殺人罪で投獄されたイタリア系移民は、他の民族集団に比べてはるかに多かった[11]。

　1990年代半ば、アフリカ系アメリカ人は合衆国人口のわずか12パーセントを占めるにすぎない[12]。しかし、強盗による逮捕者総数の59パーセント、殺人による逮捕者総数の54パーセント、強姦による逮捕者総数の42パーセントがアフリカ系アメリカ人である[13]。これは、アフリカ系アメリカ人の強盗逮捕率が、他の民族集団を合わせた逮捕率の10倍を超えていることを意味する。20世紀後半の推計によれば、アメリカの大都市に住む全アフリカ系アメリカ人男性の半数以上は、少なくとも生涯に1度は重罪で逮捕されることになる[14]。

　このような厳然たる統計は、全国の刑務所や拘置所、保護観察所、郡の死体保管所のなかで再生産されている。1990年代半ばにおいて、20歳から29歳までの黒人男性総数のほぼ25パーセントは、合衆国の刑務所か拘置所にいるか、保護観察下に置かれているか、仮釈放中の身であった[15]。実際、1990年代の合衆国では、黒人男性は実質的には単科大学と総合大学にいる者(43万6,000人)よりも、矯正システムに入っている者(60万9,690人)のほうが多かった[16]。都市部の若い黒人男性にとって、殺人による死亡が主な死因になりつ

つある[17]。こうした動向が21世紀にも続くようであれば、黒人男性の21人に1人は殺害されることになろう[18]。

　こうした統計は否定的な評価を与えてしまうので、戦後アメリカでは一般に人種と犯罪との関係を真っ向から検討することにためらいがある。実際、社会学者ウィリアム・ジュリウス・ウィルソン[19]によれば、かつてこうした問題を検討した学者に激しい批判が寄せられたため、多くの研究者は人種を絡めた犯罪研究を避けてきたという[20]。それにもかかわらず、戦後の犯罪動向に関するあらゆる説明は、刑事司法システムに関わりを持つ若いアフリカ系アメリカ人男性が、不釣り合いに多いことを解明しなければならなくなってきている。

2　犯罪動向が語ってくれること

　アメリカにおける戦後の街頭犯罪の動向を概観すると、3つの主要な結論が得られる。第1の結論は、犯罪率の変化には、極端に上昇した時期があるということである。とりわけ、1960年代初めから1970年代後半にかけてである。第2の結論は、ここで考察した犯罪は、かなり一貫した歴史的パターンを示しているということである。戦後の犯罪期はおおまかに3つに分けられる。すなわち、犯罪率が低くて安定している初期（1946年－1960年）、次いで犯罪率が急増する中期（1961年－1973年）、さらに犯罪率が高くて安定している後期（1974年以降）である。第3の結論は、データによればアフリカ系アメリカ人、とりわけアフリカ系アメリカ人の若い男性が、すでにみてきた犯罪パターンの生産に不釣り合いなほどに貢献していることが一貫して示されているということである。これら3つの結論は、戦後アメリカの犯罪を理解する上で重要な示唆を与えてくれる。

　犯罪がひたすら急速に変化しているということは、広い範囲で重要な意味を持つ。いくつかの点で犯罪の波は、政党や社会運動の出現などのかなり組織化された社会的出来事とは違って、捉えにくい現象である。犯罪の波は、

多様な個々人の行動を通じて生まれる。すなわち、交流がほとんどなく、組織も特定の資源も持たず、一般にイデオロギーや世界観の共有に欠けた主に単独ないし小集団を通じて、犯罪の波は生まれるのである。それにもかかわらず、別々に行動することがほとんどであるこのような多様な個々人は、強盗がそうであるように、地域は異なっても形態のかなり似通った犯罪行動を増加させ得る。

戦後の犯罪率の急速な変化をどれだけ適切に説明できるかによって、犯罪論は支持できるものと説得力に乏しいものに分けられる。犯罪行動に関する多くの一般的説明は、変化に乏しい生物学的・心理学的・社会的特徴に基づいている。だが、もし犯罪が深く根付く生物学的衝動や、緩慢にしか発達しない心理学的特徴や、世代間を通じて広範に受け入れられている文化的価値によって生じるものであるならば、短期間に犯罪率が2倍や3倍になっていることを説明できない。戦後の犯罪が急速に変化していることからして、犯罪を規制する変数もまさにそうした状況の下で急速に変容し得るものであるに違いない。本書の大きな関心は、戦後中期に生じた爆発的な犯罪の増加を説明できる戦後アメリカの急速な変化を確定することにある。

戦後の犯罪動向について特定の時期を取り上げて考察すれば、さらに洞察が得られる。例えば、犯罪率が1960年代初めに急増したとなれば、犯罪の説明変数も、ほぼ同じ時期に同程度の変化を受けていることになろう。同様に、犯罪率が1950年代に比較的低くて安定していたとすれば、犯罪の説明変数は、その時期、同じような特徴を示すことになろう。実際、1960年代から1970年代までの犯罪の波によって、犯罪に関するいくつかの一般的説明はかなり疑問視された。というのは、犯罪の爆発が起こっていたのは多くの経済的諸条件が良好であり、また教育機会がいまだかつてないほど広がり、さらに不利な状況におかれた集団とりわけ人種的マイノリティ集団の成員にも平等の権利が与えられた時期だったからである。

最後に、戦後期におけるアフリカ系アメリカ人による犯罪行動は、犯罪に関する自由主義と保守主義の見解双方にとって、深刻な問題を投げかけてい

る。自由主義的見解は、アフリカ系アメリカ人の犯罪率が、なぜ明らかに差別的だった1940年代から1950年代にかけて最も低く、差別的な状況が緩和されたと思われる1970年代から1980年代にかけて最も高かったのかを説明できない。保守主義的見解は、アフリカ系アメリカ人は現代の民主国家においていまだかつてないほど広い範囲の及ぶ処罰制度を身近に経験していると思われるのに、その犯罪率がなぜ1980年代から1990年代にかけて極端に高い水準を保っているのかを説明できない。

戦後アメリカの街頭犯罪の動向とこうした問題に関する先行研究に基づくと、戦後アメリカの犯罪パターンに関して最も妥当な説明は、社会制度の強度による説明であると結論づけられよう。この議論については後で詳細に述べるが、ここでは導入として、簡単に概観しておこう。

3 犯罪と社会制度

本書の大きな論点は、アメリカにおける歴史的・社会的変化が制度の正統性に危機をもたらし、そのことが犯罪の波を引き起こしたというものである。基本的なことを確認しておこう。制度(institution)とは、人々がともに生活するために発展させたパターン化され、相互に共有されたしきたり(ways)のことである[21]。それらは人間行動を定義づけ、かつ規制する規則や法律、規範、価値、役割、組織を含む。また、ここで用いられている正統性(legitimacy)とは、制度が社会成員にその規則や法律、規範を従わせることが容易であるかどうかを示すものである[22]。

社会学者ピーター・バーガーは、制度が人間行動をすでに確立された「慣例」(grooves)へと導くことを指摘している[23]。制度をこのようにみると、同調を厳しく強いる社会は厳格な慣例を持ち、同調をさほど強いることのない社会は緩やかな慣例を持つとみなされよう。本書では、戦後の合衆国において人間行動を抑えていた慣例が、1960年代初めにおいて緩やかなものになり始めたことを論じる。この過程は1960年代全般にわたってみられ、1970年代を

通じてもほぼ続いた。1990年代になるとこの過程は安定し、少し以前の状態にさえ戻った。

　犯罪が社会に潜在的な脅威を与えるとすれば、大部分の社会制度はそれをコントロールする役割を担っていると考えてよかろう。だが、制度のなかには、他に比べて明らかにより中心的に、犯罪をコントロールしているものがある。犯罪とそのコントロールに関連する制度として、政治制度と経済制度、家族制度の3つの制度が研究者と政策立案者によってしばしば取り上げられてきた。

　政治制度は全ての統治機構を含む。すなわち、政治的決定を執行する裁判所や立法府、軍部、行政機関である。刑法は政府が制定するため、政治制度は犯罪のコントロールにとってとりわけ重要である。政治制度は公平かつ公正なやり方を示すことによって、個人に自ら社会規則を守るよう動機づけ、他者にこれらの規則を厳守するよう促すことで、犯罪を減少させることができる。

　経済制度は、基本的な身体的・社会的必要性を充たし、少なくとも基本的な物質的満足を与える。経済制度は、個々人の犯罪をおかそうとする動機を減退させるにとどまらず、家族やコミュニティや法システムを助けて、成員の犯罪への関与を抑制し、それにもかかわらず犯罪をおかす場合には、彼らを逮捕・処罰・矯正することを容易にすることによって、犯罪の抑止を促す。けれども、経済制度は、法に従うよりも犯罪のほうを相対的に魅力的なものにしたり、犯罪を防止する公式・非公式の社会的コントロール機構の有効性を衰えさせることによって、犯罪を増加させてしまうこともある。

　家族制度は、まず成員を遵法的になるよう社会化する。さらに、不断のフィードバックと監視を通じて成員を確実に社会規則に順応させ、犯罪を減少させる。したがって、家族は、社会化と社会的コントロールの両方の執行者として、犯罪のコントロールにとって欠くことができない。また家族は、成員を他者による犯罪行動から直接保護するという点においても重要である。

　私は、アメリカにおける戦後の街頭犯罪の動向についての妥当な説明は、

最低限こうした動向の持つよく知られた特徴を解明すべきであると思う。もし制度が戦後の犯罪動向の原因であるならば、制度は戦後期に急速に変化してきたに違いない。あるいは、制度の変化は、犯罪動向と平行したパターンを示し、集団レベルの犯罪率と同じように、人種・性別・年齢別の下位集団（とりわけアフリカ系アメリカ人）に影響を与えてきたはずである。

戦後アメリカにおいて変化する社会制度

　本書ではかなりの部分を割いて、戦後期の主要な社会制度と犯罪パターンの関係を記述している。しかし、ここでは導入として、政治・経済・家族制度の変化について一般的な輪郭を簡単に示そう。大半の人々にとって、社会制度が急激に変化し得ることは、常識でははかれず、直観に反するものでさえあるだろう。現実に、制度が最も効果的に機能するのは、一般に、それが堅固で、永続的で、不変的な性質を持っていると、社会の成員が確信を抱いている時である[24]。だが、過去半世紀間にわたるアメリカの主要な制度の動向をざっとみるだけで、これらの制度が実際にどれほど急速に変化してきたか、印象的な証拠をあげられよう。

制度と歴史上の犯罪パターン

　歴史的にみると、大半のアメリカ人は戦後期に入っても引き続き、政治制度に対してかなり高い水準で信頼を寄せていた。このことは誰もが納得するであろう。1990年代のいくぶん偏った見方から判断すると、1940年代のアメリカ人が自分たちの政府と法律に対して抱いていた信頼は、今となっては全く素朴なものに思われる。他の何よりも戦後期の不信を増大させた歴史的出来事を仮に1つあげるとするならば、それは、アフリカ系アメリカ人に対する人種差別と最終的にそこから生じた集合的な政治的活動であろう。私は後で、政府に対する人々の信頼が1960年代から1970年代にかけて深刻に減退し始めたことを論じ、この不信水準の上昇がその後の街頭犯罪率の急増と直接に関係する可能性を考察する。

第二次世界大戦終結時、合衆国はまぎれもなく世界経済の指導者であった。戦争は、確かに生命を失わせ資源を枯渇させたけれども、合衆国に他の先進諸国よりもかなり有利な経済的地位を与えた。戦後期の経済的指標と犯罪の関係を検討する研究者が直面した真の難題は、多くの点で1960年代から1970年代初めにかけて、経済力が全般的に強力であったことである。だが、それぞれの経済尺度が示していることには差異があり、それぞれ独自なものである。貧困や失業のような絶対的経済尺度は戦後中期において合衆国で比較的好転していたが、不平等や物価上昇といった相対的尺度はさほど順調ではなかった。とりわけ、戦後中期は収入格差が実質的に広がり、戦後期全般を通じて物価上昇率は最大であった。

　アメリカの家族は、ほぼどの尺度でみても、過去半世紀にわたって異例の変化を経験してきた。男性優位の核家族は、第二次世界大戦後の大半のアメリカ人にとって、規範であるばかりか目標にもされていた。しかし、それは1960年代から1970年代にかけて、急速に批判されるようになった。伝統的な家族形態に対する態度の変化は、まぎれもなく桁外れの経済変化によっても影響を受けている。国際性を増す経済が戦後期に国家的規模で発展するにつれて、家族で営む農場はほとんど消滅し、女性は記録的な数で賃金労働に参入し、子どもや多数の若者が学校で過ごす時間は顕著に増えた。伝統的な家族形態に対する不満や経済のもたらした家族変化によって、世帯と全く関係なく生活する者だけでなく、単親世帯や「混合」(blended)世帯で生活するアメリカ人の割合は急増した。後に論じるが、家族制度のこうした変化は、犯罪率の急増の一因となった。逆に言えば、家族の変化が戦後後期に緩慢になり、新しい家族形態がより一般的なものになるにつれて、犯罪率が安定化したことに対するいくつかの証拠を20世紀終盤に見いだすことが可能となった。

制度と犯罪者の特徴

　戦後の犯罪に関して妥当な説明は、アフリカ系アメリカ人の高い犯罪率についても解明できなければならない。実際、犯罪の一般的動向と比べて、ア

フリカ系アメリカ人の犯罪率は戦後のあいだにとりわけ劇的な変化をみせた。社会制度の正統性とアフリカ系アメリカ人の犯罪動向の関係を強調することは、人々の関心を引きつける。アフリカ系アメリカ人の歴史をみると、次のように結論づけるのが確かなように思われる。すなわち、他のアメリカ人に比べると、アフリカ系アメリカ人は戦後期を通じて社会制度とのつながりが弱かった。とりわけ、アフリカ系アメリカ人は他の成員以上に、戦後において、政治制度に対する不信や経済的不満、家族の構造と機能における変化を経験していたといえよう。

4 犯罪への制度的対応

　戦後、制度の正統性は衰退し犯罪率は激増した。その間、アメリカ人がそれをただ傍観していたわけではないことを指摘する必要がある。制度は人間の創造したものであり、社会は新しい社会を創り出し、自分たちの必要性を充たすよう古い社会を改編する[25]。戦後期、アメリカでは、刑事司法や教育、福祉という犯罪のコントロールに直接関わる3つの制度が著しく発達し拡大した。

　これら3つの制度は、それぞれ犯罪との関係においてその方向性が明らかに異なる。刑事司法制度は、犯罪と最も直接的に関わっている。それとは対照的に、教育と福祉への援助の増大は、戦後多くの理由から、犯罪のコントロールを補完もしくは代替するものとして正当なものとされた。さらに、教育と福祉に資金を投入した時期と、その公的政策における見解の双方を検討してみると、次のことが明らかになる。すなわち、これらの制度が戦後期とりわけ犯罪が増加した1960年代・1970年代の20年間とそれ以後にいっそうの援助を受けたのは、それらが犯罪率を減少させるであろうという期待もあったからである。このような資金投入の時期と政策の関係は、「法執行と司法運営に関するリンドン・ジョンソン大統領委員会」が提出した影響力ある1967年初版の報告書において明白である。「貧困や住宅不足、失業との闘い

は、犯罪との闘いである。公民権に関する法は、犯罪防止のための法である。就学費用は、犯罪防止費用である。医学的、精神医学的、家族的カウンセリング・サービスは、犯罪防止サービスである。より広大でより重要なのは、アメリカにおいて『インナーシティ』の生活を向上させるために行われるあらゆる努力が、犯罪を防止するための努力である点である」[26]。

　刑事司法や教育、福祉の制度を強化させることによって、正統性を復活させ、犯罪をコントロールしようとしたアメリカの努力は、部分的には成功した。事実、もし合衆国が刑事司法や教育、福祉の制度への援助を強化していなければ、政治に対する信頼の低下や経済的不満の増大、家族解体が犯罪率に及ぼす複合的な効果は、おそらくかなり壊滅的なものであっただろう。伝統的な社会制度の強度が安定し、刑事司法や教育といった制度に投入される費用が増大するにともなって、アメリカの犯罪率はついには横ばい状態になり、20世紀の終わり頃には若干低下さえし始めたのだ。

☆　　☆　　☆

　制度と戦後アメリカの犯罪動向について、こうした予備的考察を行ったのは、答えを出すためというよりも、論点を明確にするためである。しかし、列挙された論点を追求する前に、街頭犯罪に実際にどのようなことが生じたのかを検討するのは有効であろう。第2章では、まず、現代のアメリカにおける犯罪動向を調べるために、主な情報源を探求することから始め、次いで最も有力な情報がこれらの犯罪動向について語っている事柄について検討する。犯罪率の解釈に役立てるため、私は犯罪率を合衆国の初期の頃や他国のものとも比較する。第2章は、本書の残り部分をお膳立てするものとして、戦後アメリカの犯罪動向について有効な説明が解明すべき事柄を定義づける。その後、第3章では、性別や年齢、民族集団、人種別の犯罪率の差異に目を向ける。さらに、最も有力なデータを提示し、人口学的集団ごとの犯罪率の差異を調べて、より洞察を得ることのできる事柄について考察する。ここでの私の仮説は、特定の下位集団に関する動向を調べることによって、なぜ戦後期の犯罪率がそのようなカーブを描いたかについて、より多くを学ぶことがで

きるだろうというものである。

　第4章では、犯罪率が戦後期にどのように展開してきたかについてより明晰な全体像を用意することによって、犯罪に関する最も一般的な説明が犯罪動向の変化をどのように説明しているのかについて考察する。この章では、そうした詳細なことに関心を持つ読者のために、犯罪に関する既存の理論をみていく。第5章では、本書の主要な議論である政治・経済・家族の各制度の正統性の重複的衰退が戦後の犯罪急増の主な要因になっていたということを論じる。また、第5章では制度のより抽象的な特質に関心を持つ読者に向けて、制度はどのようにはたらくのか、また制度は犯罪率にどのように影響を及ぼすのかを説明する。

　その後の諸章では、戦後のアメリカの犯罪動向が、実際に、政治・経済・家族の諸制度における変化とどのように関係していたかを示す。第6章では、とりわけ政府に対する不信の増大と公民権運動がもたらした影響に焦点を定めて、犯罪動向とアメリカの政治制度の関係について検討する。第7章では、戦後の犯罪動向がどのように経済的不満、とりわけ不平等と物価上昇における変化と関わっているかを検討する。第8章では、戦後の犯罪動向がどのようにアメリカの家族構造の変化と関わっているかという論点を取り上げる。

　第9章では、これら3つの伝統的制度の展開を記述し、戦後期にかなり優位に立った3つの制度、すなわち刑事司法と教育と福祉がもたらしたものについて考察する。最終章では、本書の結論を再考し、アメリカにおける犯罪の波が他の諸国に与える示唆を考察し、将来犯罪率を減少させるであろう社会政策の見通しについて評価する。

注

1　Milan Kundera, *The Unbearable Lightness of Being* (New York: Harper & Row, 1984), p. 223. (= 1998, 千野栄一訳『存在の耐えられない軽さ』集英社文庫, 283頁.)

2　John Updike, *Rabbit at Rest* (New York: Alfred A. Knopf, 1990), p. 44. (= 1990, 井上謙治訳『さようならウサギⅠ』新潮社, 58頁.)

3　U.S. Federal Bureau of Investigation, *Uniform Crime Reports for the United States, 1994* (Washington, DC: Government Printing Office. 1995).
4　Wesley G. Skogan, *Disorder and Decline: Crime and the Spiral of Decay in American Neighborhoods* (New York: Free Press, 1991); Research and Forecasts, Incorporated, *American Afraid: How Fear of Crime Changes the Way We Live* (New York: New York American Library, 1983).
5　一般的な使用法に従って、「波」という用語は、1960年代初めに始まり1980年代初めに(犯罪のタイプによるけれども)消滅し始めた合衆国犯罪率の急増を指すのに用いている。一部の研究者は「波」の代わりに、相対的に短期の期間を示すのに「周期」という概念を用いている。*David Hackett Fischer, The Great Wave: Price Revolutions and the Rhythm of History* (New York: Oxford University Press, 1996), Appendix E. を参照のこと。
6　Daniel Glaser, *Crime and Our Changing Society* (New York: Holt, 1978), p. 6.
7　Eric Hobsbawm, *The Age of Extremes: A History of the World,* 1914-1991 (New York: Pantheon, 1994), p. 3.
8　例えば、Richard Sennett, "The New Censorship," *Contemporary Sociology* (1994) 23: 487-491; Seymour Martin Lipset, *American Exceptionalism: A Double-Edged Sword* (New York: W.W. Norton, 1996) を参照のこと。
9　Douglas Eckberg, "Estimates of Early Twentieth-Century U.S. Homicide Rates: An Econometric Forecasting Approach," *Demography* (1995) 32:1-16.
10　Paul A. Gilje, *The Road to Mobocracy: Popular Disorder in New York City, 1763-1834* (Chapel Hill: University of North Carolina Press, 1987); James F. Short, Jr., *Poverty, Ethnicity, and Violent Crime* (Boulder: Westview, 1997), pp. 4-9における議論を参照のこと。
11　Roger Lane, "On the Social Meaning of Homicide Trends in America," in T. R. Gurr, ed., *Violence in America: The History of Crime,* Volume 1 (Newbury Park, CA: Sage, 1989), pp. 72-73.
12　U.S. Bureau of the Census, 1990 Census of Population and Housing, Summary Tape File 3C.
13　U.S. Federal Bureau of Investigation, *Uniform Crime Reports for the United States, 1995* (Washington, DC: Government Printing Office, 1996), p. 226.
14　Alfred Blumstein and Elizabeth Graddy, "Prevalence and Recidivism in Index Arrests: A Feedback Model," *Law and Society Review* (1981-1982) 16:265-290, 280.
15　Mark Mauer, *Young Black Men and the Criminal Justice System* (Washington, DC:

Sentencing Institute, 1990).
16   Mauer (1990).
17   M. McCord and H. Freeman, "Excess Mortality in Harlem," *New England Journal of Medicine* (1990) 322:173-175.
18   U.S. Bureau of Justice Statistics, "The Risk of Violent Crime," U.S. Department of Special Report (Washington, DC: Government Printing Office, 1985), p. 8.
19   William Julius Wilson, "The Urban Underclass," in L. Dunbar, ed., *Minority Report* (New York: Pantheon, 1984).
20   例えば、ウィルソンは、Daniel Moynihan, *The Negro Family: The Case for National Action* (Office of Planning and Research: U.S. Department of Labor, 1965); Lee Rainwater, *Behind Ghetto Walls: Black Families in a Federal Slum* (Chicago: Aldine Publishing, 1970) といった学者を引用している。
21   Robert N. Bellah, Richard Madson, William M. Sullivan, Ann Swidler, and Steven M. Tipton, *The Good Society* (New York: Alfred A. Knopf, 1991), p. 4; Peter L. Berger and Thomas Luckmann, *The Social Construction of Reality* (Garden City, NY: Anchor Books, 1967), ch. 2. (= 1977, 山口節郎訳『日常世界の構成――アイデンティティと社会の弁証法』新曜社.)
22   Max Weber, *The Theory of Social and Economic Organizations* (New York: Oxford, 1947), pp. 324-363.
23   Peter Berger, *Invitation to Sociology: A Humanistic Perspective* (New York: Doubleday, 1963), p. 87. (= 1979, 水野節夫訳『社会学への招待』思索社.)
24   Berger and Luckmann (1967), ch. 2.
25   制度のこの側面として、Robert D. Putnam, *Making Democracy Work: Civic Traditions in Modern Italy* (Princeton: Princeton University Press, 1993), p. 8. を参照のこと。
26   President's Commission on Law Enforcement and the Administration of Justice, *The Challenge of Crime in a Free Society* (Washington, DC: Government Printing Office, 1967), p. 66.

第2章　犯罪の波
―― 戦後アメリカにおける街頭犯罪の動向 ――

　　吾々の観察は犯された罪の知られない總計の中で知られ且つ裁かれた一定數の
　　罪にしか關し得ないと云うことである。
　　　（ランベール・ケトレ，『人間に就いて』，1935）[1]

　　政府は，統計の蓄積に非常に熱心である。彼らは統計を収集し，それらをN倍
　　の力にまで高め，立方根を取り出し，すばらしい図表を用意する。しかし，次の
　　ことを決して忘れてはならない。これらの数字はいずれも，まず第一に，自分
　　が大変気に入ったことをそのまま記入した村の監視員から出されたものなので
　　ある。
　　　（サー・ジョシア・スタンプ，『現代生活の経済的要因』，1929）[2]

　犯罪は，被疑者や被害者，目撃者，法執行者の組み合わせを含む複雑な分類過程を経て，ようやく犯罪として定義される。この過程をさらに複雑にしていることがある。被疑者は一般に，犯罪者，あるいは少なくとも凶悪犯と定義されないように心を砕いている。他方，それ以外の人々は，法システムの内外において，出来事がいかに定義されるのかということに様々に関わっている。犯罪件数の算出が困難な作業であるのも無理はない。
　それにもかかわらず，本書の主題である街頭犯罪の性質を考えると，犯罪件数を算出する困難さに加えて，さらにいくつかの要素を考慮しなければならない。これらの街頭犯罪は，それぞれ，犯罪者や被害者によって構成され，さらに，少なくとも通報ないし発見された犯罪の場合は，警察と他の法執行者によっても構成されているという点で類似している。一般に，これらの要素は，収集される犯罪データの性格も定義づける。すなわち，法執行者が収

集する場合の「公式」データ、犯罪者から収集される場合の「自己申告」データ、犯罪被害者から収集される場合の「被害」データである。これらのデータ源の長所と短所は、戦後の街頭犯罪の動向を解釈する上で重要なので、次の3つの節で簡単に考察する。

1　公式犯罪データ

　合衆国の連邦システムは、法システムなどの内政を個々の州にかなり委ねている。これが主たる理由となって、合衆国の全国犯罪統計は、他の先進西欧諸国に比べると遅れをとってきた。全国規模の犯罪データシステムがようやく合衆国で導入されたのは、1927年のことである。その年、国際警察長官協会 (International Association of Chiefs of Police) は統一犯罪記録に関する委員会を結成し、これに標準化された警察統計システムを発展させるという使命を与えた。この委員会は、州刑法 (state criminal codes) の調査と、警察の記録作成業務の評価を行った後、データ収集計画を完了した。そして、1930年には連邦捜査局 (Federal Bureau of Investigation；以下、FBIと略す) に、統一犯罪報告書 (Uniform Crime Reports；以下、UCRと略す) の最初のデータ群を収集する使命が与えられた。

　それ以来、UCRデータ収集の基本的構造はかなり一貫して保たれている。犯罪の定義や分類、データ収集の様式は、実質的には現在も1930年も同じである[3]。収集されてきたなかで最も信頼できるUCRデータは、かつてUCR犯罪指標を構成した7つの犯罪、すなわち殺人と強姦、不法目的侵入、加重暴行、強盗、窃盗、自動車盗 (motor vehicle theft) についてである[4]。

　UCRは、国内の何千もの警察署の自主的な協力によって、犯罪情報を得ている点で特異である。現在のところ、UCRデータの収集はおおむね主要な大都市に関しては人口の約98パーセントを調査対象としており、ほぼ完璧なものである。一方、地方に関しては人口の約90パーセントを調査対象とするにとどまり、その収集状況は完璧とはいえない[5]。

UCRは、一貫して犯罪情報を、主に「認知」(known to police) 犯罪総件数と「検挙」(arrest) 総件数という2つのタイプに分けて収集してきた。認知犯罪とは、警察へ通報された犯罪、警察が捜査したり発見した犯罪、目撃者ないし告訴人から通報された犯罪を全て含んでいる。被疑者が逮捕され、送検され、起訴され、裁判所で審判に付された場合や、「例外的処置」(exceptional means) がとられた場合に、犯罪は検挙によって解決されたものとして分類される。例外的処置とは、実際にはまだ逮捕されていないが、警察はその事件をすでに解決したとみなしているケースである。最も頻繁なものとして、警察が手続きをこれ以上進めても無駄だと感じる時、例えば、被疑者がすでに他の管轄内で逮捕されているか、主要目撃者が告発を拒否しているか、被疑者がすでに国外逃亡している時、例外的処置によってその事件は処理済とみなされる。

　UCRについて最も一般的な批判は、街頭犯罪に重点を置いている点である。というのも、街頭犯罪は、マイノリティと貧困者に一般的であるが、非マイノリティと富裕者にはさほど一般的でないからである。しかし、UCRのこの不備は、大きな欠陥とみるべきではない。UCRが最も完璧なデータを持つ7つの指標犯罪は、あらゆる犯罪の一部であるにもかかわらず、これらの犯罪は戦後期を通じて合衆国の実質的な政策の関心の的であったからである。例えば、横領について有効なデータがないからといって殺人のデータ自体の妥当性を否定する者は、おそらくいないだろう。

　UCRデータの収集方法は、さらに問題を提起する。警察が収集した情報をもらって、それを犯罪政策を検討する目的に用いるというやり方は、「私たちがどちらの側に立っているか」をいともたやすく語ってしまう。人々の犯行理由を調査する犯罪学者は、公式の警察データに依拠することによって、公的機関の定めた犯罪定義を用いて研究に着手する。UCRデータの収集が開始されて以来、これらのデータは、そもそも偏った法的、政治的な意思決定の産物であるかもしれないとして批判を受けてきた。事実、こうした批判は、大規模な社会発展の始まる1950年代後半において、いっそう高まってきた。こうした社会発展は、次に、第2の主要な犯罪データの収集戦略である自己

申告調査の台頭とその信頼性に関心を向かわせることになる。

2 自己申告調査の台頭

　UCRの出現以来、UCRによる犯罪データは、マイノリティと貧困者が不釣り合いなほどに街頭犯罪をおかしていることを示してきた。戦後初期において、大半の犯罪理論は、これらの違いがなぜ生じるかを説明してきた。しかし、戦後期が進展するにつれて、とりわけ1960年代に公民権と人種差別への関心が高まるにつれて、公式の犯罪データがあまりにも偏っていると考える研究者が増えていった。多くの研究者は、UCRのような公式の犯罪データ源に代わって、自己申告調査の使用を主張した。自己申告調査は、1940年代以降合衆国で用いられてきたが[6]、自己申告調査方法 (self-report method) が、公式データに代わって犯罪研究において利用可能になったのは、ジェームズ・ショートとF・イヴァン・ナイが1950年代後半に手がけた、影響力の大きい著作による[7]。

　ショートとナイは、学校の生徒と様々な法律違反で有罪となった施設収容児に対して質問紙調査を行った。彼らが得た知見によれば、調査対象となった両集団の少年少女たちは、自分たちが行った非行行為を思い出すことができるし、それを一般に、研究者に対して正確に報告するというものであった。ショートとナイの調査が与えた影響と、それより一世代前のアルフレッド・キンゼイが行った性的行動に関する論争を引き起こした諸研究を比較して、両者が「今までタブー視されていた主題に調査手続きを適用することの有効性について、認識を大きく変えた」[8]と指摘する者もいる。

　ショートとナイの研究以降、自己申告によって得た犯罪データを基にした研究が急増した[9]。ショートとナイの調査が出版されて10年も経たないうちに、自己申告調査方法に関する研究会議が結成され、16件の大規模な自己申告に関する研究発表が行われた[10]。自己申告調査は、1960年代と1970年代初頭を通じて、合衆国の非行研究の主流を占めた。

ショートとナイの研究は、自己申告型の犯罪調査の有効性を表明した点で重要であったけれども、1960年代に自己申告調査が突如人気を博したのは、おそらく有効性だけによるものではなかった。UCRデータを基にした犯罪学理論の主流派は、街頭犯罪が都会に住む下層の若い男性、とりわけアフリカ系アメリカ人に集中していることを示した。ラベリング論とコンフリクト論が1960年代に勢いを増すにつれて、多くの犯罪学者は、街頭犯罪がマイノリティや貧困者に集中するという仮説に疑いを持つようになっていった。それに代わって、ラベリング論者とコンフリクト論者は、白人に比べてアフリカ系アメリカ人(ならびに、富裕者に比べて貧困者)が多く逮捕され、法システムによって訴えられるのは、選択的な法執行や厳然たる差別によるものだと主張した。

　自己申告型の犯罪調査から得られた初期の諸結果は、こうした仮説にまさに一致する。例えば、犯罪学者トラビス・ハーシは1960年代、カリフォルニアの高校生に自己申告調査を行った。その結果、アフリカ系アメリカ人生徒の非行率は、白人生徒の非行率に比べて10パーセント上回るにすぎないことを明らかにした[11]。こうした知見は、UCR統計におけるアフリカ系アメリカ人と他民族のあいだの差異のほとんどが、実際の行為における差異によるものではなく、むしろ市民による通報と警察の逮捕決定によるものであることを示したのである。

3　全米犯罪被害調査

　犯罪に関するデータを収集する第3の方法は、被害調査である。被害調査は、一般人から標本を抽出し、自分自身ないし自分の世帯の成員について、これまでの一定期間において犯罪の被害を受けたことがあるかを尋ねる。研究者プレーベン・ウォルフとラグナー・ホージは、1730年にデンマークのオルフスで実施された被害調査[12]について報告している。また、犯罪学者リチャード・スパークスは、19世紀の英国の巡査が村民を戸別訪問し、犯罪被

害について尋ねたという逸話[13]を紹介している。［しかしながら、］体系的で大規模な全国被害調査は、1960年代半ばに合衆国で初めて実施された。

　この被害調査が実施された動機は明白である。その当時、合衆国は、犯罪爆発として広く（かつ正しく）知られていることの初期段階にあり、その後、犯罪件数が横ばい状態になるまでどれだけ急増するものか、当時は誰にも予想がつかなかった。自己申告型の犯罪調査に研究者を向かわせた公式統計に対する不信は、今度は、被害調査を支持する方向にも作用した。事実、被害者は犯罪者より真実を語るという常識的な仮説によって、被害調査はよりいっそう関心を持たれたのである。

　1967年、法執行と司法運営に関するリンドン・ジョンソン大統領委員会は、3つの被害調査を試験的に行うことを承認した。第一は、ワシントンD.C.の3つの警察署管内に居住する成人511人に対する調査で、その後すぐ、4つ目の管区においても成人293人に調査を実施した[14]。第二は、ボストンの2ヵ所の警察署管区（precinct）とシカゴの2ヵ所の管区に居住する成人595人と、これら同一管区における会社と団体768ヵ所に調査を実施した[15]。第三の、最も大規模な調査は、9,644世帯の全国標本を基に行われた[16]。その後10年間は、数十件の類似調査が他国（オーストラリアやフィンランド、デンマーク、スウェーデン、ノルウェーなど）だけでなく、他の都市やコミュニティ（フェニックスやミネアポリス、ボストン、トレド、ダラス、ブルックリン、デトロイトなど）でも実施された[17]。

　皮肉なことに、被害調査の予備的研究を支援することによってこの活動を促進してきた大統領委員会は、結局、最終報告では主としてUCRデータに依拠した[18]。それにもかかわらず、委員らは、被害調査の将来性に好意的な印象を持った。自己申告調査と同様に、予備的な被害調査データは、公式データが示すよりはるかに多く、アメリカで犯罪が起こっていることを示した。実際に、予備的調査によれば、強姦については全体のわずか4分の1、不法目的侵入については全体の3分の1、加重暴行と窃盗については全体の半分しか、公式の警察統計で報告されていなかった[19]。委員会は、この状況に対応する

ために、普段から被害データを収集するよう、より徹底した努力を注ぐべきだと勧告した[20]。

　こうしたデータを収集するために、委員会は、全国刑事司法統計センター (National Criminal Justice Statistics Center) の創設を提唱した。このセンターは、後に全米刑事司法情報統計サービス (National Criminal Justice Information and Statistics Service) と改称された。そして、1969年に、全国被害調査の計画を立てるため、合衆国国勢調査局 (U.S. Bureau of the Census) の代表との交流を開始した。最初の本格的な全米犯罪調査 (National Crime Survey; 以下、NCSと略す) は、1972年7月に実施された。これは、先に紹介した大統領委員会の指揮による3つの調査が利用できるようになってからわずか2年後である。その後、約12万世帯を対象とした全国的な被害調査が、合衆国で定期的に実施されている。

　1972年に初めて実施されたNCSは、全国世帯調査といくつかの都市レベル調査という2つの主要部門から構成されていた。都市レベル調査は、26ヵ所の主要な大都市において実施された。これは、1972年から1975年までのあいだに、13ヵ所で2回、残り13ヵ所で1回実施されている。各都市では、年齢12歳以上の2万2,000人の回答者を含む1万世帯が抽出された。これに加えて、会社1,000～5,000社も各都市で抽出され、面接が行われた。しかし、都市レベル調査は、1975年に中止された。

　都市レベルの標本と同様に、全国調査の標本も、最初は世帯と会社の両方を対象として含んでいた。この全国調査は、当初、個人13万6,000人を含む6万世帯を標本としていた。一方、会社部門については、当初は約5万社の会社を対象に全国調査を行っていたが、1976年に中止された。そのため、1972年から現在まで実施されているNCSにおいて縦断的に把握できるのは、全国の世帯に対して行った調査だけに限られる。

　NCS調査は、複合的なパネル計画に基づいている。すなわち、回答者は各自3年にわたって標本になり、6ヵ月ごとに面接を受ける。各世帯につき成人1人が、世帯への犯罪すなわち不法目的侵入と自動車盗 (motor vehicle theft) と窃盗についての質問対象者になる。犯罪者が、被害を受けた世帯の住民1人

と直接に接触している場合、その行為は「個人的犯罪」(personal crime)に分類される。個人的犯罪には、強姦や強盗、暴行、個人的窃盗が含まれる。世帯において、年齢14歳以上の全成員は、過去6ヵ月間において個人的犯罪の被害に遭ったかどうかについて面接を受ける。したがって、NCSは、殺人と放火を除くと、UCRにおいては指標犯罪に分類されている犯罪を全て含む。年齢12歳ないし13歳の子どもや、病気で面接を受けることができない回答者や、被面接者として不適当な回答者については、代わりに他の世帯の成員に対して面接を行う。

NCSの及ぶ範囲と規模の大きさを調査者は無視するわけにはいかない。NCSは、おそらく、歴史上、最も大規模で費用のかかった犯罪学的データ収集による労作である[21]。1972年から1977年のあいだだけでも、NCSにかかった費用は、推定5,300万ドルであった[22]。1990年代に入っても調査を継続させるのに、さらに数百万ドルかかった。

1992年、調査方法の改善と情報の収集範囲の拡大のため、調査は大きく再編成されることになった[23]。再編成された調査は、現在、全米犯罪被害調査 (National Crime Victimization Survey; 以下、NCVSと略す) と呼ばれている[24]。調査指揮者は、改訂された調査とそれ以前の調査を比較する方法をずっと工夫してきた。

4　犯罪データ源を比較する

すでに論じたように縦断的データは、戦後の犯罪動向とその背景を理解する上で重要である。しかし様々な条件によって、私たちの分析の選択幅は著しく制約される。NCVSは現在、1973年からのデータを含むが、UCRは、戦後期全般に及ぶ街頭犯罪に関する唯一の縦断的データを提供する。このため、戦後合衆国の縦断的動向に関心を持つ者にとって、UCRデータはどの程度妥当なのだろうかという重大な疑問が浮かぶ。

事実、UCR統計の妥当性については、半世紀以上にわたって激しい議論が

交わされてきた[25]。多くの技術的な論点を除くとしても、UCR犯罪統計に対する一致した批判は、発生したにもかかわらず報告されていない犯罪の数、すなわち「暗数」(the dark figure)についてである。要するに、もし犯罪が警察に通報されないか、警察が故意ないし偶然に犯罪を記録ないし報告しなければ、その犯罪はUCR犯罪統計上の数字に表われ得ないということである。

　幸運なことに、犯罪者の自己申告調査と被害調査を体系的に収集することによって、私たちはUCRデータの特質をより深く理解することができるようになった。被害調査によれば、一般に法律違反を警察に通報するという市民の決定に最も重要な影響を及ぼすのは、犯罪の重大さである。市民が重大犯罪を警察に通報しやすいということは当然のことである。例えば、過去の調査によれば、傷害をともなう強盗の約68パーセントは警察に通報されているが、傷害のともなわない強盗ではわずか51パーセント、傷害のともなわない強盗未遂ではたった25パーセントしか通報されていない[26]。一般に、既遂犯罪は、未遂犯罪よりも通報されやすい。また、重傷を負わせた犯罪は、重傷にまで至らない傷害を負わせた犯罪よりも通報されやすい。さらに、被害額の大きい財産犯罪は、少額の場合よりも通報されやすい。これらの知見が示している重要な点は、UCRから漏れた犯罪の種類は、一般にさほど重大でない犯罪であるということである。

　自己申告調査データを洗練させることによって、UCRデータとの類似性の比較が可能になっている。すでに述べたように、多くの犯罪学者は、初期の自己申告調査に基づいて、自己申告調査で報告されている犯罪率はUCRで報告されている犯罪率と一致しないと結論づけた。しかし、データの収集と分析をより洗練させていくにつれて、UCRデータと自己申告データのあいだに存在した差異の多くが、消滅ないし減少していった。例えば、マイケル・ヒンデラングとその同僚らが得た知見によれば、報告された犯罪における若い男女間の差異は、法律違反(offenses)の重大性が増すにつれて大きくなる[27]。例えば、重大性の低い家出については男女が同じように申告する傾向にあるが、重大性の高い武装強盗ないし自動車盗の場合、少年は少女より3倍以上

多く申告する傾向にあった。また、最も凶悪な犯罪について男女の自己申告率を比較したところ、UCRの男女別検挙統計とほぼ同じ結果が得られた。

同様に、デルバート・エリオットとスーザン・エイジトンの調査によれば、アフリカ系アメリカ人のおかした犯罪の割合に関する自己申告データとUCRデータとの差異のほとんどは、収集された自己申告データのタイプを反映している[28]。一般に、UCRデータと同様、自己申告データにおいても、アフリカ系アメリカ人と白人における犯罪比率の差異は、凶悪犯罪の場合に最大となる。例えば、凶悪犯罪の場合、UCRの検挙統計と自己申告調査における犯罪者の人種別犯罪比率は、かなり類似している。エリオットとエイジトンは、次のように結論づけている。「私たちは、公式の統計処理に偏りがあることを否定しないが、非行に関する公式統計にみられる相関は、非行行為の頻度と重大性の差異を事実上反映している」[29]。

こうして、犯罪統計に関する評価は一巡する。戦後初期には、UCRデータを基にした研究は、とてつもなく偏っているとみなされるようになっていった。1950年代後半から1960年代にかけては、自己申告調査データはこうした危惧を確かなものにした。しかし、被害調査データが1970年代と1980年代に蓄積され始め、自己申告調査データがより精密で大規模なものになるにつれて、研究者はこれら3つのデータ源が提示する犯罪の諸像が、とりわけ重大な犯罪については、実際にはかなり類似しているとしだいに結論づけるようになった。UCRデータの妥当性に関する戦後の研究文献から、以下の3つの主要な結論が導き出される。

第1は、UCRが実際に発生した犯罪の数をまぎれもなく下回るということである。特に、絶対的な犯罪率ではなくて、時系列的に犯罪動向を検討するということならば、UCRを十分利用できるということである。言い換えれば、UCR犯罪データはそれぞれの期間において生じた全犯罪を正確に示していると論じることはできないが、犯罪率がある時期からある時期のあいだに2倍になったと結論づけることは可能である。この意味において、本書では、犯罪動向に焦点を定めたのは適切である。

第2に、UCRは一般に重大でない犯罪よりも重大性の高い犯罪について、より正確に記述している。これは、殺人と強盗に関するデータは、暴行と窃盗に関するデータよりも、正確でより完全なものであるということを意味する。それにもかかわらず、本章後半で述べる通り、ここで分析する7つの犯罪の動向は、全てかなり類似している。これは、過少に報告されているかもしれないものの、戦後期全般を通じて、重大でない犯罪は重大な犯罪について観察される動向と実質的には同じ動向を示してきたということである。

　最後に、UCRデータは、欠点はあるけれども、時系列的な動向における最大の差異にこそ最大の関心を注ぐべきだということを自覚していれば有用なデータとして用いることができる。例えば、殺人率が10年間で2倍に増加していれば、何か重要なことが生じているとの確信を相当持つことができる。小さな変動はさほど気にする必要はない。以上のことを心に留めて、戦後の街頭犯罪の動向を検討していこう。

5　戦後アメリカの街頭犯罪の動向

　この節では、UCR犯罪指標の伝統的な構成要素、すなわちUCRが測定した殺人・強盗・強姦・加重暴行・不法目的侵入・自動車盗・その他の窃盗の年間犯罪率の動向を認知件数に基づいて示すことから始める[30]。ここで検討する殺人は、不注意から引き起こされる故殺ではなく意図的になされた謀殺のみである。ここで検討する強盗とは、他者から暴力ないし威嚇によって財産を強奪されることである。強姦とは、合意のない不法な性交渉である[31]。暴行とは、個人が深刻な身体的危害を加える意図を持つ他人に襲われる事態である。もし、致命傷を負わせる武器を所持していたり、殺害や略奪、強姦の意図をともなう場合、暴行は加重暴行 (aggravated) となる。不法目的侵入は、個人が他人宅に、犯罪すなわち最も一般的には窃盗をおかす意図をもって侵入する事態である。窃盗は、ただ単に他人の財産を盗むことを指す。人口の増減を標準化するため、警察署のUCR調査項目にあるアメリカ人10万人当たりの

街頭犯罪率を年次ごとに示している。

UCRから引用した図2-1によれば、第二次世界大戦終結後、これら7つの街頭犯罪は、アメリカ人10万人当たり年間約700件であった。しかし、1960年代になって街頭犯罪率は著しく増加し始めた[32]。1959年から1971年までのわずか12年間で、報告された街頭犯罪率は4倍以上増加した。増加が2年間途切れた後、街頭犯罪率は再び上昇し始め、1980年にはアメリカ人10万人当たりの犯罪件数は約6,000件に達した。全体的にみて、報告されている街頭犯罪率は、1946年の水準から戦後のピーク時には8倍に増加した。しかし、20世紀最後の25年間についていえば、街頭犯罪率は比較的横ばい状態、すなわち1975年と1996年の率は、ほぼ同じであったということも記しておこう。

もちろん、図2-1に示されている犯罪は、粗暴な殺人から軽微な窃盗まで

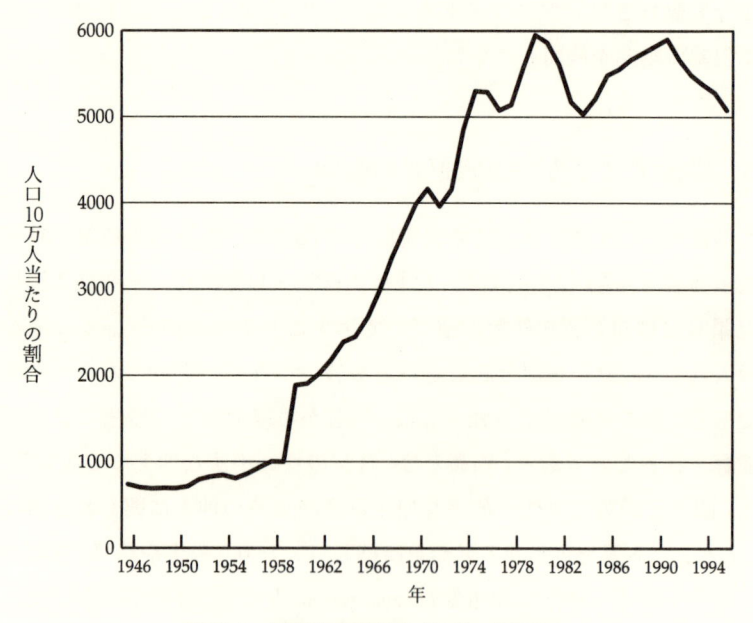

図2-1 街頭犯罪総件数(1946－1996年)

出典：U.S. Federal Bureau of Investigation, "Crime in the United States," *Uniform Crime Reports* annual, 1946 to 1996 (Washington, DC: Government Printing Office) から得たデータは、殺人・強盗・強姦・加重暴行・不法目的侵入・自動車盗・窃盗というUCRカテゴリーを含んでいる。

かなり多岐にわたる。街頭犯罪は、どのタイプも戦後期に増加してはいるものの、増加率は犯罪によってかなり異なる。さらに、全ての犯罪を1つの指標にまとめると、窃盗や不法目的侵入といったありふれた犯罪動向はいっそう際立つことになるが、殺人や強姦のような特異な犯罪の動向を曖昧にする。タイプによる個々の差異をみるために、次に、暴力犯罪と財産犯罪の動向をそれぞれ別個に検討する。

暴力犯罪

　UCRの犯罪指標は、殺人や強盗、強姦、加重暴行という暴力犯罪を含む。UCR統計におけるこれら総暴力犯罪率は、1946年から1962年頃まで、アメリカ人10万人当たり140件前後でほとんど変化がない。しかし、1960年代初めになって暴力犯罪率は著しく増加し始めた。1960年から1975年までに限ると、総暴力犯罪率は3倍以上増加した。1982年から1985年にかけて若干減少した後、総暴力犯罪率は再び増加し始め、1991年には戦後の最高値に達した。1991年以降、暴力犯罪の総件数は再び、わずかばかり減少に転じ、1991年から1996年のあいだに16パーセント以上減少した。

　これらの動向を構成するそれぞれの暴力犯罪の頻度にも、かなりのばらつきがある。加重暴行は、戦後期の暴力行為のうちUCRに記録されたなかで最も一般的な暴力行為であり、強盗や強姦、殺人がそれに続く。1996年、合衆国人口10万人当たりの加重暴行率は、強盗率のほぼ2倍、強姦率のほぼ11倍以上、殺人罪のほぼ52倍以上に匹敵する。そのため、暴力犯罪の動向は、加重暴行や強盗という比較的一般的な犯罪の変化からの影響を最も受け、殺人や強姦という比較的少ない犯罪からの影響は小さい。

　図2-2は、1946年から1996年までのUCRの殺人率を示している。図2-2によれば、殺人率は、戦後直後わずかばかり減り、1962年と1963年の両年で10万人当たり4.6件の最低水準になった。しかし、1963年から1974年までの10年間で2倍以上に増加し、1980年に10.2件という戦後の最高水準に達した。7年間減少した後、殺人率は1986年に再び上昇に転じ、1991年には戦後最高値を

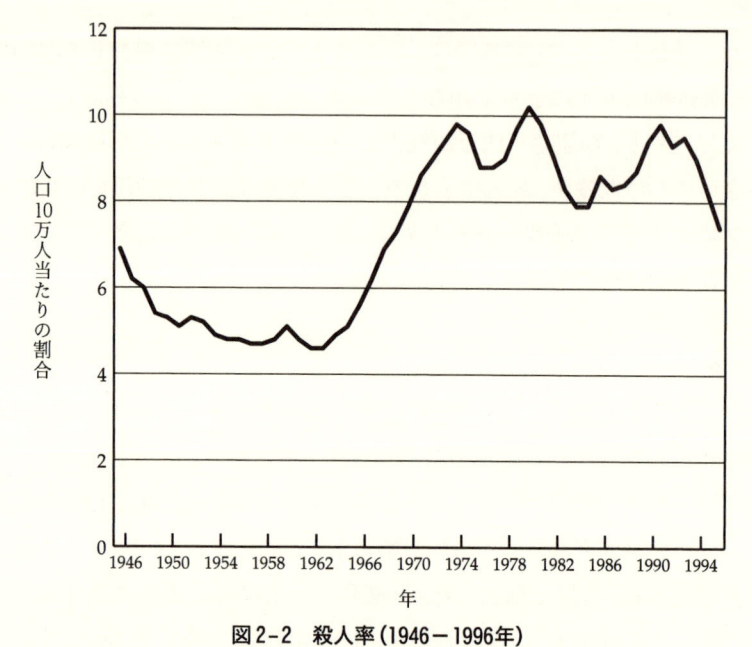

図2-2 殺人率（1946－1996年）

出典：データは、U.S. Federal Bureau of Investigation, "Crime in the United States," Uniform Crime Reports annual, 1946 to 1996 (Washington, DC: Government Printing Office) より。

わずかに下回るまでに至った。1991年から1996年にかけて、殺人率はほぼ25パーセントと減少した。このような最近の減少によって、1996年には、1970年の水準を下回るに至った。

　戦後の強盗率は、殺人率に類似している。図2-3に示される通り、UCRの強盗率は1946年から1962年頃まで安定していた。事実、1946年と1962年の率はほぼ同じであった。しかし、その後13年間に、強盗率は3倍以上増加し、1975年には10万人当たり221件という最高値に達した。その後、しばらく減少してから、再び急速に上昇し、1991年には10万人当たり273件という戦後の最高水準に達した。1991年以降、強盗率は再び減少し、1991年から1996年までのあいだに約26パーセント減少した。このような最近の減少によって、1996年の強盗率は1974年の水準を下回るほどになっている。

　殺人と強盗と同様、UCRに基づくと、強姦率と加重暴行率は、第二次世界大

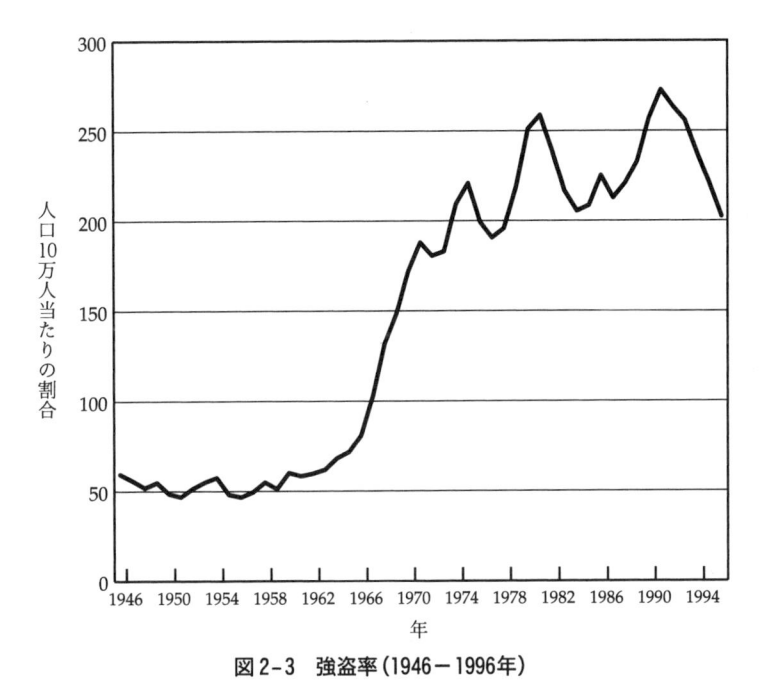

図2-3 強盗率（1946－1996年）

出典：データは、U.S. Federal Bureau of Investigation, "Crime in the United States," *Uniform Crime Reports* annual, 1946 to 1996 (Washington, DC: Government Printing Office) より。

戦終結後から1960年初めに至るまで、ほぼ横ばい状態であった。しかし、1963年から1980年にかけて強姦率はほぼ4倍に、加重暴行率は3倍以上に増加した。戦後の殺人率ならびに強盗率と比較してみると、強姦率と暴行率は1960年代初めに増加し始め、その後着実に上昇していった。強姦と加重暴行はともに、1992年に戦後最高水準に達した。すなわち、強姦は人口10万人当たり43件、加重暴行は人口10万人当たり442件であった。1992年から1996年にかけて、強姦率は16パーセント、加重暴行率は12パーセント減少した。

財産犯罪

　UCRの犯罪指標は、不法目的侵入と自動車盗とその他の窃盗という3つの財産犯罪を含んでいる。暴力的街頭犯罪（violent street crime）は間違いなく人々に最大の恐怖を呼び起こすけれども、犯罪者と被害者のあいだに直接的

接触のない財産犯罪は、街頭犯罪においてはるかにありふれた犯罪である。1996年、財産犯罪総件数は暴力犯罪総件数の7倍である。

UCR総財産犯罪率は、1960年に初めてアメリカ人10万人につき1,000件の水準を突破した。1963年には2,000件、1968年には3,000件、1974年には4,000件、1979年には5,000件の水準を突破した。暴力犯罪の動向と同じように、財産犯罪率も第二次世界大戦後から1960年初めまでは比較的変化が少なく、その後急増し始め、ごく短期間の中断はあったけれども、1970年代後半まで増加は続いた。1970年代以降、財産犯罪率は横ばい状態である。例えば、1996年の総財産犯罪率は1974年とほぼ同じであった。

UCRによってたどることのできる3つの財産犯罪のうち、窃盗は最も頻発しており、不法目的侵入と自動車盗がそれに続く。1996年、窃盗は不法目的

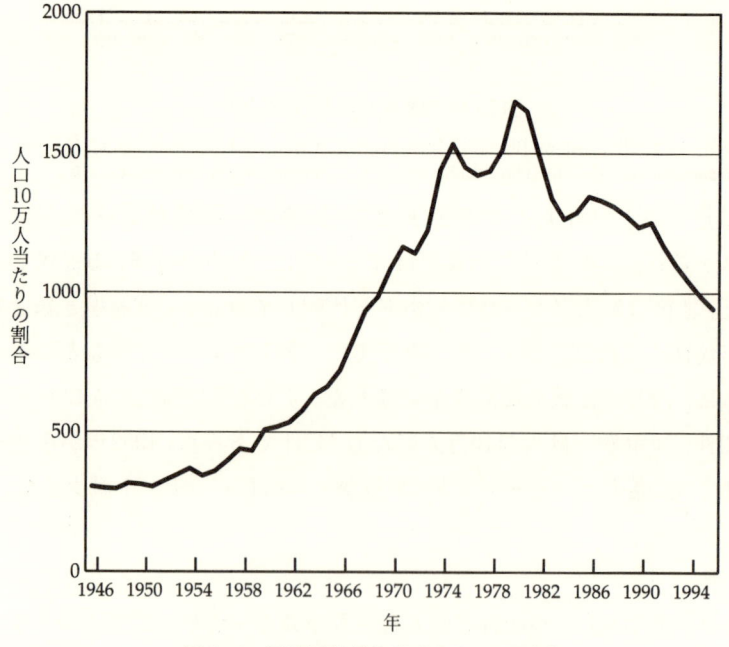

図2-4　不法目的侵入率(1946－1996年)

出典：データは、U.S. Federal Bureau of Investigation, "Crime in the United States," *Uniform Crime Reports* annual, 1946 to 1996 (Washington, DC: Government Printing Office) より。

侵入の約3倍、自動車盗の5倍以上発生した。不法目的侵入率は**図2-4**に示される。

図2-4において示される通り、不法目的侵入率は1948年が戦後の最低期にあった。それが、1960年代と1970年代初めに急増し、1980年に戦後の最高水準に達した。1980年以降、不法目的侵入率は着実に減少していく。1980年から1996年にかけて、不法目的侵入率は44パーセント減少した。1996年には、不法目的侵入率は1969年を下回る水準にまで減少した。

不法目的侵入率と同様に、自動車盗率と窃盗率は、戦後直後は比較的安定していた。また、不法目的侵入率と同様に、自動車盗率と窃盗率は1960年代に急増した。しかし、不法目的侵入率と違って、自動車盗率と窃盗率は、1980年代と1990年代に急速に減少することはなかった。自動車盗と窃盗はともに、1991年までに高水準に達することもなく、それ以降も不法目的侵入率ほど激減することもなかった。それでも、1991年から1996年にかけて、自動車盗率は20パーセント以上、窃盗率はほぼ8パーセント減少した。さらに、不法目的侵入率や窃盗率と違って、自動車盗率は、1960年代後半から1980年代初めの長期にわたって比較的安定していたが、その後再び上昇に転じた。例えば、1969年と1984年の自動車盗率はほぼ同じであった。

6　戦後の犯罪動向についてさしあたり明らかになったこと

以上を総合すると、これら7つのUCR犯罪に関する戦後の動向から、次の3つの主な結論が導かれる。

犯罪と犯罪に対する人々の認知

第1に、犯罪率と犯罪に対する人々の関心のあいだには厳密な関係はないという結論を、犯罪動向は裏付けている。犯罪に関する最近のメディア報道と世論調査は、ともに犯罪に対して人々の関心がかつてないほど高いことを示している[33]。これは、私たちが目下深刻な犯罪の波のなかにいるというこ

とを示しているようである。しかしながら先に示したように、犯罪動向はこうした人々のイメージを完全に支持しているというわけではない。例えば、全ての街頭犯罪のなかで最も重大な殺人率は、実際には1996年が1975年を下回っている。事実、戦後殺人率が最も増加したのは、1963年頃から1974年にかけてである。それ以来、殺人率は減少しているか、かなり安定している。

　人々の関心を引きつけるもう1つの犯罪である強盗の動向も、同一のストーリーを語っている。強盗率は、殺人率より長期にわたって増加し続けていたが、殺人の増加と同様、強盗率が大きく増加したのは1980年代と1990年代ではなく、1960年代と1970年代初めにおいてである。1996年の強盗率は、1975年とほぼ同じ水準である。

　加重暴行と強姦も、最近、しだいに減少の兆しをみせているが、殺人や強盗とは異なり、1980年代と1990年代に急速に増加した。けれども、加重暴行と強姦は、ともにUCRによる件数の正確な算出をとりわけ困難にさせる特徴を持つ。NCVSのデータは、既遂の暴力犯罪の場合、強姦が警察に通報されることが最も少ないということを語っている[34]。強姦と加重暴行の最近の動向、さらに程度は少ないが強盗の最近の動向は、殺人率に比べると、過去20年間にわたる警察の取り締まりがどれだけ強化されたかによって影響を受けやすい。

　社会学者ロバート・オブライアンは、1973年から1992年にかけてNCVSとUCRのデータを入念に比較し、NCVSにおける暴力犯罪率が基本的に横ばい状態であるのに対して、UCRのデータは最近まで増加していることを明らかにした[35]。オブライアンは、NCVSとUCRのこうした違いが、主にUCRの犯罪率を引き上げることはあっても、NCVSのそれを引き上げることのない警察の取り締まり強化によるものであると結論づけた。彼によれば、殺人は警察業務の変化に最も影響を受けないと思われるため、おそらく暴力犯罪の諸動向を一番よく示す指標であるという。というのは、殺人はほぼ例外なく通報されているし、他の街頭犯罪に比べると、捜査に必要な資源をより多く長年にわたって得ていたからである。

要するに、暴力犯罪のなかで最も確実に通報されてきた2つの犯罪、すなわち殺人と強盗は、私たちが現在新しい犯罪の波のなかにいるという一般的な見解を支持しない。それよりも、この2つの犯罪率は、1960年代と1970年代初め、すなわち20年以上前に最も急増していた。殺人と強盗は高水準を保っていたが、近年は実質的には減少していた。加重暴行と強姦は、1990年代初めに入って増加し続けていたが、近年は横ばい状態になり、減少さえしている。さらに、殺人や強盗と比べると、UCRの加重暴行率と強姦率は、警察が職務を遂行する際の動員力に最も影響を受けやすい。

同様に、財産犯罪に関するデータも、1990年代における犯罪の危機というイメージを無条件に支持するものではない。事実、UCRの財産犯罪のなかで最も重大な不法目的侵入率は、1980年に戦後最高値に達した。1996年における様々な財産犯罪率は、実質的には1975年の水準を下回る。殺人と強盗と同様に、不法目的侵入率の増加が最大であったのは1960年代と1970年代初めであった。

窃盗率と自動車盗率は、最近の犯罪の波に対するイメージをより支持するものである。両者は、1990年代初めに戦後最高水準に達した。そして、自動車盗は、主に保険による賠償の要件となっているため、あらゆる犯罪のなかで最も完璧に報告されていると考えられている[36]。しかしながら、窃盗率と自動車盗率は、他の5つの指標犯罪と同様、最近は減少している。1996年の窃盗率は1970年代後半とほぼ同じであり、1996年の自動車盗率は1980年代後半とほぼ同じである。さらに、窃盗率と自動車盗率はともに、社会学者ローレンス・コーエンとマーカス・フェルソンが名づけた「適当な標的」(suitable targets)[37]のみつけやすさに強く影響を受けている。つまり、窃盗率と自動車盗率の増加は、消費者向けの製品と自動車が入手しやすくなったことにもっぱら影響を受けている。合衆国では30年前、盗品となる自動車と消費財が少なかったこともあって、当時の自動車盗率と窃盗率は現在の数値を下回っていただけなのかもしれない。

これらの結果から全体的に判断すると、犯罪に対する人々の関心は、事実

上の犯罪率と単に緩やかに関連しているだけである。あるいは、より正確にいうならば、人々の関心は、犯罪率に比べて、20年から30年の時間的なズレがあると思われる。これらの街頭犯罪の動向は、実際の犯罪の波は1960年代初めに起こったが、1970年代後半までにすでに横ばい状態になっていたという結論を一般に支持するものとなっているのである[38]。

諸動向の類似点

　戦後の犯罪の諸動向について第2の驚くべき特徴は、種々の犯罪にみられる動向のパターンが多様であるにもかかわらず、かなり類似しているということである。統計的に分析してみたところ、1946年から1995年までの7つのUCR指標犯罪の動向は、全て密接に関連していることがわかった[39]。この知見は、戦後の犯罪動向に関する議論にとって、いくつかの潜在的に重要な示唆を含んでいる。最も重要なのは、戦後の合衆国において犯罪増加をもたらした原因が、おそらく窃盗だけでなく、殺人や自動車盗、強姦ときわめて広い範囲に影響を及ぼしたことを示している点である。より一般的には、指標犯罪の動向に類似点があるということは、こうした犯罪動向に対する説明を探求しようとすることに実益があるということを支持する。そうした説明は、一連の特定の犯罪タイプをトータルに説明できる十分な普遍性を持つからである。

3つの戦後犯罪期

　最後に、これらの犯罪全てはよく似た歴史上のパターンを示している。例えば、7つの犯罪も全て、戦後初期においては低い値を示している。加重暴行と窃盗は1946年に、不法目的侵入は1948年に、自動車盗は1949年に、強姦は1954年に、強盗は1956年に、殺人は1962年にそれぞれ最低水準を記録した。同様に、7つの犯罪は全て、戦後後期になって高い値を記録した。殺人と不法目的侵入は1980年に、強盗と自動車盗、窃盗は1991年に、強姦と加重暴行は1992年にそれぞれ高水準に達している。

これらのパターンから得られる一般的な印象によると、街頭犯罪の戦後の歴史は、犯罪動向の水準と方向性に基づいて3つの期間に分けることができる。すなわち、低くて安定的な犯罪率を特徴とする1946年から1960年までの戦後初期、犯罪率の急増を特徴とする1961年から1973年までの戦後中期、高いが比較的安定的な犯罪率を特徴とする1974年以降の戦後後期である。

7 諸動向をより広い文脈で捉える

UCRには長所や短所があるがその大規模な特性を生かして調べてみると、犯罪率は現実には戦後期の初めから終わりまでかなり増加している。こうした増加は、明らかに、ただ単にUCRデータの収集方法によって人為的にもたらされたものではない。しかし、いかにすればこうした増加を意味のある文脈のもとに置くことができるのであろうか。私たちはすでに、犯罪に対する人々の恐怖が実際の犯罪率を正確に示すわけではないことをみてきた。戦後合衆国の犯罪動向を文脈のもとで理解する2つの方法は、それらを合衆国の歴史の初期における諸動向と比較することと、他の先進諸国における諸動向と比較することである。

より長期的な歴史的動向

第二次世界大戦は、世界史上に強力な境界線を引いている。第二次世界大戦は事実上、合衆国を含む多くの国々において、市民生活のあらゆる側面に影響を及ぼした。歴史を「戦前」と「戦後」に分けて語る必要があるのは、まさにこうした理由による。それにもかかわらず戦後初期を、犯罪動向について結論を得るうえでの基線(baseline)として用いるなら、アメリカにおける犯罪についてのより長期的な歴史的観点をとるのとは違った視座を得ることになろう。これは、第二次世界大戦後の合衆国の街頭犯罪率が、歴史的にみれば低い水準を保っていたことによるものである。

西欧民主国家における犯罪動向を研究した政治学者テッド・ガーは、1960

年代の合衆国で起きた暴力犯罪の急増以前に、同じように高い増加を示した時期があったと結論づけている[40]。最も信頼できるデータは、殺人に関するものである。社会学者ダグラス・エクバーグによると、1900年から1933年までの合衆国の殺人率は、人口10万人につき年間で7件から9件に及ぶ[41]。したがって、20世紀最初の30年間における殺人率は、1960年代以降に観察された殺人率とほぼ同じであった。この視座から判断すると、1940年代と1950年代に殺人率が低いことのほうがむしろ異常で、1970年代と1980年代の高い率のほうがむしろ正常といえるのである。要するに、合衆国における現在の殺人率は、20世紀の最初から30年代初め頃までに経験した率を、わずかに上回っているにすぎないのである。

国際比較

1990年代には、研究者と一般の人々のあいだで、ほぼ全般的に合衆国の犯罪率は他の先進諸国を大幅に上回ると認識されていた。例えば、社会学者ルイス・シェレーは、「合衆国の犯罪パターンは、高率な犯罪行動や犯罪現象の広がり、犯行の重大さという点において、あらゆる先進諸国のなかでも特異である」[42]と結論づけている。同様に、社会学者エリオット・カリーの結論によれば、「犯罪率が非常に高いという点で、合衆国は先進西洋社会より、むしろ第三世界のなかで社会情勢が最も不安定な国々によく似ている」という[43]。こうした主張にあてはまることも多いけれども、比較する犯罪のタイプや国や年によって、かなりのばらつきもある。

国によって犯罪の定義や記録、算出の方法が異なるため、信頼できる犯罪データを収集するのは難しく、国ごとの比較はかなり複雑である[44]。殺人に関して最も正確になされた国際比較は、おそらく世界保健機関(WHO)によるものであろう[45]。WHOのデータは、加盟国が提出した死亡証明書から収集されており、殺人は「他者によって故意に負わされた致命傷」[46]と定義づけられている。**表2-1**では、合衆国と他の先進諸国17ヵ国について、殺人率に関するWHOのデータを比較している。旧ソヴィエト連邦(the former Soviet Union)の

表2-1 合衆国と先進17ヵ国の(人口10万人当たりの)殺人率(1960年・1991年)

国	1960年	1991年
アメリカ合衆国	4.7	10.4
オーストラリア	1.5	2.0
オーストリア	1.2	1.3
カナダ	1.4	2.3
デンマーク	0.5	1.4
イングランド及びウェールズ	0.6	0.5
フィンランド	2.9	3.1
フランス	1.7	1.1
ドイツ	1.0	1.1
イタリア	1.4	2.8
日本	1.9	0.6
オランダ	0.3	1.2
ニュージーランド	1.0	1.9
ノルウェー	0.4	1.5
ロシア連邦	—	15.2
スコットランド	0.7	1.5
スウェーデン	0.6	1.4
スイス	0.6	1.4

出典：World Health Organization, *World Health Statistics* Annual (Geneva, Switzerland. 1959, 1992).

一部であるロシア共和国のデータは、1991年に関してのみ入手できた。

　表2-1によれば、合衆国の殺人率は確かに、他の先進諸国をかなり上回っている。1991年、合衆国は日本とイングランド及びウェールズを20倍上回り、フランスとドイツを9倍上回る。西欧諸国のなかで殺人率が最も高いのはフィンランドであるが、それでも、1991年の合衆国と比較すると、その3分の1にすぎないのである。

　その一方で、合衆国の殺人率は、1991年についてはロシア共和国を下回る。さらに、1991年に比べ、1960年における合衆国の殺人率は、ヨーロッパの殺人率にかなり似ており、フィンランドの2倍を下回り、日本のほぼ2.5倍に相当する。

　無作為抽出した市民に対して前年に被った犯罪被害の経験に関して報告を依頼した被害調査データによっても、犯罪率の直接的な国際比較が可能である。これまでのところ、このような調査のなかで最も包括的なものは、1988年から1991年にかけて実施された国際犯罪調査 (International Crime Survey; 以

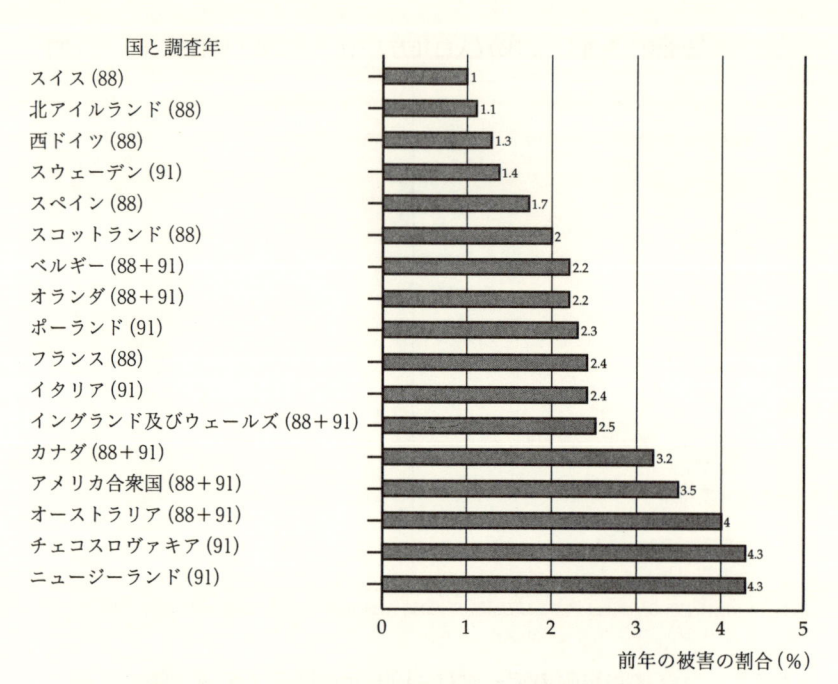

国と調査年	割合
スイス (88)	1
北アイルランド (88)	1.1
西ドイツ (88)	1.3
スウェーデン (91)	1.4
スペイン (88)	1.7
スコットランド (88)	2
ベルギー (88+91)	2.2
オランダ (88+91)	2.2
ポーランド (91)	2.3
フランス (88)	2.4
イタリア (91)	2.4
イングランド及びウェールズ (88+91)	2.5
カナダ (88+91)	3.2
アメリカ合衆国 (88+91)	3.5
オーストラリア (88+91)	4
チェコスロヴァキア (91)	4.3
ニュージーランド (91)	4.3

前年の被害の割合(%)

図2-5 17ヵ国における、不法目的侵入被害者の年間割合

出典：Pat Mayhew, "Findings from the International Crime Survey" (London: Home Office Research and Statistics Department, No.8, 1994), p. 3.

下、ICSと略す)である[47]。概略を述べると、ICSには20ヵ国で実施された5万人を超える面接調査が含まれている。**図2-5**は、調査参加国の不法目的侵入率を比較している。

　比較から得られた結果は、合衆国が先例のない犯罪の波のなかにいると考えている人々にとって、驚くべきものであるかもしれない。図2-5によれば、不法目的侵入率では合衆国はチェコスロヴァキアやニュージーランド、オーストラリアに次ぐ4番目に位置する。カナダの不法目的侵入率は、合衆国をわずかに下回るにすぎない。おおまかに言って、抽出された合衆国世帯のほぼ3.5パーセントが、前年に不法目的侵入の被害に遭ったと報告した。これは比較的高く、調査に含まれている7ヵ国(スウェーデンと西ドイツ、北アイルランド、スイス、日本、ノルウェー、フィンランド)の2倍を上回るものであるが、

他の先進諸国と比べて合衆国が際立って高いというわけでもない。

　強盗と自動車盗を含めて、ICSで報告された他の犯罪についても、結果は似ている。強盗のデータは、「過去1年間に、何者かがあなたに暴力を用いて、もしくは脅迫によって、あなたのものを奪ったり奪おうとしたりしたことがありますか」という質問に対する回答に基づく。その結果によれば、1988年の合衆国は、西欧先進13ヵ国及び2都市(ポーランドのワルシャワとインドネシアのスラバヤ)と比べると、強盗率が2番目に高い。強盗率が最も高いのは、合衆国のそれのほぼ2倍に相当するスペインであると報告されている。自動車盗の場合、ウェールズとイタリア、オーストラリア、ニュージーランド、フランスの5ヵ国が合衆国を上回っている。さらに、合衆国の強盗率と自動車盗率は比較的高い。合衆国の強盗率は、率が最も低い5ヵ国(フランスとノルウェー、スイス、北アイルランド、スコットランド)と1都市(スラバヤ)のほぼ4倍である。合衆国の自動車盗率は、率が最も低い5ヵ国(フィンランド、ベルギー、カナダ、スコットランド、チェコスロヴァキア)の2倍を上回っている。それにもかかわらず、合衆国の犯罪率は、今の世論が考えるほど、著しく高いものではなかったのである。

要約と示唆

　利用可能な証拠によると、戦後後期における合衆国は、全ての街頭犯罪の発生率が戦後期のどの時期よりも高かったという結論は支持される。さらに、強盗や強姦、加重暴行、窃盗の個々の発生率は、1990年代が戦後期のどの時期よりも高かった。もっとも、強姦率と加重暴行率の近年における増加は、少なくとも警察の取り締まり強化によるものとも思われる。殺人率と不法目的侵入率は、1980年代初めに最高値に達したが、これらはともに今も高い水準を保っている。第二次世界大戦前の期間に関する犯罪データはさほど信頼できないが、殺人に関するデータによれば、合衆国における現在の殺人率は、20世紀最初の30年間の殺人率とほぼ同じである。

　合衆国は他の西欧民主国家と比べると街頭犯罪率が比較的高い。もっとも、

その差異は誇張されることが多い。差異が最も大きいのは、殺人と強盗などの暴力行為である[48]。しかしながら、暴力的個人的犯罪の場合でも、調査対象とされる犯罪の種類や年や国によって、かなりのばらつきがある。

　明らかに、街頭犯罪に対するアメリカでの世論の関心の高まりは、ほぼ30年遅れのものであるが、あながちそれが根拠のないものだというわけでも非理性的だというわけでもない。20世紀後半のアメリカは、歴史的にみても、国際比較においても、街頭犯罪率の比較的高い時期を経験しているのである。しかし、重要なことは、これらの犯罪動向を長期的な視座で捉えることである。合衆国の1990年代の殺人率は、20世紀最初の30年間における殺人率とほぼ同じであった。さらに、1990年代初頭には、合衆国の強盗率はスペインを、不法目的侵入率はオーストラリアを、自動車盗率はイングランド及びウェールズを下回っていた。

8　戦後アメリカの犯罪動向を説明するために

　これらの犯罪データが不完全であることを考慮に入れたとしても、なおかなりの自信を持って次のように結論づけられよう。すなわち、合衆国における戦後の街頭犯罪の動向を適切に説明するためには、少なくとも以下の3つの事実を説明できなければならない。第1に、街頭犯罪率は戦後期にかなり増加したという事実を説明できなければならない。これを最も広く、アメリカ人10万人当たりの街頭犯罪の総件数で計算すると、1991年の犯罪率は1946年の8倍であった。

　第2に、増加率がパターン化している事実を説明できなければならない。戦後において、3つのかなり顕著な犯罪時期が確認できた。すなわち、街頭犯罪率が比較的低くて安定していた1946年から1960年代初めまでの初期、街頭犯罪率が一貫して急速に増した1960年代初めから1970年代後半までの中期、街頭犯罪率が比較的高くて安定していた1970年代後半から1990年半ばまでの後期である。

そして最後に、観察されたパターンが犯罪タイプにかかわらず類似しているという事実を説明できなければならない。調査した7つの街頭犯罪にはかなりのばらつきがあったが、それらの犯罪全ての全体的な動向は非常に似ている。
　したがって、私たちは、犯罪率の急速な変化を説明できる原因、とりわけ1960年代初めから1970年代後半までに影響を及ぼし、さらに多様な形態の街頭犯罪に類似した効果を与えた犯罪の諸原因を探求していることになる。
　これらのうち第1の点に関しては、犯罪率の最も急速な変化から、犯罪率の最も緩やかな変化まで、それぞれの変化を説明するのに適した一連の犯罪理論を想起できる。例えば、犯罪率の変化が生物学的衝動ないし心理学的欠陥によって生じるとする大半の理論は、この種の変化が何ヵ月、何十年ではなく、むしろ何世代にわたって起こると予想する。したがって、この理論は、緩やかな変化を説明するのに適している。それとは対照的に、大半の社会理論は、犯罪率の中程度の変化や急速な変化を説明しようとする。順応性の高い社会制度や組織、態度を比較的重視する社会的説明の場合は、急速な変化の説明に関心がある。犯罪の原因を、深く根ざした文化的価値やかなり安定的な社会－構造的特徴に求める社会理論は中間に位置し、生物学や心理学が想定する変化よりも速く、他の社会的説明が想定する変化よりは緩やかな犯罪率の変化の説明に適しているといえる。
　この犯罪説明の連続体という点からすると、合衆国において観察された戦後の犯罪動向は明らかに、より急速な変化に位置づけられる。なんと言っても、1960年代と1970年代のたった20年間で、全ての街頭犯罪の発生率は3倍を超えているからである。仮にこの犯罪の波が生物学的衝動や心理学的欠陥によって生じているならば、そのような短期間に、それらがどうやってそこまで急速に変動し得るというのであろうか。
　前に提示した犯罪データは、戦後のアメリカの犯罪動向が3つの特徴的な段階を経てきたということも示している。一貫して犯罪の急増をもたらした1960年初めのアメリカ社会とはどのようなものであったのだろうか。この期

間に7つの街頭犯罪率が全て上昇したのはなぜだろうか。また、同様に重要なことであるが、低い犯罪率をもたらした1940年代と1950年代のアメリカ社会とは、どのような社会であったのだろうか。

犯罪学者のマイケル・ゴットフレドソンとトラビス・ハーシは、犯罪の一般理論について論じ、「殺人についての犯罪学と強盗についての犯罪学は別のものであり、またシカゴについての犯罪学と台北についての犯罪学もそれぞれ別のもの」[49]として取り組むべきだと主張する研究者たちを批判する。すでに提示した犯罪データは、こうした賢明な批判を支持している。すでに述べたように、街頭犯罪の動向にはいくつか重要な差異が存在するものの、類似点のほうがはるかに顕著である。私のとるアプローチは、小さな個々の相違にとらわれるのではなく、むしろこれら7つの犯罪全てに共通した糸を探っていくことにある。

次章に入る前に、最後に強調しておかなくてはならないことがある。既述した犯罪動向は、犯罪に対する人々の反作用の性質に対しても、重要な洞察を与えている。データによれば、犯罪の最大の増加は1960年代初めに始まるが、1980年代と1990年代にはその率は横ばい状態になり、そして減少している。しかしながら、依然として犯罪に寄せる人々の関心は、世論調査の結果や選挙時の論点として犯罪の重要性が増していることから明らかなように、犯罪増加の最大であった時からほぼ30年を経た1990年代においてもなお、かなりの高い水準を保っている。このことから、犯罪に対する合衆国の人々の態度が、実際の犯罪率に加えて（あるいは代わって）、かなり多くの変数によって影響を受けていることに注意しなければならない。

☆　☆　☆

もし犯罪動向が犯罪に関する多くの常識的な仮説と矛盾するならば、むしろ、犯罪者の特徴別に動向を考察する時にそうした矛盾は大きくなる。次章では、年齢や性別、民族、人種的集団ごとに戦後の犯罪パターンをみていく。戦後のアメリカにおける犯罪の説明に、こうした下位集団の差異について考察を付け加えることによって、第3章を締めくくる。

注

1 Lambert Quetelet, *A Treatise on Man and the Development of His Faculties,* reproduction of the English translation of 1842, introduction by S. Diamond (Gainesville, FL: Scholar's Facsimiles and Reprints, 1969). (= 1940, 高野岩三郎校閲 平貞蔵・山村喬訳『人間に就いて』下, 岩波文庫, 150頁)

2 Josiah *Stamp, Some Economic Factors in Modern Life* (London: King, 1929), pp.158-159.

3 過去60年間にUCRシステムが行った報告手続きの最も重要な修正は、全国事件報告システム (National Incident-Based Reporting System; 以下 NIBRS と略す) として知られている。NIBRSは、Abtアソシエーツの立案による1985年の報告書に記されたUCRの改善勧告から生まれた (*Blueprint for the Future of the Uniform Crime Reporting Program*)。現在のUCRデータと比べると、NIBRSデータは、はるかに完璧なものである。しかし、NIBRSの実施は、ゆっくりしたペースで不確定なものであった。FBIは、1989年、参加した州から出されたNIBRSデータの受け入れを始めたにすぎない。1994年、NIBRSのフォーマットでデータを提出したのはたった9つの州だけであった。しかしながら、他の多くの州や機関では、NIBRSを実験的に実施し続けている (U. S. Federal Bureau of Investigation, *National Incident-Based Reporting System, Volume 1, Data Collection Guideline* [Washington, DC: Government Printing Office, 1996])。

4 連邦議会の法令によって、放火は、1979年、第1部犯罪に関する犯罪指標に加えられ、1980年代半ばにいくつかの機関が放火率の報告を開始した [訳注：UCRは、2部構成になっている。このうち第1部は、指標犯罪について報告している。著者の注が示す通り、指標犯罪は、当初、7項目であったが、後に放火が追加され、8項目となった]。

5 U.S. Federal of Bureau of Investigation, "Crime in the United States," *Uniform Crime Reports 1990* (Washington, DC: Government Printing Office, 1991).

6 例えば、A. L. Porterfield, *Youth in Trouble* (Austin, TX: Leo Potishman Foundation, 1946); A. Wallerstein and C. J. Wyle, "Our Law Abiding Law Breakers," *Federal Probation* (1947) 25:107-112.

7 James F. Short, Jr., and F. Ivan Nye, "Extent of Unrecorded Delinquency, Tentative Conclusions," *Journal of Criminal Law, Criminology and Police Science* (1958) 49:296-302.

8 Michael Hindelang, Travis Hirschi, and Joseph G. Weis, *Measuring Delinquency* (Beverly Hills, CA: Sage, 1981), p. 23.

9 例えば、Robert A. Dentler and Lawrence J. Monroe, "Social Correlates of Early Adolescent Theft," *American Sociological Review* (1961) 26:733-743; Maynard L. Erickson and Lamar T. Empey, "Court Records, Undetected Delinquency and Decision-Making," *Journal of Criminal Law, Criminology and Police Science* (1963) 54:456-469; Ronald L. Akers, "Socioeconomic Status and Delinquent Behavior: A Retest," *Journal of Research on Crime and Delinquency* (1964) 1:38-46.

10 Robert H. Hardt and George E. Bodine, *Development of Self-Report Instruments in Delinquency Research: A Conference Report* (Syracuse, NY: Syracuse University Youth Development Center, 1965).

11 Travis Hirschi, *Causes of Delinquency* (Berkeley: University of California Press, 1969). (=1995,森田洋司・清水新二監訳『非行の原因』文化書房博文社.)

12 Preben Wolf and Roger Hauge, "Criminal Violence in Three Scandinavian Countries," *Scandinavian Studies in Criminology,* volume 5 (London: Tavistock, 1975).

13 Richard Sparks, "Surveys of Victimization: An Optimistic Assessment," *Crime and Justice: An Annual Review of Research,* Volume 3 (Chicago: University of Chicago Press, 1981), p. 2.

14 A. D. Biderman, L. A. Johnson, J. McIntyre, and A. W. Weir, *Report of a Pilot Study in the District of Columbia on Victimization and Attitudes Toward Law Enforcement,* President's Commission on Law Enforcement and the Administration of Justice, Field Survey I (Washington, DC: Government Printing Office, 1967).

15 Albert Reiss, *Studies in Crime and Law Enforcement in Major Metropolitan Areas,* President's Commission on Law Enforcement and Administration of Justice, Field Survey III, Volume 1 (Washington, DC: Government Printing Office, 1967).

16 Philip H. Ennis, *Criminal Victimization in the U.S.: Report of a National Survey,* President's Commission on Law Enforcement and Administration of Justice, Field Survey II (Washington, DC: Government Printing Office, 1967).

17 一般に、Albert D. Biderman, *An Inventory of Surveys of the Public on Crime, Justice and Related Topics* (Washington, DC: Government Printing Office, 1972); Robert M. O'Brien, *Crime and Victimization Data* (Beverly Hills, CA: Sage, 1985)を参照のこと。

18 President's Commission on Law Enforcement and Administration of Justice, *The Challenge of Crime in a Free Society* (Washington, DC: Government Printing Office, 1967).

19 Ennis (1967), p. 9.

20 President's Commission on Law Enforcement and Administration of Justice (1967), p. 40.
21 Sparks (1981), p. 15.
22 Sparks (1981), p. 15.
23 Michael R. Rand, James P. Lynch, and David Cantor, "Criminal Victimization, 1973-95," U.S. Bureau of Justice Statistics, *National Crime Victimization Survey* (Washington, DC: Government Printing Office, April 1997).
24 便宜上、本書の注では、合衆国司法統計局 (U.S. Bureau of Justice Statistics) が収集した被害調査全集を「全国犯罪被害調査」と名づけている。
25 例えば、President's Commission on Law Enforcement and Administration of Justice (1967); Walter R. Gove, Michael Hughes, and Michael Geerken, "Are Uniform Crime Reports a Valid Indicator of the Index Crimes? An Affirmative Answer with Minor Qualifications," *Criminology* (1985) 23:451-501; Robert O'Brien, "Police Productivity and Crime Rates: 1973-1992," *Criminology* (1996) 34:183-208.
26 U.S. Bureau of Justice Statistics, *Sourcebook of Criminal Justice Statistics — 1991* (Washington, DC: U.S. Government Printing Office, 1992), p. 266.
27 Hindelang, Hirschi, and Weis (1981).
28 Delbert S. Elliott and Susan S. Ageton, "Reconciling Race and Class Differences in Self-Reported and Official Estimates of Delinquency," *American Sociological Review* (1980) 45:91-110.
29 Elliott and Ageton (1980), p. 107.
30 U.S. Federal Bureau of Investigation, Uniform Crime Reports, *Crime in the United States 1994* (Washington, DC: Government Printing Office, 1995), pp. 383-384. における諸定義を参照のこと。
31 多くの州では、犯罪者と被害者の性別に関する前提を取り除くために、強姦についての法律 (rape statutes) を修正してきた。しかし、UCRはなお、女性被害者という観点からのみ、強姦を定義している。(U.S. Federal Bureau of Investigation, Uniform Crime Reports, *Crime in the United States 1994* [Washington, DC: Government Printing Office, 1994], p. 383 を参照のこと。)
32 FBIの協定による努力のおかげで、UCRに犯罪を報告する警察署のパーセンテージも、1960年にかなり増加した。
33 例えば、Frederick S. Yang, "Crime: Two Ways of Handling a Hot Campaign Issue," *Campaigns and Elections* (1994) 15:30-32を参照のこと。
34 既遂犯罪について、1990年に被害者が警察に通報した割合は、強姦では62.7

パーセント、(傷害をともなう) 強盗では67.7パーセント、(傷害をともなう) 暴行では71.1パーセントであった (U.S. Bureau of Justice Statistics, *Sourcebook of Criminal Justice Statistics 1991* [Washington, DC: Government Printing Office, 1992], p. 266)。

35 O'Brien (1996).

36 U.S. Bureau of Justice Statistics, *Sourcebook of Criminal Justice Statistics 1991* (Washington, DC: Government Printing Office, 1992), p. 266.

37 Lawrence E. Cohen and Marcus Felson, "Social Change and Crime Rate Trends: A Routine Activity Approach," *American Sociological Review* (1979) 44:588-607.

38 実際の犯罪率と人々の犯罪認知との複雑な関係を論じたものとして、Katherine Beckett, *Making Crime Pay: Law and Order in Contemporary American Politics* (New York: Oxford University Press, 1997) を参照のこと。

39 1946年から1995年までの年間犯罪率を分析するために算出したピアソンの相関係数は、低いほうは.83 (殺人と加重暴行) から、高いほうは.98 (強姦と加重暴行) という範囲にあった。全て、統計的に有意であった。私はまた、データを「脱趨勢化」(detrending) した後の相関係数も算出した。すなわち、犯罪動向全てが、一般に、戦後期の大半において上向きであったという事実について補正したのである。趨勢の影響を調整した後の相関 (最初の差異) は、かなり縮小されたものの、窃盗と強姦、窃盗と加重暴行 ($p < .07$) という2つの組み合わせを除く全ての対象については、なお統計的に有意であった。趨勢の影響を調整した後の相関は、高い方から強盗と不法目的侵入 (.81) と強盗と殺人 (.81)、加重暴行と殺人 (.69)、自動車盗と殺人 (.67) となった。経時的分析における脱趨勢化の論理を記述したものとしては、David A. Dickey, William R. Bell, and Robert B. Miller, "Unit Roots in Time-Series Models: Tests and Implications," *The American Statistician* (1986) 40:12-26を参照のこと。

40 Ted R. Gurr, "Historical Trends in Violent Crimes: A Critical Review of the Evidence," *Crime and Justice: An Annual Review of Research,* Volume 3 (Chicago: University of Chicago Press, 1981).

41 Douglas Eckberg, "Estimates of Early Twentieth-Century U.S. Homicide Rates: An Econometric Forecasting Approach," *Demography* (1995) 32:1-16.

42 Louise Shelley, *Crime and Modernization: The Impact of Industrialization and Modernization on Crime* (Carbondale: Southern Illinois University Press, 1981), p.76.

43 Kenneth F. Ferraro, *Fear of Crime: Interpreting Victimization Risk* (Albany: State University of New York Press, 1995), p.118 からの引用である。

44 James Lynch, "Crime in International Perspective," in J. Q. Wilson and J. Pertersilia, eds., *Crime* (San Francisco: Institute for Contemporary Studies Press, 1995).

45 Gary LaFree, "Comparative Cross-National Studies of Homicide," in M. D. Smith and M. Zahn, eds., *Homicide Studies: A Sourcebook of Social Research* (Thousand Oaks, CA: Sage, 1998) を参照のこと。

46 World Health Organization, *World Health Statistics Annual, 1994* (Geneva, Switzerland, 1995).

47 Jan J. M. van Dijk, Pat Mayhew, and Martin Killias, *Experiences of Crime Across the World: Key Findings of the 1989 International Crime Survey,* second edition (Deventer, the Netherlands: Kluwer, 1991). 他の国際的な犯罪研究は立案中である。

48 Franklin E. Zimring and Gordon Hawkins, *Crime Is Not the Problem: Lethal Violence in America* (New York: Oxford University Press, 1997) も参照のこと。

49 Michael R. Gottfredson and Travis Hirschi, *A General Theory of Crime* (Stanford: Stanford University Press, 1990), p. 171. (= 1996, 松本忠久訳『犯罪の基礎理論』文憲堂.)

第3章 戦後アメリカにおける犯罪者の特徴と犯罪動向

……黒人と白人との闘争の危険は、……アメリカ人の想像に、悪夢のように絶えずあらわれている。
（アレックス・ド・トクヴィル、『アメリカの民主政治』、1835）[1]

もし犯罪と非行を扱う社会学の理論家が、犯罪行動と……性別や人種、年齢集団との相関を知ることによって得られた「手がかり」を用いるなら、理論と調査はより着実に進歩し得るであろう。
（マイケル・J・ヒンデラング、「性別や人種、年齢別の特定の犯罪率におけるばらつき」、1981）[2]

　アメリカの警察留置所や裁判所、拘置所、刑務所をざっとみただけでも、街頭犯罪をおかしたかどで逮捕され、有罪とされ、刑期をつとめている者は、人種的・民族的マイノリティ集団の青年に不釣り合いに偏っていることがわかる。UCRから得た公式データが、合衆国の犯罪に関する主要な情報源であった時代、多くの政策立案者や研究者は、司法システムにマイノリティの青年が異常に多い原因を、主に警察や他の司法機関が下す偏った意思決定によるものではないのかと懸念した[3]。しかし、被害データや自己申告データが入手できるようになるにつれて、マイノリティの青年に偏る理由については別の説明がなされるようになった。すなわち、性別や年齢、人種集団によって検挙率や有罪率、投獄率が異なる理由が、ただ単に犯罪をおかすそれらの性向の違いにあるという結論に傾いていった[4]。
　本章では、戦後の合衆国における街頭犯罪の動向を、犯罪者の年齢や性別、人種別に検討する。年齢別や性別、人種別の犯罪率の差異を丹念に分類・整

理することによって、全体的な犯罪動向がなぜそのような偏りを示すのかについて、かなり多くのことを学ぶことができるだろう。

1　犯罪者の特徴に関するデータ

　年齢や性別、人種といった特徴は、戦後の犯罪動向に主に2通りの方法で影響を及ぼす。第1は、もしある種の人々が系統的に犯罪をおかしやすいならば、犯罪動向は自然と年齢別、性別、人種別人口構成の時系列的変化に左右されることになろう。例えば、もし青年が他の人々より犯罪をおかしやすいならば、人口パターンの変化によって青年の数が増えれば、犯罪率が増加することになろう。そして、第2は、もし男性や青年や特定の人種的・民族的集団の成員による犯罪率が時の経過とともに変化するならば、年齢や性別、人種といった特徴も、犯罪動向に影響を及ぼすことになろう。例えば、戦後期において女性の犯罪率が他の人口学的集団よりも高くなったならば、女性集団はその期間に増大した犯罪の割合の主たる原因になるだろう。したがって、犯罪動向は特定の人口学的集団の増減とそれらの犯罪率の変化という2つの要因の影響を受けるのである。

　戦後のアメリカにとって、一般に年齢や人種集団による人口学的増減の影響(the supply effect)は考察すべき重要なものであるが、性別による人口学的増減の影響はさほど重要ではない。これは、若者と人種的集団の割合が戦後期において大きく変化したのに対し、人口に占める女性の割合の変化が比較的小さかったことによる。例えば、合衆国人口に占める女性の割合は、1940年には49.8パーセント、1995年には51.2パーセントであり、増加[率]は3パーセントに満たない[5]。それとは対照的に、合衆国人口に占めるアフリカ系アメリカ人の割合は、1940年には9.8パーセント、1995年には12.6パーセントと、29パーセントもの増加[率]を示した[6]。同様に、年齢14歳から24歳までの若者人口は、戦後最も低い水準を示した1955年には、合衆国人口の14パーセントに満たなかった[7]。それに反して、この若者人口の割合は、1976年にほ

ぼ21パーセントという戦後の最高値に達し、50パーセントも増加した。

　残念なことに、戦後の合衆国における年齢や性別、人種別の犯罪率を研究する際、データの選択は、犯罪動向一般を研究する場合よりもさらに限られている。自己申告調査データと被害データはともに、戦後期最大の犯罪増加をすでに迎えていた1973年より以前のものは入手できない。したがって、犯罪動向一般に関するデータとして、戦後期全般にわたって年齢や性別、人種別の年間推計を出しているデータ源は、唯一UCRだけである。

　すでに説明したように、UCRは、認知犯罪と検挙の主に2つのタイプのデータを収集している。認知件数の算出は、検挙件数に比べると、警察による裁量に影響を受けないため、研究者は一般にこの算出結果を優先してきた。しかし、UCRによる認知件数の算出は、容疑者の年齢や性別、人種については報告していない。このため、犯罪者の特徴を含み、戦後期全般にわたって毎年収集されてきた合衆国の犯罪統計ということになれば、唯一、UCRによる検挙件数の算出だけである。

　第2章でみてきたように、UCRのデータの質については、初めて収集された1930年以来、激しい論争が交わされてきた。当然ながら、こうした論争はUCRによる犯罪者の特徴に関する報告、とりわけ犯罪者の人種に関する報告が正確であるかどうかという点をめぐって激しくなされた。おそらく、人種に関するUCRの逮捕データに対する最も一般的な批判は、UCRが街頭犯罪を強調していた点と関連している。その批判とは、UCRが関心を寄せる街頭犯罪は、マイノリティのあいだでは一般的であるが、非マイノリティのあいだではさほど一般的でない、というものである[8]。これは、確かに考慮すべき重要な事柄である。しかし、私はその批判がUCRデータを完全に否定しまう理由になるとは思わない。確かに、UCRが最も完璧なデータとして記録してきた7つの指標犯罪は全犯罪の部分集合でしかないが、これらの犯罪が実質的な政策上の関心の的となっていることも事実なのである。

　第2章でUCRデータについて概説したように、犯罪者の年齢別や性別、人種別にみた犯罪動向を集計しているUCRデータへの批判の大半は、市民もし

くは警察による報告の偏りに対する懸念を反映している。こうした懸念の理由は明らかである。例えば、もし非マイノリティがマイノリティよりも犯罪を警察に通報する傾向にあるならば、人種別の犯罪率に関する結論は誤ったものになるであろう。同様に、もし警察の逮捕決定が性別によって左右されるならば、男女別犯罪率に関する結論は偏ったものといえるだろう。

　戦後期の大半において、UCRは犯罪に関する唯一の全国データ源であったため、UCRの質を他のデータ源と比較して評価することはできなかった。ありがたいことに、こうした状況は、1970年代に被害や自己申告の調査データが入手できるようになってかなり変化した。最も重要なのは、1973年以降、NCVSはUCRデータとは別個に、街頭犯罪被害について比較データを毎年提供していることである。1973年以降のNCVSと他の被害調査データを分析すると、確かに下位集団の特徴によって報告にいくつか違いのあることが明らかになる。このことについて、政治学者ウェスレー・スコーガンは、国際調査を検討して、男性より女性、また若者より年長者のほうが、犯罪を通報する傾向にあると結論づけている[9]。しかしながら、スコーガンによれば、被害者の人種間で通報に差が出ることはないという。さらに、年齢別や性別による下位集団間の差異は、とりわけ重大な街頭犯罪の場合、比較的小さい。

　NCVSデータにおける犯罪者下位集団の特徴とUCRにおける逮捕者の特徴を比較することによって、犯罪データ間に小さな差異しか存在しないことを最も確実に明らかにすることができる[10]。UCRから得られた性別や年齢、人種と検挙率との相関が、(警察とは別個に)NCVSが算出した各集団の犯罪率と類似するということに限っていえば、UCRデータの有効性をかなり信頼することができる。それどころか、UCRの指標犯罪検挙率とNCVSから得た推計犯罪率を体系的に比較したところ、両者が実質的に対応していることがわかる。例えば、犯罪学者マイケル・ヒンデラングによれば、NCVSの被害報告から明らかになった年齢別や性別、人種別による強盗と不法目的侵入の割合は、UCRの逮捕データで報告されている同様の項目とかなり類似するという[11]。NCVSの場合、犯罪者の6パーセントしか被害者に目撃されていない不法目的

侵入についてさえ、犯罪者の特徴は、UCRの検挙統計とNCVS調査のあいだにかなり強い対応がみられた。

犯罪者の特徴別犯罪率について、自己申告調査とUCRを比較した研究者によれば、留保つきながらも、UCRデータとNCVSデータを比較した場合と同様の結果が得られるという。例えば、社会学者のデルバート・エリオットとスーザン・エイジトンは、アフリカ系アメリカ人と男性による犯罪の割合について自己申告データとUCRデータのあいだにある差異は、主に収集された自己申告データのタイプに起因することを明らかにした[12]。一般に、アフリカ系アメリカ人と白人のあいだにある犯行割合の差異、また男性と女性のあいだに存在する犯行割合の差異は、犯罪が深刻になるほど大きくなる。これらの差異を補正すると、UCRの検挙統計と自己申告調査における人種別や男女別の犯罪率は、かなり類似している。

より一般的には、大規模で信頼できる一連の調査結果によると、犯罪の重大性が一貫して警察の逮捕決定に関する最も強力な説明変数であるという[13]。ウォルター・ゴーヴとその同僚らは、UCR報告の妥当性について包括的に分析したところ、犯罪が警察に通報されるかどうか、また公式に報告されるかどうかを決定づける最大の要素が、被害者または犯罪者の個人的特徴ではなく、むしろ犯罪の重大性に関する認知であると結論づけた[14]。したがって入手可能な証拠によれば、UCRの検挙データ、とりわけ重大な犯罪や全国水準の犯罪に関するデータは、犯罪者の特徴別犯罪動向を実際に反映するといえるだろう。

しかしながら、妥当性とは別に、年齢別や男女別、人種別に犯罪動向を算出するためにUCRデータを用いることは、もう1つ別の問題を引き起こす。UCRは1930年に犯罪データの収集を開始して以来、唯一、逮捕者の特定の特徴について要約したデータを提供してきた。したがって、UCRは白人や男性や18歳の逮捕者それぞれの総件数について報告しているものの、白人男性である18歳の逮捕者の総件数について報告しているわけではない[15]。第2章で述べたように、UCRを再編成したNIBRSによって、ようやく逮捕者について個

人水準での全国データが得られる[16]。しかし、本書の執筆時においてNIBRSデータはほんの一部の州についてのみ入手できるのであって、少なくとも初期の頃についてNIBRSデータを得ることはできない。こうした状況から、年齢や性別、人種に基づく特定の項目ごとに逮捕者の動向を推計することは、かなり複雑な作業になる。

　要するに、UCRは戦後期全般にわたって犯罪者の年齢や性別、人種ごとに犯罪データを長年にわたって収集している唯一の合衆国のデータ源である。こうした特徴を検討するために、UCRを用いるのは難しいものであるということを軽くみてはいけない。さらに、ちょうど真面目な考古学者ならば陶器の破片、つまり、どんな不完全なデータであろうともそれを捨ててしまうことがないように、責任感のある犯罪学者ならば、戦後期全般にわたる性別や年齢、人種ごとの犯罪に関する唯一の全国データを無視するわけにはいかないのである。まず、年齢別・性別検挙率が示す戦後の動向を考察し、その後、人種別や民族別の検挙率について検討する。

性別と犯罪

　ここで報告されている種類の街頭犯罪が男性に極端に偏っているという結論は、おそらくあらゆる犯罪学において最も支持されている。逮捕や裁判、刑務所に関する合衆国の統計では、一貫して男性が女性を圧倒している[17]。1994年におけるUCRの統計によれば、男性がそれぞれの犯罪で占める割合は、殺人や強盗、強姦、不法目的侵入の90パーセント以上、自動車盗の88パーセント、加重暴行の83パーセント、窃盗の67パーセントである[18]。同様の男女差は、一般に世界中で報告されている[19]。この結論は自己申告調査[20]と被害調査[21]の双方によっても支持されている。

　このように、一般的な街頭犯罪率が男女間でかなり異なるということはよく立証されている。さらに、合衆国人口の男女比が戦後期を通じてほぼ一貫していたことを考えると、女性の犯罪率が時代とともに変化している大きな原因は、人口総数における女性の割合によるものではない。しかしながら、

戦後期の合衆国における街頭犯罪の割合の増加原因が女性によってもたらされたか否かについては、研究者によって意見が異なる。3つの主要な見解がある。

[第1に、]おそらく、最も一般的な議論、とりわけ1970年代に盛んになされた議論によれば、性別役割の一般的な収斂傾向とともに、犯罪率の男女差も縮まっていくというものである[22]。この見解は、女性が自立や自信、自尊心を得るにしたがって、女性の犯罪率が一般的に男性に類似するようになることを示している。この見解を先導した犯罪学者フレダ・アドラーは、「正当に活動できる領域において女性が男性と同等の機会を要求しているのと同じように、ほぼ同数の女性が決然と、以前は男性だけが関わっていた主要な犯罪の世界に足を踏み込まざるを得なくなっていく」[23]と論じている。

[第2に、]戦後期合衆国において犯罪率の男女差が縮小してきたとするこうした主張に反論する研究者もいる[24]。例えば、犯罪学者マイケル・ゴットフレドソンとトラビス・ハーシによれば、女性犯罪の増加は主としてホワイトカラー犯罪に限られており、こうした現象は、女性がホワイトカラー犯罪の可能な職業にいっそう多く就くようになっているという事実(例えば、1990年代、銀行の金銭出納係や事務職員などのホワイトカラー職において、女性の数は、男性を上回っていた)によって説明がつくという[25]。ゴットフレドソンとハーシの結論は、ひとたび犯罪をおかす機会の変化を考慮にいれると、男女間における犯罪率の差異は、常にどこででも大きくかつ一貫したものであるという[26]。

[第3に、]戦後期における男女間の犯罪率の収斂は、ある特定の犯罪タイプに限られると論じる者もいる[27]。例えば、ダレル・シュテフェンスマイアーによれば、1960年から1990年までについて逮捕された女性の動向を分析すると、財産犯罪に関する女性の検挙率は、いくぶん増加しているものの、暴力犯罪に関与した男女比は1960年以降一定であるという[28]。

ここで検討する犯罪に関して、これらの説明のうちどれが最も正確であるかを決めるために、1965年から1992年まで、検挙件数の男女比について動向を比較した[29]。検討した27年間において、強盗や不法目的侵入、窃盗、自動車

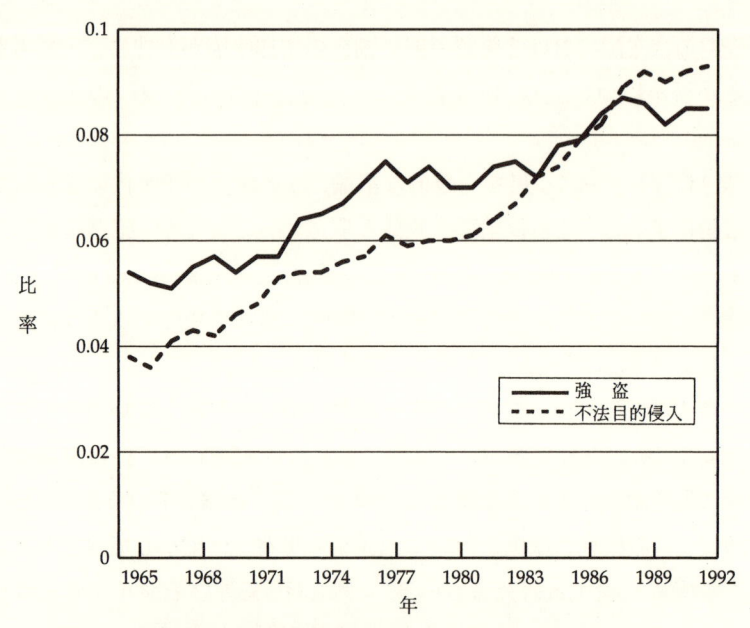

図3-1 成人男性の強盗と不法目的侵入による検挙件数に対する、成人女性の割合（1965－1992年）

注：率は全て18歳以上についてである。
出典：U.S. Federal Bureau of Investigation, *Age-Specific and Race-Specific Arrest Rates for Selected Offenses 1965-1992* (Washington, DC: Government Printing Office, December 1993).

盗に関しては、男性に対する女性の比率は一般に増加していた。それとは対照的に、女性の加重暴行率はほとんど変化をみせず、また、殺人率を男女比で調べたところ、殺人をおかす女性の割合は時とともに小さくなっていた。強盗と不法目的侵入についての結果は、**図3-1**に示されている。

　ここで報告しているUCRデータは、1965年から1992年までしか含んでいない。犯罪の男女比を計算したグラフが上昇しているということは、男性に対する女性の比率が、上記の期間において増加していたことを意味する。図3-1では、強盗と不法目的侵入はいずれもデータがカバーしている期間全体を通じて、ほとんどが男性のおかしたものであることを、おおむね示している。例えば、1965年において、不法目的侵入の女性逮捕者は、男性逮捕者の4パーセントを、強盗による女性逮捕者は男性の6パーセントを下回る。しか

しながら、図3-1は、男女間の差異がこの27年間で小さくなっていることも示している。1992年には、女性による強盗と不法目的侵入の逮捕者は、男性逮捕者のほぼ9パーセントを占めるに至っている。

　ここで検討している7つの指標犯罪のなかで、逮捕者の男女比に関して、唯一、1965年から1992年にかけて主に減少しているのは殺人である。シュテフェンスマイアーによれば、戦後期において女性のおかした殺人の割合が減少していることは、2つの考え方と結びつけられるという[30]。第1に、手段的な、つまり重罪に属する殺人（例えば、契約殺人）率は、戦後期においてかなり増加した（1960年は殺人の約7パーセントを占めていたが、1990年には約20パーセントを占めるに至る）。シュテフェンスマイアーは、こうした手段的犯罪においては男性の犯罪者が圧倒的に多いということを指摘している。第2に、男性と比べて、女性は犯罪を目的としない活動、とりわけ家庭内紛争に関連して殺人をおかすことが多い。シュテフェンスマイアーによれば、女性によるこうしたタイプの殺人が、とりわけ1980年代に減少しているのは、虐待を受けた女性が避難所などのサービスを享受しやすくなってきたことと関係しているかもしれないという。こうした対策がとられるようになったことで、より多くの女性が虐待する男性を殺害するのではなく、彼らから逃れられるようになってきたからである[31]。最近におけるこうした対策の進展は、また、戦後期の女性による加重暴行率が[増加しないで]ほぼ一定であったことにも寄与してきたのかもしれない。

　一般に、7つの指標犯罪に関する戦後の動向は、いくつかの犯罪タイプを除いて、男女の犯罪率がゆっくりと収斂してきたという結論と最も一致する。強盗や不法目的侵入、窃盗、自動車盗の場合、女性の検挙率は男性の検挙率に近づきつつある。加重暴行による男性逮捕者に対する女性逮捕者の比率の動向は一貫しておらず、殺人による男性逮捕者に対する女性逮捕者の比率は、戦後期において事実上減少していた。そして、重要なことは、男女の率が戦後期に類似してきた犯罪についても、いまだに男性がかなり多いということである。例えば、1990年代に、殺人や強盗、不法目的侵入、自動車盗で逮捕さ

れた男性は、女性のほぼ10倍である。

年齢と犯罪

　街頭犯罪率の変化が、その時代の若者の総数に起因するという考え方は、戦後アメリカにおいて最も一般的な犯罪に関する説明の1つであった。この説明が研究者にとって魅力的であったことは明らかである。というのも、この説明は、信頼できる測定可能な一変数すなわち社会の年齢構成の進展に基づいているので、将来の犯罪動向について予測することが可能になるからである。確かに、合衆国[32]や世界中の国々[33]から得られる検挙統計が一貫して示しているのは、若者が街頭犯罪を不釣合いに多くおかしているということである。1994年のUCR統計によれば、25歳未満の逮捕者は、ここで検討されている7つの街頭犯罪においてそれぞれ42パーセントから72パーセントを占めている[34]。こうしたことから、トラビス・ハーシとマイケル・ゴットフレドソンは、年齢と犯罪との相関は、文化や時代、犯罪のタイプとは無関係に一貫していると論じている[35]。

　すでに述べたように、年齢は、戦後の犯罪動向を説明しようとする私たちの努力に興味深い一面を加える。というのは、年齢は、若者の数と若者の犯罪頻度の変化という2つの過程によって、戦後の犯罪動向に影響を与えたはずの人口学的カテゴリーを表しているからである。実際に、メディアは、しばしばこれら2つの過程を混同させる。例えば、『タイム』誌上の犯罪問題に関するある記事は、「ひどい略奪者」(superpredators)である10代の若者の数が21世紀初めに急増するという予測に基づいて、「ティーンエイジの時限爆弾」について警告している[36]。しかし、こうした予測は、人口に占める若者の総割合が比較的低かった時期に生じた青少年犯罪によって発せられた警告に基づいている。したがって、1990年代に起きた青少年暴力犯罪の急増は、若い犯罪者の動機の変化と関わっているようであるが、将来の青少年犯罪に対する危惧は、若い犯罪者の総数の増大という将来の予測に基づいているのである。

　戦後期のあいだ多くの研究者は、社会に占める若者の総割合がどのくらい

犯罪率に影響を及ぼしているかを確定しようとしてきた。研究者たちは、研究対象となった特定の犯罪タイプと該当する時期に依拠して、戦後アメリカの犯罪率における変化の12パーセントから58パーセントの範囲内で、人口に占める若者の割合が犯罪の変化に影響を及ぼしていると推定した[37]。

　トマス・マーベルとカーライル・ムーディは、これまでの経験的な証拠を最も徹底的に調べるなかで、一般的なタイプの街頭犯罪の発生率に及ぼす年齢構成の影響を調査した統計的研究を検討している[38]。街頭犯罪に関する（ここでなされている議論に最も関わる）縦断的研究を再検討してみたところ、要約された57件の分析のうち34件の研究（59.6パーセント）は、若者の割合の増加にともなって犯罪が増大するという明確な動向の存在を示している。それらの研究のうち6つだけが、若者の割合が増加する一方で、犯罪が減少していることを明示している。街頭犯罪のなかで最も広く研究されている殺人の場合は、検討した24件の分析のうち19件の研究が、若者の割合の増加にともなって、殺人がかなり増大していることを明らかにしている。さらに、これら19件のうち16件の研究は、年齢と殺人のあいだに「強い」ないし「中位の」相関を認めているのに対して、年齢と殺人の負の相関は、たった1件の研究だけにしかみられなかった。したがって、若者の数が犯罪率に影響することは確かなものの、その影響力の大小についてはかなりのばらつきがあるといえよう。

　14歳から24歳までの年齢層のアメリカ人若者の割合が戦後どのように変化したかについては、図3-2に示している[39]。比較のために、強盗率もここに含める。強盗は、比較するのに便利な基準となる。というのも、（例えば、殺人や強姦、加重暴行といった）他の暴力的街頭犯罪と比べると、強盗は顔なじみでない者が最もおかしやすい犯罪だからである[40]。しかしながら、すでにみたように、全ての街頭犯罪の動向は相互に高い相関を示しているので、ある範囲内においては、いずれの街頭犯罪も比較するのにかなり適している。

　図3-2が示す通り、アメリカの人口に占める若者の割合は、第二次世界大戦以後減少し、1955年に14パーセントをわずかに下回る戦後最低に至った。

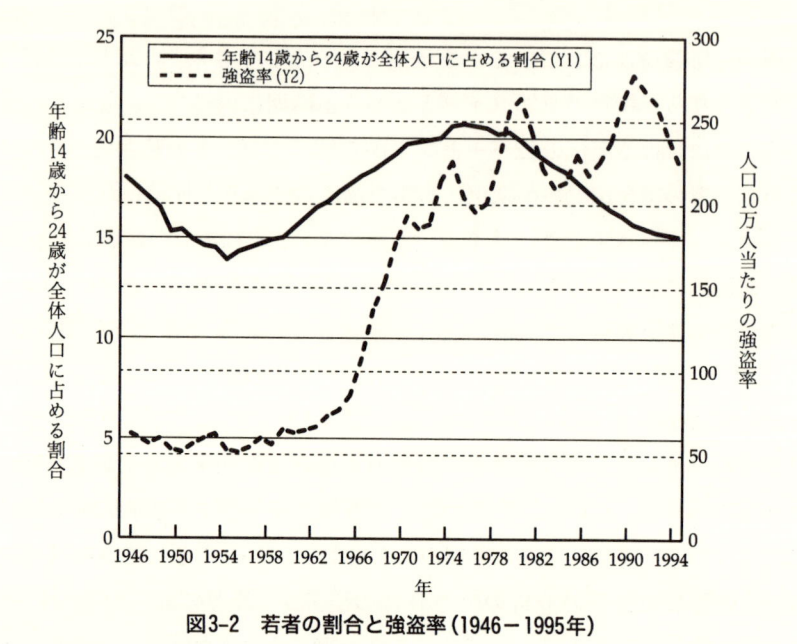

図3-2　若者の割合と強盗率(1946－1995年)

出典：U.S. Bureau of the Census, *Statistics Abstract of the United States, 1996* (Washington, DC: Government Printing Office, 1996), p.15.

　それから、若者の割合は再び徐々に増加し、1977年に20.7パーセントという最高水準に達した。その後、若者の割合はまた減少し、本書執筆中の今もわずかばかり減っている。これらの変化は、14歳から24歳までのアメリカ人の割合が、1960年と1996年でほぼ同じであったということを意味する。合衆国国勢調査局の予測によれば、若者の割合は21世紀に入って再び増加に転じ、14歳から17歳までの若者の割合は2005年に、18歳から24歳までの若者の割合は2010年にそれぞれ最高になる[41]。

　図3-2から、若者の割合と強盗率がはっきりと関連していることがわかる。強盗率と同様に、若者の割合は第二次世界大戦後も比較的低く、1960年代に急増し始め、1970年代初めに最高に達し、その後1980年代・1990年代に入って、いくぶん減少に転じた。しかし、一般には類似しているものの、明らかな違いもある。特筆すべきことは、強盗率が、若者の割合が変化した頃のおお

むね数年前後のあいだにより急激に変化したということである。若者の割合は、1960年代の強盗率ほど急激に変化しているわけでもなければ、1960年代以後の強盗率ほど大きく変動したわけでもなかった。

このことに関連して、若いアメリカ人の犯罪をおかす傾向が戦後期に変化したかどうかという問題がある。「若者文化」という考えは、若いアメリカ人の割合が上昇した1960年代と1970年代に一般に広まった。1つの可能性として、この若者文化が影響力を持つにしたがって、若者による犯罪の割合も増加したということがあげられる。若者の人口増加以上に、アメリカ人の若者による街頭犯罪の割合は戦後期に増大したのであろうか。

FBIは最近、1965年から1992年までについて、18歳未満の青少年と18歳以上の成人に関する年間検挙率を発表した[42]。これらの犯罪について成人検挙件数に対する青少年検挙件数の比率を計算することによって、青少年の数がもたらす時系列的な変動を補正することができた。私は、7つの街頭犯罪全てについて、このような比率を算出した。一般に、成人検挙件数に対する青少年検挙件数の比率は、4つの暴力犯罪(殺人と強盗、強姦、加重暴行)では増加したが、3つの財産犯罪(不法目的侵入と窃盗、自動車盗)では減少した。飛び抜けて大きな変化を見せたのは、殺人率であり、図3-3に示されている。

すでに男女別で検挙率を比較したように、ここでも成人検挙件数に対する青少年検挙件数の比率を算出した。例えば、グラフ線の上昇は、青少年が検挙の割合を増加させる原因となっていることを意味し、グラフ線が下降していれば、成人検挙件数に対する青少年検挙件数の割合が減少していることを意味する。図3-3に示されるように、殺人の場合、成人検挙件数に対する青少年検挙件数の比率はこの時期にかなり着実に増加している。

殺人の場合、成人検挙件数に対する青少年検挙件数の比率は、1965年にはほぼ17パーセントであったが、1992年には48パーセントという最高点に達する。この青少年検挙件数の比率は、1983年から1992年にかけて特に大きく変化している。この時期は、殺人の成人検挙率は減少する一方で、青少年検挙率は急増していた。

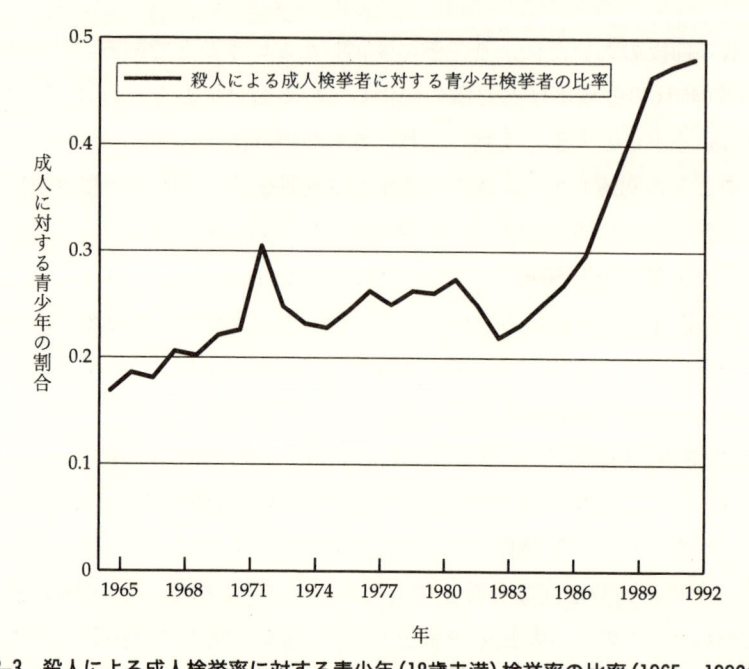

図3-3 殺人による成人検挙率に対する青少年(18歳未満)検挙率の比率(1965－1992年)
出典：U.S. Federal Bureau of Investigation, *Age-Specific and Race-Specific Arrest Rates for Selected Offenses 1965-1992* (Washington, DC: Government Printing Office, 1993), pp. 158-159.

　他の暴力犯罪の場合、成人検挙件数に対する青少年検挙件数の比率の変化はかなり重要であるにもかかわらず、殺人ほどには話題にされていない。例えば、強盗の場合、成人検挙件数に対する青少年検挙件数の比率は1965年には76パーセントだったが、1992年には103パーセントにもなった。同様に、強姦の場合、成人検挙件数に対する青少年検挙件数の比率は、47パーセントから55パーセントに、加重暴行の場合は、32パーセントから50パーセントに変化した。

　財産犯罪の場合、成人検挙件数に対する青少年検挙件数の比率の減少は、殺人に比べると小さいものであった。1965年、不法目的侵入の場合、青少年は成人のほぼ2倍も逮捕されていた。1992年には、この比率は約1.5倍にまで低下した。同様に、窃盗の場合、成人検挙件数に対する青少年検挙件数の比

率は、1965年には2.2倍を超えていたが、1992年には1.2倍までになり、自動車盗の場合、成人検挙件数に対する青少年検挙件数の比率は、1965年には3倍であったが、1992年には2.3倍にまで落ち込んだ。

　要するに、暴力的街頭犯罪、とりわけ殺人の成人検挙件数に対する青少年検挙件数の比率は、明らかに戦後期に増加した。しかし、財産犯罪の場合は、成人検挙件数に対する青少年検挙件数の比率は、明らかに戦後期に減少した。

小括――性別・年齢・犯罪

　要約すると、街頭犯罪における女性検挙件数の割合は、強姦を除くと、ここで検討した6つの街頭犯罪のうち4つにおいて増加した。重要な例外は加重暴行と殺人であった。すなわち、加重暴行をおかした女性の割合は明確な動向を示さず、殺人による女性検挙件数は1960年代から1990年代にかけてかなり減少した。しかしながら、女性検挙件数の割合が増加した犯罪においても、依然として、男性が圧倒的な数を占めていた。

　若いアメリカ人の数が戦後期の街頭犯罪率に影響を及ぼしているという証拠は、その影響の程度がしばしば誇張されることはあるものの、かなりはっきりしている。青少年が犯罪をおかす性向が強まっている証拠はより複雑である。一般に、成人検挙件数に対する青少年検挙件数の比率は、暴力犯罪については増加しており、財産犯罪については減少していた。それにもかかわらず、成人犯罪に対する青少年犯罪の比率が最も増加したのが殺人であったという事実は考察を要する。戦後期において成人に比べて青少年の殺人の比率が増大したという現象は、実は2つの動向をたどっている。まず、殺人の場合、青少年の検挙率は戦後期の大半において着実に増加したが、著しい増加をみせたのはとりわけ1980年代後半から1990年代初めにかけてである。同時に、成人の殺人率は、1970年代半ばに最高点を迎えた後、若干減少した。

　したがって、犯罪が急増した大半の期間は、人口に占める若者の割合が高かったという単純な事実から、若者が戦後アメリカの犯罪急増の一因であったのは明白である。しかし、若者は犯罪をおかす性向を強めることによって、

暴力的犯罪率、とりわけ殺人の増加の一因となったこともやはり事実である。

2　戦後アメリカにおける人種と犯罪

すでに論じたように、戦後アメリカにおける街頭犯罪の動向を理解するためには、アフリカ系アメリカ人の犯罪率が劇的に増加したことを説明する必要がある。戦後の犯罪動向にとって、アフリカ系アメリカ人が重要であることを示す1つの方法は、合衆国が1つではなく、2つの国、すなわち、人口約3,300万人のアフリカ系アメリカ人国家と、人口約2億3,000万人の非アフリカ系アメリカ人国家であることを想像してみることである。この想像上のアフリカ系アメリカ人国家は、カナダの人口をわずかばかり上回る。しかし、その殺人率は、カナダの19倍を超え、日本の74倍であると推定される[43]。

アフリカ系アメリカ人を除いて合衆国の総犯罪率をみてみると、その犯罪率はかなり異なったものとなる。すでに述べたように、アメリカ人の大半は、合衆国の犯罪率が他の先進諸国をはるかに上回っていると信じて疑わない。すでにみてきたように、こうした主張は、しばしば誇張されている。しかしこれに加えて、そうした主張は、合衆国とその他の国々の犯罪率の相違が、ほとんどアフリカ系アメリカ人の街頭犯罪に起因することを無視している[44]。もし全国推計からアフリカ系アメリカ人を除くと、合衆国の殺人率(5.0)は、フィンランド(3.1)とイタリア(2.8)にかなり近い[45]。合衆国の強盗率(124.2)は、フランス(125.4)とスペイン(166.4)を下回り、カナダ(104.20)をわずかに上回るだけである[46]。もし、アフリカ系アメリカ人がおかす街頭犯罪の数が異常に多いとするならば、戦後アメリカにおける街頭犯罪の動向を理解するためには、アフリカ系アメリカ人の動向について理解することが重要である。

3　人種と民族集団別の検挙動向

すでに述べたように、犯罪者の人種や他の特徴ごとに犯罪動向を調べるた

めにUCRを用いる際、一般的な困難がいくつかある。白人とアフリカ系アメリカ人を除いて、民族や人種集団別に犯罪率を算出する場合、さらに限界と困難が生じる[47]。第1に、UCRでは時系列的にヒスパニックの検挙率を分析することができない。UCRは、「メキシコ系」という項目を1934年には用いているが、1941年にはその使用をやめた。メキシコ系アメリカ人は別として、ラテン系アメリカ人は、独立した項目として区別されたことが一度もない。第2に、UCRシステムは、警察機関の自発的協力に基づいており、さらに、アメリカ先住民は、ネイティブと非ネイティブの法的地位(legal entity)が複雑に組み合わされた管轄下にあるため、UCRの動向データは、アメリカ先住民についても問題を含んでいる[48]。第3に、1970年に入るまで、UCRは、「中国系」「日系」「その他」という項目を使用していた。1970年以後は、中国系と日系を「アジア系」に置き換え、「その他」の使用をやめた。多くのアジア人が、1970年より前には「その他」に含まれていたため、このような変更によって、実際にUCRの検挙統計に基づいて戦後期におけるアジア系アメリカ人の動向データを明らかにする手だてが全くなくなってしまった。

　最後に、UCRの年次報告に含まれる人口統計は人種別に分類されていない。もしも、UCRが全人口に基づく完全な全国データであったならば、まだ、全人口に占める人種別の比率を用いて検挙率を推定することができたかもしれない。しかし、UCR報告に含まれる人口の割合も時が経つにつれて変化している。これは、とりわけ初期の頃についていえば、些細なものではない。例えば、1946年のUCRデータは、合衆国の全人口1億4,100万人のうち推定6,200万人(44パーセント)に関する報告に基づいていた。1990年のUCRデータは合衆国の全人口2億4,800万人のうち推定2億500万人(83パーセント)に関する報告に基づいている。UCRの調査対象における最大の変化は、1960年に人口が5,600万人から1億900万人に跳ね上がったことである。UCRデータに含まれる合衆国市民の人口について、最も好結果を得たのは1985年で、完全なUCRデータを報告した警察の諸管轄内に合衆国の全人口の86パーセントが含まれていた[49]。

こうしたことから、アフリカ系アメリカ人と白人を除く他の集団別の動向を分析することは、おそらく妥当ではない。そして、アフリカ系アメリカ人と白人の分析に関しても、とりわけ1960年より前のデータを使用する場合は注意を要する。アフリカ系アメリカ人と白人の犯罪動向を検討する前に、まず、UCRの検挙統計に基づく最近の横断的データが、人種や民族集団別の犯罪の差異について語っていることを考察する。

4 横断的な人種別検挙率

表3-1は、UCRが追跡した7つの街頭犯罪に関して、人種別に犯罪者の総検挙件数を示している[50]。1990年、FBIは、人口2億456万3,914人について、警察機関1万676ヵ所から完璧なUCRデータを得た。これは、合衆国全人口の推計82パーセントを占めている。

表3-1にみられるいくつかの特徴は注目に値する。第1に、7つの犯罪全てについて、人種別の犯罪率が同一の序列をたどっていることが観察できる。どの犯罪についても、アフリカ系アメリカ人の検挙率が最も高く、次いでアメリカ先住民、白人、アジア系アメリカ人となっている[51]。これらは、小さな差異ではない。アフリカ系アメリカ人の強盗率は、白人の11倍を、また、アジア系アメリカ人の21倍を超える。第2に、人種別の差異は、犯罪タイプに

表3-1 UCRの人種別検挙率(1990年)

人種	殺人		強姦		強盗		加重暴行		不法目的侵入		窃盗		自動車盗	
	N	R	N	R	N	R	N	R	N	R	N	R	N	R
アフリカ系アメリカ人	10,645	43.2	14,384	58.3	91,164	369.6	154,838	627.8	110,181	446.7	402,526	1,632.1	71,029	287.9
アメリカ先住民	133	8.3	249	15.5	486	30.2	3,588	222.7	3,054	189.5	13,460	835.4	1,279	79.4
白人	8,312	5.1	18,033	10.9	53,755	32.7	235,126	143.2	242,508	147.7	866,426	527.5	105,018	63.9
アジア系アメリカ人1	66	2.8	276	4.6	1,039	17.4	2,865	47.9	2,961	49.5	15,381	257.1	2,321	38.8
合計	19,256	9.4	32,942	16.1	146,444	71.6	396,417	193.8	358,704	175.4	1,297,793	634.4	179,647	87.8

注:Rを人種別検挙率、aをUCRの人種別検挙件数、uをUCRに報告される管轄内の人口、pを合衆国全人口に占める人種別人口の割合とすると、$R = [a/(up)] \times 100,000$と示される。

よってばらつきがある。人種別の差異が最大となるのは強盗で、アフリカ系アメリカ人は、逮捕総件数の62パーセントを占めており、次いで殺人(55パーセント)、強姦(44パーセント)、加重暴行と自動車盗(33パーセント)、不法目的侵入と窃盗(31パーセント)となっている。一般に、人種別の差異は、暴力的街頭犯罪(強盗と殺人、強姦)の場合最大となり、被害者と犯罪者が直接的な接触を持たない財産犯罪(不法目的侵入と窃盗)の場合最小となる。

　UCRの犯罪データが不完全であることを認めたとしても、これらのパターンは、政策立案者に重大な問題をいくつか投げかけている。警察には人種主義と差別があるのではないのかという危惧が正しかったとしても、警察による差別が表3-1に示された大小の差異の原因であるというのは信じがたい。実際に、もし警察の人種主義が作用しているなら、ときにはマイノリティの大きな集住地区に対して、警察が地域巡回の手抜きをすることも予想されよう。こうしたことは、当然、人種的マイノリティについて、公式の犯罪率は低くなるという結果を引き起こすはずである。最後に、もし示される結果が、主に警察の差別によって決定されているならば、この差別は他の人種的マイノリティ、すなわち、アメリカ先住民とアジア系アメリカ人の検挙率にも影響を及ぼすと予想されよう。UCRデータの質が、[犯罪の]タイプによって異なるということを調べると、さらなる問題が出てくる。

　UCRデータへの批判者[52]と支持者[53]はともに、一般に、重大な犯罪についてUCRの質が最も良くなると論じている。これは、重大な犯罪ほど市民が警察に通報する傾向にあり、重大な犯罪ほど警察は逮捕する傾向にあるからである。この理由によれば、警察の側の差別行動は、逮捕が一般に警察の判断力に任される、さほど重大でない犯罪ほど明確に表われると予想されよう。しかしながら、表3-1によれば、人種別の差異が最大であるのは、まさに発生件数の算出がおそらく一番信頼できる最も重大な犯罪(殺人と強盗)の場合であり、最小であるのは、算出がおそらく一番あてにならない最も重大でない犯罪(窃盗と不法目的侵入)の場合である。

　要するに、UCRの検挙データの限界を認めたとしても、表3-1における人種

間の差異は大きく、なおかつかなり顕著なパターンを示しているので、人種による差異がないという仮説は、誤りのように思われる。次節では、アフリカ系アメリカ人と白人、すなわち戦後期において犯罪動向を比較することが可能であるこの2つの集団についてのみ、縦断的な比較を行う。

5 アフリカ系アメリカ人の犯罪と白人の犯罪における戦後の動向

戦後期においてアフリカ系アメリカ人と白人の犯罪動向を比較するために、第2章で述べた7つのUCR指標犯罪それぞれについて人種別の逮捕総件数のデータを収集した。**図3-4**は、1946年から1996年までのアフリカ系アメリカ人と白人による強盗の逮捕動向を比較している。比較しやすいように、グラフの折れ線は、アフリカ系アメリカ人(左側)と白人(右側)と別々の尺度に基づ

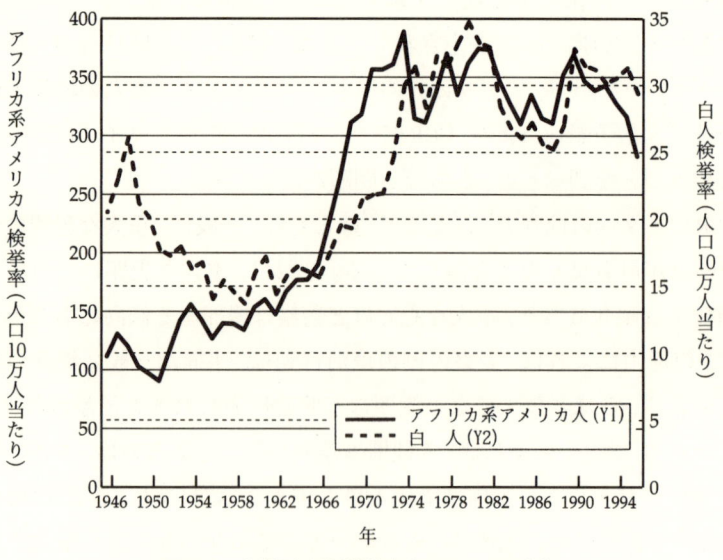

図3-4 人種別強盗検挙率(1946－1996年)

出典：U.S. Federal Bureau of Investigation, *Crime in the United States,* annual reports for 1946 to 1996 (Washington, DC: Government Printing Office).

いている。
　強盗は、アフリカ系アメリカ人と白人の犯罪率を比較する際に、興味深い視角を与えてくれる。というのも、強盗による白人検挙件数に対するアフリカ系アメリカ人検挙件数の割合は、検討した他のどの街頭犯罪よりも高いからである。1996年にアフリカ系アメリカ人は、UCRに報告された強盗の検挙総件数のうち58パーセントを占めていた。おそらく、図3-4で最も驚くべき特徴は、アフリカ系アメリカ人が、白人よりもはるかに多く強盗で逮捕されるにもかかわらず、その検挙動向については、アフリカ系アメリカ人と白人はかなり類似しているということである。アフリカ系アメリカ人と白人の強盗検挙率はともに、もうおなじみのことであるが、1940年代と1950年代には比較的低く、1960年代と1970年代初めに急増し、1980年代と1990年代には比較的高い水準で横ばい状態になっている。
　他の6つのUCR指標犯罪について、アフリカ系アメリカ人と白人の検挙動向を比較しても、同様の結論が得られる。あらゆるケースにおいて、アフリカ系アメリカ人の犯罪率は、白人よりもかなり高い。
　アフリカ系アメリカ人の検挙件数をその最も低い戦後期の水準で白人と比べると、殺人は7倍、強盗と強姦は5倍、加重暴行は4倍、不法目的侵入と窃盗は3倍、自動車盗は2倍となる。したがって、戦後の犯罪について妥当な説明は、アフリカ系アメリカ人に過度な影響を与えた諸変数も含んでおかなければならない。
　しかし、強調すべき重要なことは、検挙総件数の大小に差異があるにもかかわらず、アフリカ系アメリカ人と白人の検挙件数の動向が互いに類似していることである。7つの犯罪の各々について、アフリカ系アメリカ人と白人の犯罪率を統計的に比較すると、両者がともに同じ傾向をたどっていることが確かめられる[54]。白人と同様、アフリカ系アメリカ人の犯罪動向も、戦後期に急変した。アフリカ系アメリカ人の動向もまた、長い期間にわたって白人と同様のパターンをたどっている。両者が同様のパターンを描くということは、白人の戦後の犯罪動向を形づくる作用が、アフリカ系アメリカ人の戦後

の犯罪動向を形づくる際にも重要な役割を担っていたことを示している。

戦後期を通じて、アフリカ系アメリカ人と白人の検挙率を比較したところ、表3-1ですでに観察された人種別犯罪検挙率の序列と同様に、両者の犯罪についても明白な序列が示される。白人の検挙率と比べると、アフリカ系アメリカ人の検挙率は一般に暴力犯罪(強盗と殺人、強姦、加重暴行)で最高で、財産犯罪(不法目的侵入と窃盗、自動車盗)では最低である。1995年ではアフリカ系アメリカ人対白人の検挙件数の比率は、強盗では10対1を上回り、殺人では8対1、強姦では5対1、加重暴行と自動車盗では4対1、窃盗と不法目的侵入では3対1となった[55]。

6　犯罪者の特徴と戦後の犯罪動向

すでに述べたように、UCR報告は個々の特徴ごとに犯罪率を集計しているため、人種や性別や年齢を特に組み合わせた犯罪率を直接推計することはできない。しかしながら、NCVSではそうした推計ができる。犯罪学者マイケル・ヒンデラングは、1981年の論文のなかでNCVSデータを用いて、犯罪者の人種や性別、年齢に基づく特定の人口学的カテゴリーごとに潜在的犯罪者10万人当たりの年間犯罪率を推計した。**表3-2**の数値は、戦後の犯罪率の増加が最大に達した直後である1973年から1977年まで、NCVSに報告された強盗に関するヒンデラングの推計に基づいている。私は、若い(年齢18歳から20歳までの)アフリカ系アメリカ人男性を比較準拠集団として用いている。というのも、彼らはそこに含まれるあらゆる人口学的集団のなかで、強盗率が最大であったからである。表3-2の右側の比率は、人口下位集団[性別・人種別・年齢別]各々の強盗率に対する若い黒人男性の強盗率を表している。

この表のデータを解釈する前に、考慮しなければならないことが2つある。第1は、すでにみたように、検討してきた全ての街頭犯罪のうち人種別偏りが最も大きい強盗率を用いてこの例を示すことにした点である。そして、第2は、これらのデータは被害報告に基づいているため、犯罪者総数ではなく、

むしろ、犯罪総件数を反映している点である。そのため、犯罪者が1人の時でも、犯罪は2件以上と勘定されることがある。

こうした注意点はあるが、表3-2における差異は、注目すべきものである。最も極端な比較によれば、18歳から20歳までの黒人男性の年間強盗率は、21歳以上の白人女性の千倍を上回る。様々な年齢集団について黒人男性と白人男性を比較すると、その比率は、15倍から75倍となっている。黒人女性の推計強盗率が、白人女性の推計強盗率をかなり上回っていることも記しておこう。例えば、18歳から20歳までの黒人女性の推計強盗率は、同じ年齢集団の白人女性の約10倍である。それどころか、12歳から17歳までの黒人女性の推計強盗率は、同じ年齢集団の白人男性より高い。

ヒンデラングは一般に、強盗の推計において差異が最大であることを見いだしているが、それだけでなく、強姦や加重暴行、単純な暴行、単独犯の窃盗（personal larcenies）の推計においても、人種・性別・年齢別に分けた下位集団間に、強盗と同じ一般的パターンがあることを示している。したがって、若

表3-2　NCVS全国データに基づく、各人口下位集団における潜在的犯罪者
　　　　10万人当たりの推計年間強盗率(1973－1977年)

犯罪者の 人種・性別・年齢	人口10万人当たりの 強盗	若者(年齢18歳から20歳)の、 他人種に対する黒人男性比率
アフリカ系アメリカ人男性		
18歳－20歳	35,030	—
12歳－17歳	16,663	2.1
21歳以上	7,000	5.0
白人男性		
18歳－20歳	2,245	15.6
12歳－27歳	1,203	29.1
21歳以上	463	75.7
アフリカ系アメリカ人女性		
18歳－20歳	703	49.8
12歳－27歳	1,307	26.8
21歳以上	164	213.6
白人女性		
18歳－20歳	71	493.4
12歳－27歳	212	165.2
21歳以上	33	1,061.5

出典：Michael J. Hindelang, "Variations in Sex-Race-Age-Specific Incidence Rates of Offending," *American Sociological Review* (1981) 46: 461-474, 468 に基づく。

い(18歳から20歳までの)白人男性の推計犯罪率と比べると、若い(18歳から20歳までの)黒人男性の推計犯罪率は、強姦では7倍、暴行では3倍、単独犯の窃盗では21倍であった。また、強盗に関する比較と同様に、12歳から17歳までの黒人女性の推計暴行率は、同じ年齢集団の白人男性より多かった。単独犯の窃盗の推計犯罪率について、12歳から17歳までと18歳から20歳までの両年齢集団に属する黒人女性は、それぞれ同じ年齢集団の白人男性を上回っていた。

　第2章において、私は、合衆国の戦後の犯罪動向について説得力のある説明をしようとすれば、それぞれの街頭犯罪率が示している同一の急速な変化と、とりわけ1960年代初めから1970年代半ばまでの増加について説明しなければならないと結論づけた。年齢・性別・人種別の犯罪動向を再検討したところ、さらに3つの要件が与えられる。第1に、戦後の犯罪について妥当な説明は、戦後期における女性の(殺人と加重暴行を除く)犯罪割合の増加について説明しなければならない。性別・年齢・人種別の下位集団を分析したところ、女性犯罪の著しい増加は、若い黒人女性の行動の変化に起因するようであるという新たな洞察が得られている。

　第2は、戦後の犯罪動向について妥当な説明であれば、なぜ若者が戦後期を通じて街頭犯罪を不釣り合いに多くおかしたかについて解明しなければならない。ヒンデラングのデータは、とりわけ、私たちが若い黒人男性の行動を説明することに関心を持つべきだということを示唆している。

　第3に、戦後の犯罪動向について妥当な説明は、アフリカ系アメリカ人の街頭犯罪率が戦後一貫して白人をかなり上回っていたという事実を説明しなければならない。

☆　☆　☆

　これまで、戦後合衆国における街頭犯罪の動向の輪郭を性別・年齢・人種別に描いてきた。次は、これらの動向を説明するという課題に取り組むことにしよう。私のとる戦略は、これまで得た犯罪動向の知見に基づいて、戦後の犯罪に関する既存の理論の有効性を検証するところから始めるというものである。次章では、これらの説明のうちいくつかを紹介し、そうした説明が

犯罪動向についてこれまでに私たちが知り得たこととどれくらい適合しているかを検討しよう。

注

1　Alexis de Tocqueville, *Democracy in America*, translated by Francis Bowen (New York: Alfred A. Knopf, 1945 [1835]) (= 1987, 井伊玄太郎訳『アメリカの民主政治』中, 講談社学術文庫, 383頁.)
2　Michael J. Hindelang, "Variation in Sex-Race-Age Specific Rates of Offending," *American Sociological Review* (1981) 46: 461-474, 473.
3　Gilbert Geis, "Statistics Concerning Race and Crime," in C. E. Reasons and J. L Kuykendall, eds., *Race Crime and Justice* (Pacific Palisades, CA: Goodyear, 1972) を参照のこと。
4　Michael J. Hindelang, "Race and Involvement in Common Law Personal Crimes," *American Sociological Review* (1978) 43: 93-109を参照のこと。
5　U.S. Bureau of the Census, *Statistical Abstract of the United States: 1996* (Washington, DC: Government Printing Office, 1996), p. 14.
6　U.S. Bureau of the Census (1996), p. 14.
7　U.S. Bureau of the Census (1996), p. 15.
8　Anthony Harris, "Race, Class and Crime," in J. F. Sheley, ed., *Criminology* (Belmont, CA: Wadsworth, 1991); William J. Chambliss, *Exploring Criminology* (New York: Macmillan, 1988).
9　Welsley G. Skolgan, "Reporting Crimes to the Police: The Status of World Research," *Journal of Research in Crime and Delinquency* (1984) 21: 113-137.
10　Hindelang (1978); Walter R. Gove, Michael Hughes, and Michael Geerken, "Are Uniform Crime Reports a Valid Indicator of Index Crimes? An Affirmative Answer with Minor Qualifications," *Criminology* (1985) 23: 451-501.
11　Hindelang (1981).
12　Delbert Elliott and Susan Ageton, "Reconciling Race and Class Differences in Self-Reported and Official Estimates of Delinquency," *American Sociological Review* (1980) 45: 95-110.
13　Donald Black and Albert J. Reiss, Jr., "Police Control of Juveniles," *American Sociological Review* (1970) 35: 63-77; Michael Gottfredson and Don Gottfredson, *Decision Making in Criminal Justice* (Cambridge, MA: Ballinger, 1980).

14 Gove et al. (1985), p. 451.
15 唯一の例外は、UCRが「性別と年齢」及び「人種と年齢」によって、逮捕者をクロス表に分類している点である。
16 U.S. Federal Bureau of Investigation, National Incident-Based Reporting System, Volume 1, *Data Collection Guidelines* (Washington, DC: Government Printing Office, September 1996).
17 参照したものとしては、James Q. Wilson and Richard J. Herrnstein, *Crime and Human Nature* (New York: Simon & Schuster, 1985), pp.104-125; John Braithwaite, *Crime, Shame and Reintegration* (Cambridge, UK: Cambridge University Press, 1989), pp.44-45; Michael Gottfredson and Travis Hirschi, *A General Theory of Crime* (Stanford: Stanford University Press, 1990), pp.144-149 などである。
18 U.S. Federal Bureau of Investigation, *Uniform Crime Reports 1994* (Washington, DC: Government Printing Office, 1995), p.234. UCRが強姦率を女性被害のみについて収集していることから、この節では強姦についての男女別の推計は除外している。
19 Freda Adler, *The Incidence of Female Criminality in the Contemporary World* (New York: Mew York University Press, 1981).
20 U.S. Bureau of Justice Statistics, *Sourcebook of Criminal Justice Statistics 1995* (Washington, DC: Government Printing Office, 1996), pp.309-310.
21 Hindelang(1981).
22 Rita J. Simon, *Women and Crime* (Lexington, MA: Lexington Books, 1975); Adler(1981).
23 Freda Adler, *Sisters in Crime: The Rise of the New Female Criminal* (New York: McGraw-Hill, 1975), p.13-14.
24 Gottfredson and Hirschi (1990), pp.144-149.
25 Travis Hirschi and Michael Gottfredson, "Causes of White Collar Crime," *Criminology* (1987) 25: 949-974.
26 Gottfredson and Hirschi (1990), p.145.
27 Darrell Steffensmeier, "National Trends in Female Arrests, 1960-1990: Assessment and Recommendations for Research," *Journal of Quantitative Criminology* (1993) 9: 411-441; Susan A. Ageton, "The Dynamics of Female Delinquency, 1976-1980," *Criminology* (1983) 21: 555-584.
28 Steffensmeier (1993).
29 U.S. Federal Bureau of Investigation, *Age-Specific Arrest Rates and Race-Specific*

Arrest Rates for Selected Offenses, 1965-1992 (Washington, DC: Government Printing Office, 1993). これらのデータは、1965年から1992年に関してのみ入手できた。UCRが収集している強姦データは、女性が被害者である場合のみであるため、強姦については、男女別の推計を除外していることを再度断っておきたい。

30　Steffensmeier (1993), p. 428.

31　A. Browne, "Violence Against Women," *Journal of the American Medical Association* (1992) 267: 3184-3195 も参照のこと。

32　参照文献としては、Gottfredson and Hirschi (1990); Wilson and Herrnstein (1985) をあげておきたい。

33　D. Riley and M. Shaw, *Parental Supervision and Juvenile Delinquency,* Home Office Research Study No. 83 (London: HMSO, 1985).

34　U.S. Federal Bureau of Investigation, Uniform Crime Reports, *Crime in the United States 1994* (Washington, DC: Government Printing Office, 1995), p. 233.

35　Travis Hirschi and Michael Gottfredson, "Age and the Explanation of Crime," *American Journal of Sociology* (1983) 89: 552-584.

36　"Now for the Bad News: A Teenage Time Bomb," *Time* (1996) January 15: 52-53.

37　低い推計については、Theodore Ferdinand, "Demographic Shifts and Criminality," *British Journal of Criminology* (1970) 10: 169-175を参照のこと。高い推計については、Larry E. Cohen and Kenneth C. Land, "Age Structure and Crime: Symmetry Versus Asymmetry and the Projection of Crime Rates through 1990," *American Sociological Review* (1987) 52: 170-183 を参照のこと。

38　Thomas B. Marvell and Carlisle E. Moody, Jr., "Age Structure and Crime Rates: The Conflicting Evidence," *Journal of Quantitative Criminology* (1991) 7: 237-273.

39　若者の明確な操作的定義については、青少年だけを対象にしたものや、43歳を若い成人として対象にした研究があり、研究者のあいだでかなりばらつきがある。ここで用いる年齢の範囲は、最も一般的なものの一つである。Marvell and Moody (1991) を参照のこと。

40　U.S. Bureau of Justice Statistics, *Sourcebook of Criminal Justice Statistics 1995* (Washington, DC: Government Printing Office, 1996), p. 237.

41　U.S. Census Bureau, *Population Projections* (Washington, DC: Government Printing Office, 1996), Table G.

42　U.S. Federal Bureau of Investigation (1993).

43　これらの比較は、殺人によるアフリカ系アメリカ人の逮捕者総数のパーセンテージに、合衆国の殺人総数を掛けて、人口10万人当たりの率を推計したものに

基づいている。

44 政治学者テッド・ガーは、1960年代の合衆国における暴力犯罪の急増は、大半がアフリカ系アメリカ人の犯罪率の急上昇に起因するものであると論じている。"Historical Trends in Violent Crimes: A Critical Review of the Evidence," in *Crime and Justice: An Annual Review of Research,* Volume 3 (Chicago: University of Chicago Press, 1981), p. 295を参照のこと。また、Andrew Hacker, *Two Nations: Black and White, Separate, Hostile and Unequal* (New York: Scribner, 1991) (= 1994, 上坂昇訳『アメリカの二つの国民』明石書店.) も参照のこと。

45 合衆国の推計は、1991年における白人の殺人検挙総件数のパーセンテージ (44.3%) に、殺人総件数 (2万4,700人) を掛けて、白人の合衆国人口10万人当たりの率を計算したものに基づいている。フィンランドとイタリアの殺人についてのデータは、世界保健機関から引用している。

46 これらの推計は、1991年における白人の強盗件数のパーセンテージ (38.1%) に合衆国の強盗総件数 (68万7,730件) を掛けて、白人10万人当たりの率を計算したものに基づいている (St. Cloud, France: Interpol, 1993)。

47 私は、"Race and Crime Trends in the United States, 1946-1990," in D. F. Hawkins, ed., *Ethnicity, Race and Crime: Perspectives Across Time and Places* (Albany: State University of New York Press, 1995) のなかで、これらの問題の多くについて再検討している。

48 K. Peak and J. Spencer, "Crime in Indian Country: Another 'Trail of Tears,'" *Journal of Criminal Justice* (1987) 15: 485-494; Marjorie Zatz, Carol Chiago Lujan, and Zoann Snyder-Joy, "American Indians and Criminal Justice: Some Conceptual and Methodological Considerations," in M. J. Lynch and E. B. Patterson, eds., *Race and Criminal Justice* (New York: Harrow & Heston, 1991).

49 データの報告が不充分である管轄も含めると、犯罪率はいくぶん高くなる。

50 比較を可能にするために、私は、Rを率、aを白人ないしアフリカ系アメリカ人のUCR検挙件数、uをUCRに報告される管轄内に住む人口、pを1990年の国勢調査から得た合衆国の総人口に占める人種別の割合とし、$R = [a / (up)] \times 100,000$と示される人種別 (race-specific) のUCR検挙率を計算した。

51 こうした一般的パターンを示さない唯一の例外は、アメリカ先住民 (30.2) と白人 (32.7) の強盗率である。

52 例えば、Robert O'Brien, *Crime and Victimization* (Beverly Hills, CA: Sage, 1985); Albert D. Biderman and James Lynch, *Understanding Crime Incidence Statistics* (New York: Springer-Verlag, 1991).

53　Gove et al. (1985); Joel Devine, Joseph Sheley, and Dwayne Smith, "Macro-economic and Social-Control Policy Influences in Crime Rates," *American Sociological Review* (1988) 53: 407-421.

54　1946年から1995年までの、アフリカ系アメリカ人と白人による年間犯罪率のあいだのピアソン相関係数は、高いほうは.99（窃盗）から、低い方は.56（強姦）までの範囲にあった。7つの指標犯罪における相関は全て、高い有意性を示した（$p < .01$）。私はまた、データを脱趨勢化させた（detrending）後、相関を推計した。脱趨勢化とは、アフリカ系アメリカ人と白人の両方に関するこれら7つの犯罪全ての検挙件数が、一般に、戦後期の大半において上昇傾向にあるという事実に対して、調整するよう構想された過程である。脱趨勢化された犯罪率（最初の差異）についての相関は、高い方は.66（不法目的侵入）から、低い方は.40（強盗）までの範囲にあった。この場合も、7つは全て、高い有意性を示した（$p < .01$）。脱趨勢化を説明したものとしては、David A. Dickey, William A. Bell, and Robert B. Miller, "Unit Roots in Time-Series Models: Tests and Implications," *The American Statistician* (1986) 40: 12-26を参照のこと。

55　これらの比率は、UCRに報告される人口10万人当たりのアフリカ系アメリカ人の検挙総件数を、同じく人口10万人当たりの白人の検挙総件数で単純に割ることによって、算出した。

第4章　既存の犯罪理論の評価

> 保守主義の核になる信念は、社会的成功の決め手となるのは政治でなく文化であるということである。自由主義の核になる信念は、政治が文化を変えることも、政治が文化自体を守ることもできるということである。
> （ダニエル・パトリック・モイニハン,『家族と国家』, 1986)[1]

これまでの3つの章で検討したことから、戦後アメリカの犯罪率にみられる変化を適切に説明しなければならないことがいまや明らかになった。すなわち、犯罪動向が急速に変化したことを解き明かし得る説明を探し求めなくてはならない。もっと具体的にいえば、犯罪率が戦後初期に低い水準で安定し、戦後中期に急増し、戦後後期に高い水準で安定していたという歴史的事実に合致する説明を探し求めなくてはならない。また、戦後の犯罪を説得的に説明するには年輩者より若年の、女性より男性の、白人よりアフリカ系アメリカ人の街頭犯罪率が一貫して高いこと——特に犯罪が急増した1960年代から1970年代の十数年間において——を解明しなければならないことも明白になった。

1　既存の犯罪理論

最も影響力のある犯罪理論を個人に原因を求める説と社会に原因を求める説の2つに分けるところから始めよう。個人に原因を求める説はさらに2つに分けられる。生物学的・心理学的パースペクティブと合理的選択パースペクティブである。

個人に原因を求めるパースペクティブ

生物学的・心理学的パースペクティブ　　生物学的・心理学的理論は犯罪学において長い歴史があり、そこにはきわめて様々な犯罪論の諸派がある。19世紀のイタリアの医師チェザーレ・ロンブローゾはその先駆的著作のなかで犯罪者と遵法者は身体的に異なり、こうした差異は犯罪行動が生物学的要素に起因する証拠であると指摘した[2]。ロンブローゾの著作が出版されてから100年、影響力のあった生物学的・心理学的パースペクティブは犯罪率の原因を精神薄弱や知能の低さ、染色体異常、学習障害、生化学的失調、自律神経システム不全、各種の人格異常と結び付けた[3]。この研究に典型的な考え方を継承したのが1960年代に発展した生物学的犯罪理論であり、この理論は余分なY染色体を持つ男性が犯罪に走る傾向にあると主張した[4]。この理論に基づく研究者はXYY染色体の頻度が男性一般では1,000人に1人であるのに対し、投獄された男性では1～2パーセント(10倍～20倍多い)に達すると推計した[5]。

　しかしすでに示したように、戦後の犯罪動向が急速に変化した事実は生物学的・心理学的パースペクティブに対して素朴な疑問を突きつける。簡潔にいえば、一般的な犯罪がゆっくり進歩する生物学的特徴や根深い心理学的特徴に起因するのであれば、いかにして犯罪がわずか10年間(1960年－1970年)で2倍になり、20年間(1960年－1980年)で3倍になるのだろうか？　犯罪率の変化は性別や年齢、人種的下位集団における特定の人々においてより急速であったので、生物学的・心理学的な説明は概してこの点でいっそう問題を孕んでいるようだ。例えば、1959年から1974年のちょうど15年間でアフリカ系アメリカ人が強盗の嫌疑で逮捕される率が3倍近くになった。アフリカ系アメリカ人の生物学的・心理学的特徴がそれほどの短期間にかくも劇的に変わり得るのだろうか？　またそれに比べればさほど大きく違わないが、戦後期の女性にみられる犯罪率の変化も同様の問題としてあげられる。

　興味深いことに、最近の生物学的・心理学的理論は大きな変化を遂げ、戦後の合衆国で見られる急激な犯罪の変化を解き明かす知見を提供するかもし

れない可能性を有するようになった。より最近の研究は余分な染色体といった生物学的特徴が犯罪行動に直接的影響を及ぼすことを考察するという方策をやめ、代わりに社会的・心理学的・生物学的プロセスの複雑な相互作用に重点を置くパースペクティブへと移行した。例えば、暴力性予防に関する全国パネル調査に関する最近の書評のなかで、ポール・フレデリック・ブレインは、ホルモンと犯罪の関係を調べる研究が「単にホルモンが攻撃性のスイッチを入切するというかなり単純な見方」をやめ、攻撃性や暴力性の発生についてホルモンや環境要因、社会的経験、生物学的要因などの相互作用を重視するようになったと述べている[6]。

進化論的生物学者[7]や進化論的心理学者[8]、生物学重視の社会学者[9]による最近の研究は、社会的要因が生物学的・心理学的特徴に強く影響し、暴力性と犯罪の傾向を増減させ得るという結論を裏付けている。実例をあげると、社会学者アラン・ブースとD・ウェイン・オズグッドが軍隊に所属する成人男性4,000人以上に対して行った調査結果によると、就学年数の長かった軍人やクラブや組織などの会合によく出席する軍人、職務の安定度が高い軍人、既婚の軍人はテストステロンの数値が低い。テストステロンの数値と社会統合の程度が絡んで成人の逸脱レベルに影響を及ぼしたということである[10]。このような最近の研究は生物学的・心理学的影響が社会環境によって媒介されることを強く主張している。

同じ趣旨の議論がマーティン・デイリーとマーゴ・ウィルソンといった進化論的心理学者によって進められている[11]。デイリーとウィルソンは、あらゆる人間は進化によってつくられた同じ人間の本質を基本的に持っていると論じる。環境条件の変化に直面したとき、この人間の本質は犯罪を含めてどのような対応行動が起こるのかを予測可能にする。例えば、進化の途上たえず男性は女性を得るために地位を求めて競争してきた。かくて、地位は男性が生殖上の成功を得る上でずっと役立ってきた。デイリーとウィルソンが指摘するように、もしある種の暴力行動が男性の地位と互いに関係するならば、適当な環境条件の下であれば、暴力行動を「選べば有利 (selection advantage)」

になる[12]。この種の議論は、人間の遺伝特性を、環境条件の変化が暴力行動や犯罪に及ぼすであろう潜在的影響力を理解する手段として用いている。

合理的選択パースペクティブ　合理的選択パースペクティブは、誰もがほぼ変わらない選好や利害関心を持ち、行動選択の利益とコストを考量し、コストに対する利益を最大化させるよう行動すると仮定する[13]。このパースペクティブは、犯罪をコントロールする際に犯罪のコストを増やし、犯罪以外の行動選択の利益を増やすことによって犯罪を戦略的に制御し得ることを重視する[14]。

　戦後のアメリカで犯罪行動の「コスト」を増やすための主な取り組みは、刑事司法システム内部の様々な構成要素を強化することであった。合理的選択パースペクティブは、刑罰が厳しくかつ確実なものになれば、一般的に犯罪行動は減るだろうと論じる[15]。このことを完全に裏付けるものではないが、戦後アメリカの犯罪率に関する経時的研究は厳罰が犯罪率を低下させることをおおむね立証している[16]。

　合理的選択パースペクティブには、犯罪でない行動への報酬を増やすことによって犯罪は減少し得るという考えもある。こうした意見を基に、貧困者に対して広範な社会プログラムを実施し、不平や経済的圧迫を解消することによって犯罪を減らすことができると論じる研究者は多い[17]。刑罰と犯罪の関係に比べればかなり少ないが、戦後アメリカにおける福祉支出と犯罪の関係を考察する研究者のなかにはその関係を立証しているものもある。例えば、社会学者ジェームズ・デフロンゾは1970年代の合衆国大都市圏を分析し、貧困家族への公的扶助が充実している都市では殺人や強姦、不法目的侵入の率が低いことを見出した[18]。同様の結論は児童虐待に関する国際比較研究でも報告されている[19]。

　合理的選択パースペクティブは戦後犯罪の急速な変化を説明するうえで興味深い。つまり、合理的選択による意思決定に影響するとされる投獄率や福祉支出は、戦後は急速な推移を示しているからである。さらにいえば、合理

的選択パースペクティブは戦後中期の犯罪急増と戦後後期の犯罪の漸減の双方を説明するので魅力的である。しかし合理的選択パースペクティブは貴重ではあるが、実際の犯罪への影響はそのパースペクティブの推奨者たちが想定するほどには大きくないようだ。

　刑罰に関する合理的選択パースペクティブがアメリカの政策立案に最も多く採り入れられたのは戦後後期であり、そのときの合衆国のあらゆる法的処罰はかつてないほど高い水準に達した。かくも歴史的にまれなほどの刑罰の増加は間違いなく犯罪率に影響を及ぼした。しかし刑罰の範囲が広がり、かなり厳しくなったにもかかわらず、刑罰が今よりも少なかった戦後初期に比べて犯罪率は今なお高いままである。福祉支出と犯罪の関係はおそらくあまり直接的なものではなく、合理的選択パースペクティブが想定するほどに密接なものではない。

　刑罰と福祉支出が犯罪率に及ぼす影響に関する合理的選択理論の予測は、アフリカ系アメリカ人の犯罪率にそくして考えるとさらにいっそう問題を孕んだものであるようだ。1980年代と1990年代にアフリカ系アメリカ人が経験したあらゆる刑罰がかつてないほど高いことから、合理的選択パースペクティブはアフリカ系アメリカ人の街頭犯罪率が大いに低下すると主張するだろう。しかしすでにみてきたように、アフリカ系アメリカ人の街頭犯罪率は他の集団のその率よりずっと高く、またそれ以前のアフリカ系アメリカ人よりずっと高い。同様に福祉支出は戦後期のアフリカ系アメリカ人に偏って多く投入されたけれども、アフリカ系アメリカ人の犯罪率は明らかに期待ほどには低下しなかった。

　多くの研究者は合理的選択パースペクティブの有用性を認めはするものの、合理的選択理論が想定する人間行動は全ての人々に適合的なわけではないと指摘する。例えば、犯罪学者チャールズ・ティトルによると、もっと客観的に見る人からすると非合理的な行動だとされるような見誤った現実観に基づいて、個人は利益をはかろうとすることが往々にしてある[20]。さらにティトルは、行為のコストと利益が人によってそれぞれ異なるし、状況によっても

異なると論じている。こうしたことに関して、社会学者アミタイ・エチオーニは次のように一般化して表現している。「人は得てして合理的決定に従わない。歯は磨くのにシートベルトをしないとか、公衆衛生局医務長官の報告 (Surgeon General's report) から20年経っているにもかかわらず喫煙をやめないとか、高価で分不相応な生命保険に加入したり、ブローカーの口車にのって株券を購入したりする」[21]。

同様に、第三者からすると非合理的にみえる行動を街頭犯罪者が頻繁におこなう点を裏付ける証拠は十分すぎるほどにある。例えば、たいてい多くの場合自宅近くで犯罪をおかしたり、自分が犯人だと特定されてしまうような知り合いを被害者にしたり、アルコールやドラッグを服用して思ったほどの行動ができないにもかかわらず犯罪をおかしたりする[22]。合理的選択パースペクティブはある特定の状況に限定すればうまく説明できると指摘する研究者はいる。一例をあげれば、合理的選択パースペクティブは感情表出的なタイプの犯罪よりも儲けに直結する道具的犯罪のほうに適しているのだろう[23]。

同様の批判に、合理的選択パースペクティブは人が自己充足欲求によってのみ動機づけられ、道徳価値の影響をほとんど受けないと想定しているというものがある[24]。実際、犯罪学の多くはこの想定が事実に反すると論駁している。例えば、犯罪学者ハロルド・グラスミックとドナルド・グリーンは回答者に過去に犯罪をおかしたことがあるか、また今後犯罪をおかすと思うかを質問する調査を行った[25]。そして回答者にこれこれの犯罪を仮におかしたとして警察に逮捕される可能性を見積もるよう質問した。さらにこれこれの犯罪が道徳的にどれくらい悪いと思うかを示してもらうことで、回答者の道徳的コミットメントを測定した。その結果、逮捕可能性の予測と道徳的コミットメントの双方が回答者の犯罪行動性向に影響していたことが明らかになった。

エチオーニも、合理的選択パースペクティブが所属社会集団からほとんど影響されずに自立して選択をする個人を想定している点を批判している[26]。社会組織や文化が犯罪行動に及ぼす重要性を示す何十年にもわたる社会調査

の結果、合理的選択パースペクティブのこの想定は事実に反すると論駁されている。

　道徳事項をほとんど省みず、広範な社会的圧力を受けないような完全に合理的な個人を想定するというのは明らかに行き過ぎであるが、社会システムが犯罪の報酬や利益を変える力を有することを一般に重視するのはやはり有用である。そこで、後の諸章で戦後のアメリカの犯罪率に対する刑事司法の刑罰と福祉システムの給付の影響を探究しよう。

社会に原因を求めるパースペクティブ
　個人に原因を求める説とは対照的に、社会に原因を求める説は犯罪の説明を社会に求める。主に5つの論点によってこの説明は特徴づけられる。その5つとは、犯罪のラベリングによって生じるスティグマ化、経済的圧迫や機会が開かれてないことによって生じる緊張、犯罪や逸脱に報酬を与える文化、社会的コントロールの有効性の減退、犯罪発生に影響を与える犯罪状況である。

ラベリング論　　ラベリング論の際立った特徴は、犯罪がある特定行動の客観特性ではなく、社会的相互作用を通じて構成された定義づけであると主張することにある。ラベリング論は、社会学者のチャールズ・クーリー、W・I・トマス、ジョージ・ハーバート・ミードらが特に1920年代から1930年代にかけて発展させたシンボリック相互作用論に多くを負っている。シンボリック相互作用論は、人が他者との相互作用やコミュニケーションを通じて人生の早い時期に自己イメージを発展させると主張する。シンボル——観念、人、事物を意味づける言葉や身振り——は人間の相互作用の基礎を形づくるので、発達過程において非常に重要である。言語はシンボルのなかで最も重要なシンボルシステムである。シンボリック相互作用論は人が言語やその他のコミュニケーション手段を用いて自己イメージや他者イメージを絶えず変化させたり再構成していると論じる。

ラベリング理論はシンボリック相互作用論のこうした知見を法や社会的コントロールの研究に適用し、被疑者と公的統制者が犯罪の認定をめぐってやりあう社会的相互作用に焦点を定めた。つまり、ラベリング論とは基本的に人はどのように犯罪者や逸脱者として認定されるに至るかに関する理論であり、またこのようにラベリングされた人がたどる結果に関する理論である。

社会学者ハワード・ベッカーは、マリファナ服用者に関する1963年の影響力のある著書において、「逸脱とは人がおかした行為の性質ではなく、むしろ他者によるルールの適用や『犯罪者』に対するサンクションの結果である」と論じている[27]。

ベッカーをはじめとするラベリング論は、法が破られたからといって多くの場合法的サンクションが適用されるわけではないこと、法を破った人の多くまたはおそらくほとんどは特定されないこと、その他の人は法を破ってないにもかかわらず犯罪者として取り扱われることを論じている。このようにラベリング論の中心的論点は、法が適用される理由を容疑者の犯罪行動ではなくラベリングに抗する力の落差にあるとするものである[28]。

極端にいえば、ラベリング論は本書ですでにあげたような犯罪統計が社会的弱者に対するスティグマ化と差別の記録に過ぎない——犯罪行動の事実を反映したものでなく、むしろ社会成員のなかの最弱者をラベリングする政府の強制力を反映している——と暗に語っているのである。したがって、犯罪を減らす最も確実な方法はあまり資源を持たない被告人——おそらく貧困者、人種的民族的マイノリティ、女性——に強力な法的保護と訴訟手続き上の保護を与えることである。このようにみると、ラベリング論は社会の最弱者に対する差別が最もひどいときに街頭犯罪率が最も高くなると主張するだろう。

ラベリング論はすでにあげた犯罪動向に照らし合わせると明らかに難題にぶつかる。もしほとんどの公式犯罪率が差別や差異的扱いの結果であるならば、1940年代より1990年代のほうが社会的弱者集団への差別がずっと大きいといわなければならない。しかしこれは1960年代から1970年代にかけての公民権獲得の事実に反するし、またその後に続いたマイノリティや女性、同性

愛者、障害者、年輩者などに関する権利革命の事実にも反している。もしほとんどの公式統計が差別的取り組みの結果であるならば、誰に聞いても公民権保護が増加したと答えるこの時期になぜ犯罪率がこれほどまでに上昇したかを説明しなければならない。さらに個人に重点を置く説明と同様にアフリカ系アメリカ人の戦後の犯罪動向に照らし合わせると、ラベリング論は特に問題を孕んでいるようだ。もし差別的扱いが犯罪を引き起こすのであれば、アフリカ系アメリカ人への差別は1940年代から1950年代までよりも1990年代のほうがひどいといわなければならない。アフリカ系アメリカ人が戦後期に獲得した公民権のうち最も重要ないくつかを勝ち得たまさにその時期になぜアフリカ系アメリカ人の犯罪率が最も上昇したかも説明しなければならない。

　ラベリング論は性別による犯罪率の違いを説明するときにも難題にぶつかる。犯罪の性差に関するラベリング論の最も一般的な説明は「騎士道精神」的な温情主義に根ざす公的機関のバイアスが刑事司法過程で男女の偏りを生み出すということである[29]。しかし、少なくともいくつかの犯罪に関しては、少年よりも少女のほうが刑事司法システムによって厳しく取り扱われることもある[30]。また、女性が平等な扱いを受けるようになってきたのと時を同じくして、街頭犯罪のいくつかで女性の犯罪率が上昇してきているという事実を説明できない。

　しかし、差別やステレオタイプが刑事司法過程の結果に影響を及ぼすと論じるラベリング論にはいくつかの難題があるにせよ、そのルーツであるシンボリック相互作用論は本書で展開される議論にとって重要である。もしルールや法に従うことの正当化が社会的に構成されるのなら、戦後期に実際にみられた犯罪率の急激な上昇を説明できる。まさにそうしたルールなどの正当化の低下した状況下では、犯罪率の急速な変化を可能にしたといえるだろう。さらに、シンボリック相互作用論は戦後のアメリカで一貫してみられるアフリカ系アメリカ人と白人の犯罪率の格差を説明する手助けになる。犯罪率は社会的に構成されるからリアルでないと論じるのではなく、社会的に構成さ

れるからこそ犯罪をおかすことの意味や重要性、さらには可能性さえもがあるということを論じていこう。

緊張理論　緊張理論 (Strain theory)、崩壊理論 (breakdown theory)、社会解体論 (social disorganization theory) は、伝統社会から近代社会への移行を考察したフランスの社会学者エミール・デュルケムの考えに最も直接的に端を発する。よく組織化された社会は成員を全体に組み込み、共同体感覚を彼らに与え、現実的目標とアスピレーションを彼らに提示するという考えである。社会組織が崩壊すると、インフォーマルな社会的コントロールのみなもと――家族や仕事、学校、自発的組織――は人々を慣習行動に導く能力を失う[31]。解体や「アノミー」が生じることによって、社会的行為者が犯罪などの多種多様な反社会的行動に手を染めてしまうようになる[32]。

　アメリカの社会学者ロバート・マートンはこうした考えを彼独自の仕方で合衆国に適用した[33]。マートンによると、アメリカ人は金銭的成功を目標にするよう駆り立てられるけれども、この目標を達成する正当な機会が各自に等しく分配されない社会構造によって合衆国の逸脱と犯罪は引き起こされている[34]。個人に原因を求める犯罪理論とは対照的に、マートンは犯罪の動機が個人の欠陥や失敗、自由選択に起因するのではないと主張する。それらに起因するのでなく、金銭的成功を目標にすることが合衆国で過度に重視されながら、他方、この目標を達成する方法は社会的な許容範囲内に限るとする観念は弱いとマートンは論じている。アメリカ人の主な徳行である「大志」がアメリカ人の主な悪徳である「逸脱行動」を促進するとのマートンの指摘は、高い犯罪率が「アメリカン・ドリーム」達成の強迫観念に付随する合衆国社会の標準特性であることを示唆している[35]。

　緊張理論は金銭的成功を得る正当な機会が社会全体に等しく分配されていないと論じる。逆にいえば、正当な機会へのアクセスにおける不平等は人々に経済的背景に応じた差異的緊張を課すということである。つまり下層階級の人々の直面する緊張が最も大きく、上層階級の人々の直面する緊張が最も

小さい。貧困家族の子供は経済的成功に励むことを教えられ、自分はこの基準に充たない者であると思い知らされる。最良の学校から締め出され、良い仕事を得るのに必要な人間関係を持たず、中流のライフスタイルを享受する文化的背景を欠いているので、自分がこの目標を正当に達成できないとわかったとき、多くの人が犯罪に走る。例えば、犯罪学者リチャード・クロワードとロイド・オーリンによると、十分な教育を得られなかった下層階級の青少年は自らの環境を改善する機会をほとんど持たず、その結果として生じる不満が彼らを犯罪に導く[36]。

　すでに検討した犯罪動向に照らし合わせると、緊張理論の説明はいくつかの難題にぶつかる。第一に、マートン特有の緊張理論の公式化によると、緊張はアメリカ社会に多少とも恒久的な特徴であることが示唆される[37]。ならば、社会的成功がアメリカで過度に強調されることによって合衆国の犯罪率が他の西欧民主主義諸国に比べてなぜ高いか——過去だけでなく現在でも——を説明できなければならない。第2章で提示したデータは戦後期の犯罪率が決して一定ではないことを明らかにしている。もしアメリカ社会が不断に社会的成功を過度に重視し、この目標へのアクセスが不平等に提供されるのであれば、1940年代から1950年代にかけて犯罪率が歴史的に低いことを説明しなければならない。

　また、人々が経済的機会への充分な参加から阻まれたときに犯罪が増加するという緊張理論の主張は、戦後中期に犯罪率が急激に上昇したことに照らし合わせると説明がつかない。実際すでにみたように、自由主義的犯罪論の批判者は経済がアメリカで明らかに急速に伸張し成長した1960年代から1970年代初めにかけて犯罪率が急激に上昇したことをはやばやと指摘していた[38]。これとは対照的に、合衆国が戦後最も経済的に落ち込んだ1980年代に犯罪率は比較的安定していた。経済的緊張は多くの方法で測定され得る。後に探究していくが、一つの可能な方法として収入格差を重視する相対的尺度は、経済的圧迫を測る絶対尺度よりも戦後の犯罪動向をうまく予測できるだろう。

教育機会へのアクセスの増大を重視する緊張理論のパースペクティブもまた戦後を見るのに問題を孕んでいるようだ。特に教育へのアクセスは戦後の犯罪急増とほぼ同時期に増加しているのである。

　緊張理論につきまとうこの問題はアフリカ系アメリカ人の犯罪率を考察するときに概して複雑になる。他に比べてアフリカ系アメリカ人は不利な経済的・社会的地位のせいで特に大きな「緊張」に直面しているはずである。実際マートンは彼特有のアノミー理論の定式化を用いてこの可能性を理解し、アフリカ系アメリカ人は下層階級の白人に比べてよりいっそう大きい経済的圧迫に直面していると論じていた[39]。しかし、もし緊張が犯罪を引き起こすのであれば、今世紀中に経済・社会・教育の面で最も成果を上げたかにみえるまさにそのときに——1960年代から1970年代初めにかけて——なぜアフリカ系アメリカ人の犯罪率が最も上昇したかを説明しなければならない。

　以上のような難題にもかかわらず、緊張理論の犯罪論にはいくつもの利点があり、すでに言及しておいた犯罪動向を説明する手助けになる。第1に、デュルケム独自のパースペクティブは社会秩序維持に基礎的な役割を持つ正統性を強調する。社会秩序に関する根本的ルールや絶対的公平性への合意は社会組織に決定的に重要である。この合意がなければ多種多様な反社会的行動がもっと生じると思われる。次章では、戦後期に犯罪率が急激に上昇したことに関する中心的説明としてアメリカ人の政治制度への信頼度の減退を論じていこう。

　第2に、特にマートンの著作は犯罪行動を予測するために経済制度の重要性を強調している。さらにマートンのアノミー論の核心として相対的剥奪の認知——経済的豊かさの絶対尺度よりも——が犯罪に最も密接に結び付くという仮定がある。のちの諸章では経済の変化と犯罪率との関係を考察していこう。

　最後に、緊張理論のクロワードとオーリンによると、高い犯罪率は「慣習的目標 (conventional goals)」を達成するための、教育などへの「正統な接近方法 (legitimate avenues)」を取り巻く制限に直接関わっている[40]。教育達成が犯罪に

及ぼす影響は複雑であるが、教育制度は犯罪と同様に戦後期に急変した。そこで、教育制度へのアクセスの伸張が戦後の街頭犯罪率を低下させる手助けになったことを後述しよう。

文化的逸脱理論　文化的逸脱理論は犯罪者が適法行動よりも違法行動に同調すれば報酬を与える社会システムに巻き込まれていると論じる。つまり、個々の犯罪者は実のところ社会的ルールに同調しているのかもしれないが、一般社会の基準と折り合わないルールに同調しているということである。この種の議論で最も影響力のある見方が社会学者エドウィン・サザーランドの先駆的著作に見出される。人はカードゲームの仕方やドイツ語の話し方を学習するのと同様に、学習によって犯罪者になると彼は論じる[41]。例えば、人々は実際のところ他の集団（例えば、中流階級の市民）の基準からすると犯罪だとされる法を破るが、自分たちの基準からすれば違反してないのかもしれない。つまり人々は自らの不幸な境遇ゆえ、密接に関わっている社会において犯罪とされるような別の基準を単に学習しているのである。

　犯罪は学習行動であるという考え方は、戦後のアメリカでみられた犯罪率の比較的急速な変化を説明する仕方を提供できるという点で興味深い。確かに学習行動であれば平均的な知能的・心理的特性より急速に変化すると想定できる。しかし街頭犯罪に関する文化的逸脱理論の見解は、なぜ戦後期のその時々で犯罪学習が増減するかを説明する手助けにはあまりならない。もし犯罪者が犯罪行動を学ぶのと同様に犯罪者でない人が許容行動を学ぶのであれば、なぜ1960年代から1970年代にかけて犯罪学習量がそれほどに激増したのか、またなぜ1990年代にそれが休止ないし減少したかを説明しなければならない。

　文化的逸脱理論は、アフリカ系アメリカ人が戦後に経験した犯罪に関していくらか特に優れた説明をなし得るかもしれない。多くの研究者はインナーシティに住むアフリカ系アメリカ人の「低階層」の発展を説明する際にこのパースペクティブに依拠してきた[42]。しかしながら、すでにみてきた犯罪の

急速な変化は、下層階級が世代を越えて高い犯罪率を生み出す文化システムに深く組み込まれているという解釈では説明できないようだ[43]。つまり、もしアフリカ系アメリカ人が犯罪を促進する強く安定した文化を共有しているのであれば、この文化がいかにしてアフリカ系アメリカ人の犯罪率の急速な変化を引き起こしたかを説明しなければならない。さらに、文化的逸脱理論はアフリカ系アメリカ人の犯罪率が上昇した時期をうまく説明できないようだ。つまり、アフリカ系アメリカ人の犯罪を1960年代に急増させ、1980年代から1990年代にかけて減少させた黒人のサブカルチャーとは一体何であったのかを説明しなければならない。

コントロール理論 エミール・デュルケムの着想を強く受け継ぐコントロール論によると、慣習的社会秩序への絆が弱まったり崩壊すると、人々は解き放されて犯罪をおかすようになる[44]。デュルケムは19世紀終わりに「所属集団が弱まるほど人はその集団に頼らなくなり、その結果自分自身にだけ頼ることになり、自分の私的関心に基づくもの以外の行動規則を認知しなくなる」と結論づけている[45]。社会学者トラビス・ハーシは社会的紐帯というデュルケムの概念を踏まえたうえで影響力のある社会的コントロール理論を発展させた。それによると、個人が他者への愛着、同調へのコミットメント、遵法行動への関与や信念をより強化するほど非行や犯罪は減少する[46]。

学習理論と同様に犯罪に関する社会的コントロール理論はすでにあげた犯罪動向をうまく説明できるようである。特筆すべきは、家族[47]や学校[48]に強い愛着を持つ青少年や若者は、非行に走らない傾向があるという社会的コントロール理論はよく支持されている。1960年代と1970年代に合衆国の家族と学校はかなりの変化を受けたことを示す多くの調査結果がある[49]。しかしながらすでにあげた犯罪動向の文脈に照らして考察すると、社会的コントロール理論もいくつかの重要な問題に答えていない。犯罪が個々人と家族、近隣地域、学校との社会的紐帯が弱まった結果であるとすれば、社会の何が変化したために社会的紐帯が弱まったかを説明しなければならないし、またなぜ

1950年代より1990年代は社会的紐帯が弱かったかを説明しなければならない。

社会的コントロール理論はアフリカ系アメリカ人の戦後の犯罪動向をいくらか説明できると思われる。実際、アフリカ系アメリカ人の犯罪率が家族構造の弱体化と直接関係するとの主張は戦後期を通じて一貫していえることであった。例えば、1960年代に上院議員であったダニエル・パトリック・モイニハンは、当時のアフリカ系アメリカ人家族を分析し、合衆国の連邦政策としてアフリカ系アメリカ人家族の安定性を高めなければならないと論じた[50]。また、インナーシティに住むアフリカ系アメリカ人にとって、家族以外にも、近隣地域や学校、職場への統合などといった重要なインフォーマルな社会的コントロール・メカニズムが戦後期に悪化したことを示す証拠も多い[51]。しかしこうした説明は一般論としてはもっともであるが、アフリカ系アメリカ人に限った場合、家族や学校、コミュニティへの社会的愛着が実際に弱体化したときになぜそうなったかを社会的コントロールの理論では説明できない。

社会的学習理論と社会的コントロール理論の多大なる貢献は犯罪のコントロールにあたる家族制度を強調したことである。そこで、後の章で家族制度の変化と戦後の犯罪動向との関係を考察しよう。

状況理論　犯罪を助長する状況の役割を重視する犯罪社会学理論もある[52]。例えば、ローレンス・コーエンとマーカス・フェルソンの「日常活動(routine activities)」理論によると、犯罪の標的が魅力的で、監視が甘く、犯罪の動機を持つ者の目に頻繁にさらされるとき犯罪が生じる傾向にある[53]。彼らはさらに第二次世界大戦以後の合衆国においてこうした状況要素が変わったと指摘する。例えば、アメリカ人が家の外で過ごす時間が多くなるにつれて街頭犯罪に遭う機会が増える。コーエンとフェルソンは雇用労働女性の生活形態や独身者の生活形態における家事割合を推計することによって、自宅外で過ごす時間(彼らはこれを「世帯活動比率(household activity ratio)」と呼んでいる)を計算している。そして彼らはこの比率が戦後の合衆国で増加するにつれて、殺人

や強盗、強姦、暴行、不法目的侵入の率が顕著に上昇したと論証している。また彼らは戦後の財産犯罪率が入手しやすい自動車の普及や軽く携帯性に優れた電化製品などの普及によって影響を受けていることを明らかにしている。

戦後の犯罪動向が「有能な監視人(capable guardians)」と「適当な標的(suitable targets)」の相対的供給によって大部分が引き起こされているとする状況理論の主張は、確かに急速な変化が可能であり、かつ実際の数値もそうであったという点で説得力がある。さらに状況理論はそれまで単なる犯罪の動機に焦点を合わせていた犯罪学の視点を拡張した点でも重要である。例えば、コーエンとフェルソンの監視の概念は犯罪行動の規制にインフォーマルな社会的コントロールが決定的に重要であると強調している。

しかし状況理論は学習理論や社会的コントロール理論と同様に犯罪率の変化の時期をうまく説明していない。例えば、なぜ1960年代頃に監視の有効性がかなり減少し、標的の「適当さ(suitability)」がかなり増加したのか？犯罪率が1940年代と1950年代に低い水準で安定し、1980年代と1990年代に相対的に高い水準で安定していたとき、コーエンとフェルソンが確認した状況変数も変化してなかったとは思えない。適当な犯罪状況の供給を重視する状況理論は、犯罪の動機を持つ者全てが等しく動機づけられ、有能な監視人全てが等しく有能であるとみなしている。犯罪者の動機とそれに対抗して監視する社会の有効性の双方が戦後期に重大な変化を起こしたことについては後述しよう。

2 戦後アメリカの犯罪動向の説明に向けて

以上で要約された犯罪論のそれぞれには、私たちがすでにみた戦後の街頭犯罪動向を説明するうえで長所と短所がある。生物学的・心理学的理論は実際の犯罪率の変化がかなり急速であることを説明できない点でいずれも問題を孕んでいる。合理的選択パースペクティブは私たちの期待からすると間違っているというよりもあまり正確でない。例えば、1940年代と1950年代は

刑罰の行使が少なかったにもかかわらず犯罪率は低いままであり、1980年代と1990年代は刑罰の行使がかつてないほどに多かったにもかかわらず犯罪率はほとんど低下しなかった。生物学的・心理学的パースペクティブと合理的選択パースペクティブはともにアフリカ系アメリカ人の犯罪動向の急速な変化を説明するうえで特に問題を孕んでいるようだ。

ラベリング論が犯罪は社会的に構成されたものであることを強調する点は戦後期の変化の速さを説明する一般的枠組みとしてかなり有用なようだ。しかし、刑事司法過程が偏見と差別に影響されたラベリングであると強調するのであれば、なぜ政治的に抑圧されていた1950年代に犯罪率が低く、なぜ不利な状態にあった集団への公民権が大きく進展した1960年代に犯罪率が上昇したかを説明できないであろう。

緊張理論が経済的・教育的機会へのアクセスと社会制度の公平性の認知を強調している点は有用である。しかしながら、合衆国は金銭的成功を重視するので犯罪生成的な社会であると論じる緊張理論は、戦後期に犯罪動向が大きく変化した事実に反している。緊張理論は合衆国が歴史上最も繁栄した時代（1960年代）に犯罪率が上昇し、戦後最も経済が落ち込んだ時代（1980年代初め）に犯罪率が安定または低下した事実にも反している。

文化的逸脱理論とコントロール理論は犯罪率を上昇させる個人レベルでのメカニズムにおいて有用な知見を与えてくれる。しかし犯罪率が合衆国全体で実際に上昇したときに、なぜそうなったかについては具体的なことをほとんど述べていない。例えば、もし犯罪が学習行動であるのなら、またもし効果的な社会的コントロールがないために犯罪が増加するのなら、なぜこの学習と社会的コントロールが1960年代初めにそれほど劇的に変化したのだろうか？ さらに、これまでにあげたパースペクティブに関して言えば、アフリカ系アメリカ人の犯罪動向の時期は何によって説明できるのだろうか？

状況理論は犯罪学を単純に犯罪の動機に原因を求めるところから離脱させた点で重要である。状況理論は犯罪率を説明する際にインフォーマルな社会的コントロールと監視の重要性を強調する。しかし状況理論は1960年代の犯

罪の急増や近年の犯罪の減少を説明できないようである。

　要するに、私はこれらの理論的パースペクティブがそれぞれ難題を抱えてはいるものの、合衆国の戦後の犯罪動向を説明する枠組みを提示する点で大いに役立つと信じている。以上を要約すると、人間社会の社会的構成を重視するラベリング論は戦後の犯罪率がいかにしてこれほど急速に変化したかを説明するうえで有用である。合理的選択パースペクティブは犯罪を規制する中心的役割にある刑事司法とその周縁に位置する福祉システムを重視している。緊張理論は犯罪を統制するための経済・政治・教育制度の根本的重要性を例証している。文化的逸脱理論は犯罪の動機を減らすための社会化の重要性を重視している。社会的コントロール理論と状況理論は犯罪を規制するためのインフォーマルな社会的コントロール・システムの重要性を重視している。文化的逸脱理論と社会的コントロール理論は家族が犯罪統制の中心的役割にあることを示している。

☆　　☆　　☆

　本章では以前の諸章で述べた戦後犯罪動向を説明する先行理論の主な長所と短所のいくつかを提示した。次章では合衆国の街頭犯罪動向を説明するために既存の諸理論を踏まえて発展させた私独自の議論を展開しよう。私の議論と既存の犯罪理論を結び付ける楔は社会制度である。

注

1　モイニハンは、Mickey Kaus, "The Work Ethic State," *The New Republic* (1986) July 7: 22-33, 23; Daniel Patrick Moynihan, *Family and Nation: The Godkin Lectures* (San Diego: Harcourt Brace Jovanovich, 1986) の論文で引用されている。

2　Cesare Lombroso, *The Criminal Man* (L'uomo Delinquente), first edition (Milan, Italy: Hoepli, 1876).

3　個人に重点を置く病理学的パースペクティブは犯罪学において長い歴史があり、重要な研究が多くある。概観するのに有用なものとして、James Q. Wilson and Richard J. Herrnstein, *Crime and Human Nature* (New York: Simon & Schuster, 1985); Hans J. Eysenck and Gisli H. Gudjonsson, *The Causes and Cures of Criminality* (New York: Plenum, 1989); Patricia Brennan, Sarnoff Mednick, and Jan

Volavka, "Biomedical Factors in Crime," in J. Q. Wilson and J. Petersilia, eds., *Crime* (San Francisco: Institute for Contemporary Studies Press, 1995) などがある。

4 Lawrence Taylor, *Born to Crime: The Genetic Causes of Criminal Behavior* (Westport, CT: Greenwood Press, 1984).

5 P. A. Jacobs, M. Brunton, M. M. Melville, R. P. Brittain, and W. F. McClemont, "Aggressive Behaviour, Mental Sub-Normality, and the XYY Male," *Nature* (1965) 208: 1351-1352; Wilson and Herrnstein (1985), pp. 100-102.

6 Paul Frederic Brain, "Hormonal Aspects of Aggression and Violence," in A. Reiss, K. Miczek, and J. Roth, eds., *Biobehavioral Influences,* Volume 2 of *Understanding and Preventing Violence* (Washington, DC: National Academy Press, 1994), p. 228.

7 Klaus A. Miczek, Allan F. Mirsky, Gregory Carey, Joseph DeBold, and Adrian Raine, "An Overview of Biological Influences on Violent Behavior," in A. J. Reiss, K. A. Miczek, and J. A. Roth, eds., *Biobehavioral Influences*, Volume 2 of *Understanding and Preventing Violence* (Washington, DC: National Academy Press, 1994).

8 Martin Daly and Margo Wilson, "Evolutionary Social Psychology and Family Homicide," *Science* (1988) 242: 519-524; Margo Wilson, "Marital Conflict and Homicide in Evolutionary Perspective," in R. W. Bell and N. J. Bell, eds., *Sociobiology and the Social Sciences* (Lubbock: Texas Tech University Press, 1989).

9 Alan Booth and D. Dwayne Osgood, "The Influence of Testosterone on Deviance in Adulthood: Assessing and Explaining the Relationship," *Criminology* (1993) 31: 93-117.

10 Booth and Osgood (1993).

11 Martin Daly and Margo Wilson, *Homicide* (Hawthorne, NY: Aldine de Gruyter, 1988). (=1999, 長谷川眞理子・長谷川寿一訳『人が人を殺すとき――進化でその謎をとく』新思索社.)

12 Robert Wright, "The Biology of Violence," *The New Yorker* (1995) March 13:68-77, 72 からの引用。また、Wilson (1989) も参照のこと。

13 Gary S. Becker, "Crime and Punishment: An Economic Approach," *Journal of Political Economy* (1968) 76: 169-217; Peter Schmidt and Ann D. Witte, *An Economic Analysis of Crime and Justice* (New York: Academic Press, 1984).

14 これを概観したものとして、Jack P. Gibbs, *Crime, Punishment and Deterrence* (New York: Elsevier, 1975); A. Blumstein, J. Cohen, and D. Nagel, eds., *Deterrence and Incapacitation: Estimating the Effects of Criminal Sanctions on Crime Rates* (Washington, DC: National Academy of Sciences, 1978) を参照のこと。

15 Philip J. Cook, "Punishment and Crime: A Critique of Current Findings Concerning the Preventive Effect of Criminal Sanctions," *Law and Contemporary Problems* (1977) 41:164-204; Blumstein et al. (1978).
16 例えば、David I. Cantor and Kenneth C. Land, "Unemployment and Crime Rates in the Post-World War II United States: A Theoretical and Empirical Analysis," *American Sociological Review* (1985) 50: 317-332; Joel A. Devine, Joseph F. Sheley, and M. Dwayne Smith, "Macroeconomic and Social-Control Policy Influences on Crime Rates, 1948-1985," *American Sociological Review* (1988) 53:407-421.
17 Frances Fox Piven and Richard A. Cloward, *Regulating the Poor: The Functions of Public Welfare* (New York: Vintage, 1971).
18 James DeFronzo, "Economic Assistance to Impoverished Americans: Relationship to Incidence of Crime," *Criminology* (1983) 21:119-136.
19 Robert Fiala and Gary LaFree, "Cross-National Determinants of Child Homicide," *American Sociological Review* (1988) 53:432-445.
20 Charles R. Tittle, *Control Balance: Toward a General Theory of Deviance* (Boulder: Westview, 1995).
21 Amitai Etzioni, *The Moral Dimension: Toward a New Economics* (New York: Free Press, 1988), p. xi.
22 Michael R. Gottfredson and Travis Hirschi, *A General Theory of Crime* (Stanford: Stanford University Press, 1990), ch. 2. (= 1996, 松本忠久訳『犯罪の基礎理論』文憲堂.)
23 William J. Chambliss, "Types of Deviance and the Effectiveness of Legal Sanctions," *Wisconsin Law Review* (1967) Summer:703-719; Tittle (1995), p. 41.
24 Etzioni (1988), p.xi.
25 Harold G. Grasmick and Donald E. Green, "Deterrence and the Morally Committed," *Sociological Quarterly* (1981) 22:1-14.
26 Etzioni (1988), p. xi.
27 Howard Becker, *The Outsiders: Studies in the Sociology of Deviance* (New York: Free Press, 1963), p. 9. (= 1978, 村上直之訳『アウトサイダーズ——ラベリング理論とはなにか』新泉社.)
28 Becker (1963), p. 17.
29 Matthew T. Zingraff and Randall J. Thomson, "Differing Sentencing of Women and Men in the U.S.A.," *International Journal of the Sociology of Law* (1984) 12:401-413; W.G. Staples, "Toward a Structural Perspective on Gender Bias in the Juvenile

Court," *Sociological Perspectives* (1984) 27:439-467.
30 Michael Rutter and Henri Giller, *Juvenile Delinquency: Trends and Perspectives* (New York: Guilford, 1984).
31 Emile Durkheim, *The Division of Labor in Society*, translated by George Simpson (New York: Free Press, 1947 [1893]).(＝1971, 田原音和訳『社会分業論』青木書店.)(＝1989, 井伊玄太郎訳『社会分業論』上・下, 講談社学術文庫.)
32 Emile Durkheim, *Suicide*, translated by John A. Spaulding and George Simpson (New York: Free Press, 1951).(＝1985, 宮島喬訳『自殺論』中央公論社.)
33 Robert K. Merton, "Social Structure and Anomie," *American Sociological Review* (1938) 3:672-682.
34 Merton (1938).
35 Robert K. Merton, *Social Theory and Social Structure*, second edition (New York: Free Press, 1957), p.146.(＝1961, 森東吾ほか訳『社会理論と社会構造』みすず書房.)
36 Richard A. Cloward and Lloyd E. Ohlin, *Delinquency and Opportunity: A Theory of Delinquent Gangs* (New York: Free Press, 1960), p.98.
37 Merton (1938).
38 例えば、James Q. Wilson, *Thinking About Crime* (New York: Vintage Books, 1975)を参照のこと。
39 Merton (1938), footnote 17.
40 Cloward and Ohlin (1960), p.86.
41 Albert K. Cohen, Alfred Ray Lindesmith, and Karl F. Schuessler, eds., *The Sutherland Papers* (Bloomington: Indiana University Press, 1956), p.9、のなかにこのような記述がある。
42 William Julius Wilson, *The Truly Disadvantaged: The Inner City, the Underclass and Public Policy* (Chicago: University of Chicago Press, 1987)(＝1999, 平川茂・牛草英春訳『アメリカのアンダークラス──本当に不利な立場に置かれた人々』明石書店.); Christopher Jencks, *Rethinking Social Policy: Race, Poverty and the Underclass* (Cambridge, MA: Harvard University Press, 1992).
43 例えば、Walter B. Miller, "Lower-Class Culture as a Generating Milieu of Gang Delinquency," *Journal of Social Issues* (1958) 14:5-19を参照のこと。
44 Travis Hirschi, *Causes of Delinquency* (Berkeley: University of California Press, 1969), p.3.(＝1995, 森田洋司・清水新二監訳『非行の原因──家庭・学校・社会へのつながりを求めて』文化書房博文社.)

45 Emile Durkheim (1951), p.209.
46 Hirschi (1969).
47 例えば、D. S. Elliott, B. A. Knowles, and R. J. Carter, *The Epidemiology of Delinquent Behavior and Drug Use* (Beverly Hills, CA: Sage, 1981); Allen E. Liska and Mark D. Reed, "Ties to Conventional Institutions and Delinquency: Estimating Reciprocal Effects," *American Sociological Review* (1985) 50:547-560 を参照のこと。
48 例えば、Robert Agnew, "A Revised Strain Theory of Delinquency," *Social Forces* (1985) 64:151-167; H. B. Kaplan and C. Robbins, "Testing a General Theory of Deviant Behavior in Longitudinal Perspective," in K. T. Van Dusen and S. A. Mednick, eds., *Prospective Studies of Crime and Delinquency* (Boston: Kluwer-Nijhoff, 1983).
49 例えば、George Masnick and Mary Jo Bane, *The Nation's Families: 1960-1990* (Cambridge, MA: Joint Center for Urban Studies, 1980). (=1986, 青木久男・久門道利訳『アメリカの家族——1960-1990』多賀出版.)
50 *The Negro Family: The Case for National Action*, Office of Planning and Research (Washington, DC: Government Printing Office, 1965), p. 4.
51 都市の下層階級に関してこうした事柄を考察した議論は多いが、例示しておくなら、Wilson (1987); Jencks (1992) を参照のこと。
52 この箇所の記述について概観したものとして、Christopher Birkbeck and Gary LaFree, 'The Situational Analysis of Crime and Deviance," *Annual Review of Sociology* (1993) 19: 113-137 を参照のこと。
53 Lawrence Cohen and Marcus Felson, "Social Change and Crime Rate Trends: A Routine Activity Approach," *American Sociological Review* (1979) 44:588-608.

第5章　犯罪と社会制度

　……私たちは、私たちが社会的な存在であるという限りにおいて道徳的な存在である。
　　（エミール・デュルケム,『道徳教育論』, 1903）[1]

　正義について最も意味深い判断は、個人そのものによって下されるのではなく、制度のなかで制度の代理として考える個人によって下される。
　　（メアリー・ダグラス,『制度はどのように考えるか』, 1986）[2]

　第2章と第3章で示したように、戦後のアメリカの犯罪動向を適切に説明するためには、犯罪率の急速な変化や、戦後初期・中期・後期に見出される特徴的な犯罪形態や、さらに男性や若者、アフリカ系アメリカ人の高い犯罪率を説明しなければならない。第4章で先行理論を検討したことによって、経済と政治の変化の影響や、家族や刑事司法、教育、社会福祉政策の変化など、説明するのに有効だと思われる変数と概念の見取り図が示された。犯罪動向と一般理論についてかなりの時間をかけて検討した結果、様々な脈絡を最もうまく関連づけて説明できる唯一の概念は、社会制度であるという結論に至った。
　人々の日常行動の意味が相互に共有されるようになると、社会制度は発展し始める[3]。例えば、物事を進める特定の方法について人々が互いに合意し、この合意を相互に維持するとき、制度化の過程は始まる[4]。例えば、今後妻はベッドの右側で夫は左側で眠ることを夫婦が相互に合意するかまたは暗黙に認めたとしよう。すると、このなわばりの認識が彼らの行動をその後何年間

も拘束するかもしれないし、どちらかがこれに違反すると相手は混乱するかもしれない。この夫婦が旅行したとしよう。ベッドはいつもと違うにもかかわらず、自ずといつもと同じ側に寝てしまうだろう。こうしたことをもっと複雑にしたのが、家族や経済といった主要な社会制度である。制度にともなう規範や役割は最終的には人々の相互に補強された合意に基づくのである。

しかし、ベッドのどちら側に寝るかについて合意に至ることと、家族や経済のように長期間存続する社会制度では、制度化の過程が根本的に異なることを指摘しておくべきだろう。人々は日々の生活を形づくる多くの細かな日常行動の創出に大きく関わり得るが、家族や経済といった制度は、人々の経験に先行して外存する。ある人が誕生する前から家族は存在し、その人が死んだ後も家族はおそらくずっと存在し続ける。社会理論家ピーター・バーガーとトーマス・ルックマンは、家族のような伝統的制度の持つ永続性という特徴が制度に「客観的特性」を与えていると指摘する[5]。言い換えると、このように長期間存続する制度は、個人から切り離されたもの——客観的で、否定しがたく、現実のもの——として個人の前に立ち現れる。

制度は人間が共同生活していくために発展させてきたパターンであり、相互に共有された様式である[6]。こうしたパターン化には、人間行動を定め規制する規範や価値、地位、役割、組織などがある。制度は適切で、正当で、予期可能な行動様式を形づくる[7]。制度は私たちがどのように生活し行動すべきかを示すものであり、私たちが容認できるか否かの日常行動の注意書きである[8]。

制度は、人の行動を社会的に容認できる範囲内に導くことによって、社会生活の中心的役割を果たしている。特に制度は、社会成員間で予測可能性を増大させる点で重要である。不適当な行動の範囲が無制限であるのに対して、制度は適切な行動の明確な範囲を提示するからである。日常生活の予測可能性を増大させる制度のこうした役割の意義は非常に大きい。対人関係のレベルで言えば、制度が強固であれば信頼の形成が助成される。

信頼は予測可能性を増大させ、期待された通りに他人は行動するだろうと

いう推測に基づいて、自分自身も行動できるようになる[9]。例えば、自動車を運転する場合、側方の信号が赤ならドライバーは適切に速度を落とし停止するであろうと推測できるがゆえに、自分の前方の信号が青になれば前進することができる。

本書で考察する街頭犯罪は特に予測できない深刻な事態を、つまり信頼に対する重大な脅威を示している。こうしたことは、戦後日本社会の今なお伝説的に低い犯罪率において、はっきりと確認することができる[10]。日本では犯罪率が低いので、大都市であっても夜間に安心して外出できる。日本の犯罪率の低さは私有財産に対する防犯意識の低さにあらわれている。多くの社会では自転車やその他の盗まれやすいものは厳重に防犯措置が施されるが、日本ではしばしば無防備なまま放置しておかれる。犯罪が起きると一般人は警察や法システムに一致団結して協力するので、検挙率は概して高い。要するに、日本はこうした特徴によって、都市部でさえあまり犯罪のない、たいてい予測可能な場所となっている。そして、これがさらに見ず知らずの人々のあいだでさえ高い水準の公的信頼を育成する。

社会のレベルでいえば、予測可能性は研究者が「社会資本(social capital)」と呼ぶ事柄と密接に関わっている[11]。物的資本は生産事業に従事するうえで必要な道具や機械のことであるが、社会資本は人々が集まって社会的に構造化された関係において生み出される機会や能力のことである[12]。社会資本は、物的資本に比べると感知しにくいけれども、より重要であることは間違いない[13]。社会資本は各社会において諸個人のあいだの信頼関係に蓄積される[14]。自分は社会制度のルールに従うし、おそらく他人もそのルールに従うだろうと推測できる社会では、社会資本が蓄積されていく。逆に、犯罪は社会の社会資本を深刻に侵食していく。

制度は人間が創り出すあらゆる事物のなかで間違いなく最も重要である。制度があるから社会は新しい成員の参入や交替があっても、時を越えて存続する。このように、人間にとっての制度は、他の種にとっての本能と同じ役割を果たす。制度は人々の行動を、つまり基本的な集合的要求や個人的要求

を充足させる手助けになる[15]。実際、人間の本能は比較的未発達であるから、人間は生きていくすべを制度に強く依存している。人間は多くを過去から継承される遺伝情報に依存する代わりに、世代間継承される制度的ルールに依存している[16]。

制度に依存しているということには、犯罪を含めた全ての人間行動に重要な示唆を与える。一方で、人間が制度に依存しているということは、制度が環境の変化に対応し得るということである。しかし他方で、制度は社会的に構成された合意に過ぎないために、ほぼ自動的に生物学的本能が引き起こす「強靭な(hard-wired)」反応に比べて、脆いことを示している。

1 制度の正統性・変化・犯罪

すでに論じたように、戦後の動向を適切に述べる犯罪論は急速な変化を説明できなければならないし、犯罪率の変化の時期や既存の下位集団における差異を一般的に裏付けなければならない。制度を「社会システムの構造的に安定している要素」と定義した社会学者タルコット・パーソンズは、制度が徐々に着実に発展するという観点を打ち出した最も影響力のある提唱者である[17]。しかし、制度を変化の遅いものであるとみなすこのような見解に対して、多くの反論が寄せられた[18]。例えば、社会学者デニス・ロングは1961年の影響力のある論文において、パーソニアンの制度観は人間行動を「過度に社会化」していると批判した[19]。ロングは、ほとんど自動機械のように完全に社会化され、驚くほど他人の意見に敏感な、さらに合意された規範と価値にはほぼいつも従順な人間像に対して、批判的であった。ロングは社会的責任を過度に強調すると、葛藤と変化の可能性をほとんど取り除いてしまうので、人間行動についての不正確なモデルを示すことになると論じた[20]。

実際、生物学的に根ざす本能よりも制度が優れている利点の一つは、制度が環境変化の要求を満たすのに充分な柔軟性を備えていることである[21]。したがって、しかるべき状況下では制度は急速に変化し得るものであるので、

戦後アメリカの犯罪率にみられる大きな変化を説明できることが期待できる。

しかしながら、このことは社会制度の本質的な安定性と持続性を否定することにはならない。人が好き勝手な行動をとれないのは明らかである。社会学者マーク・グラノヴェターは、人の行動は完全に決定づけられているわけでも完全に自発的になされるわけでもなく、その中間に位置するとうまく表現し、「行為者は社会的文脈から離れて原子のように行動したり意思決定するわけではないし、またたまたま社会類型の特定の位置に居合わせたとしても、その配役の台本を奴隷のように遵守するわけでもない」と述べている[22]。

すでに示した街頭犯罪にあてはめてみると、社会制度の変化は、男性や若者やアフリカ系アメリカ人の高い犯罪率を説明できるに違いない。どのケースについてもそれは可能であろう。おそらく戦後すべての西欧先進社会とアメリカ合衆国において、制度が提供する女性の行動選択肢は男性に比べて制約されている。仕事やデート、結婚、余暇を考えると、女性の行動選択肢は男性に比べて少ない。その他の行動と同様に、犯罪行動に対して制度の課す制約は男女によって異なる、と考えるのは自然なことである。したがって、戦後期に女性が制度の統制から解き放たれた度合いに比例して、女性による街頭犯罪のほとんどのものが増加すると予期されよう。

実際、社会学者ジョン・ハーガンによる非行の「権力―コントロール(power-control)」理論は、こうした解釈と多くの点で合致している[23]。ハーガンは、女子は男子よりも親からのコントロールを強く受けるので、女子は逸脱や危険から引き離されて成長すると論じている[24]。ハーガンによると、非行への徴候が女子より男子に強いこと、犯罪への可能性が女性より男性に強いことは、息子に比べて娘に課される親のコントロールがより徹底していることの結果である[25]。

第3章でみたように、戦後アメリカの犯罪が急増したのは若者の数が増えたからである。つまり、少なくとも暴力犯罪については、若者がおかす犯罪の割合が増えたからである。いつの時代も、若者という新たな世代を社会化し、規制し、保護しなければならなかった。若者が多いということは、こうし

た課題達成のためにより大きな負担を、あらゆる社会制度に強いることになる。実際、異議申し立て運動は、特異な「若者文化」の高まりにより戦後アメリカでかつてないほどの盛り上がりをみせたといえるだろう。概して若者は、年輩者に比べて社会制度にあまり統合されず、制度とのつながりを持たず、コントロールされないというのが、私の見方である。

戦後のアフリカ系アメリカ人の歴史を振り返ると、他のアメリカ人に比べてアフリカ系アメリカ人は、社会制度とのつながりが弱かったようだと論じても、論駁することは容易ではないだろう。公民権運動とベトナム戦争から生じた対決、いっこうに変わらない経済的不況、ひどい家族崩壊によって、すでに弱かった制度とのつながりが戦後期を通じてさらに弱まったと論じるのは妥当であろう。

制度の正統性

先に論じたように、人間以外の動物の行動選択は本能によって厳しく規制されている。ネズミに遭遇した猫と学期初日の授業で教授に出会った大学生の集団、この2つのタイプの出会いについて基本的な違いを考えてみよう[26]。猫がネズミを見たとき、猫にはおそらく何をするべきかを告げる先天的仕組みがある。猫は躊躇せずネズミを追う。もし猫がネズミに興味を示さなかったら、私たちは猫の健康状態を心配してしまうだろう。

学期初日の学生の行動もほぼ同様に予測できる。教授は一度も会ったことのない見知らぬ学生であふれる教室に入っていくだろう。そして話し始める。すると、見知らぬ学生たち全員が席に着き、おしゃべりをやめ、筆記具を取りだし、ノートを取り始める。ともかくも表面的には、大学の教室での制度的規則は、猫の遺伝の仕組みと同じようにとてもよく機能する。

しかし、学生と教授の初顔合わせ時の行動が制度化された規則によってかなり定められていたとしても、猫とネズミの場合に比べるとより不確実である。猫とネズミでは問題にならないが、学期初日の教授と学生に予測される行動を危険にさらし得る多くの状況——授業料値上げへの抗議、大学の方針

への関心、爆弾騒ぎ、さらにはある教授の能力や倫理的適格性に関する疑義——がある。しかし一般的に言って、当事者によって正統であると了解され、当然視されている制度は、当事者の行動を規制するうえで最も効果的にはたらく。

社会学の先駆者マックス・ウェーバーは、正統な権力(または「権威」)を「所与の源泉から生じる命令(またはすべての命令)が所与の人間集団によって服従される可能性」[27]であると定義し、正統な権力の持つ基本的要件として「自発的に服従が受け入れられていることが最少限必要」[28]であると述べた。全ての社会は、ルールと法を正統化する問題と、この正統性を次世代に引き継ぐ問題に絶えず直面している。正統化は、新しい社会成員へのルールに関する説明と正当化の過程である[29]。

正統性の本質について考察してきた理論家の多くは、ほとんどの人々が、自らの道徳的妥当性を正しいと信じているので、社会的ルールに従うと論じてきた[30]。実際多くの場合はそうである。しかしウェーバーによると、人々は処罰の恐怖、伝統への敬意、宗教的信仰、単なる便宜などといった理由によっても、ルールに正統性を与えることがある[31]。たいてい多くの場合、ルールの正統性は自明視されている。つまり、ルールはあまりに心の奥深くに植えつけられているので、意識的に問題にされることさえない[32]。

制度が行動を規制できるか否かは、もちろん問題になるその行動のタイプによる。いかなる社会でも、行動は、人々に普遍的に非難される行動から悪行についての評価が分かれる行動まで、連続体のどこかに位置する。制度は、概して広くゆきわたった合意ある行動を規制する際に、最も効果的にはたらく。本書で考察する街頭犯罪は、社会において一般に非難される行動を示している。例えば、殺人や強盗の合法化運動をしている組織的社会集団を見ることはない[33]。したがって、これらの犯罪がおかされるということは、制度が何人かの社会成員の行動を、正しい方向に導くことができなかったことを示している。

制度はどのように犯罪を規制するか

　議論を進める前に、制度が実際にどのようにして犯罪を規制するかを考察しておくことが有益である。制度はおおむね犯罪を相互に連関する3つの仕方で制限する。その3つの仕方とは、犯罪をおかす個人の動機を減退させること、犯罪行動を抑制するために有効な統制を行うこと、他人の犯罪行動から個人を保護することである。

　制度は子どもに何が正しくて何が間違っているか、何が適切な行動で何が不適切な行動かを教える主たる責任があるので、犯罪をおかす動機に直接関わる。ここで最も明らかな制度は、家族である。家族は社会化を通じて、適切な行動と不適切な行動の違いを子どもに教える[34]。こうしたしつけは、もちろん正と負の社会的サンクションによって強化される。例えば、家族は賞賛や愛情、支援によって容認できる行動を補強し、批判や追放、排除によって容認できない行動を罰するだろう。しかし、犯罪の動機を減退させ得る制度は家族だけではない。例えば、経済制度や政治制度は、個人に自分が公平で公正で敬意に値する人物であると確信させることによって、犯罪をおかす動機を減退させるだろう。

　制度は社会的コントロールを備えることによっても行動を規制する。ここで用いる社会的コントロールとは、制度的ルールを遵守するよう個人に強いるメカニズム全体を指す[35]。したがって、社会的コントロールはその効果がきわめて広範に及ぶ概念である[36]。社会的コントロールは人々に何が犯罪であるか、どのように犯罪に対応すべきか、何が正しく何が悪いかを示す。

　社会的コントロールは、その源泉がインフォーマルかフォーマルかによってさらに分類できる[37]。インフォーマルな社会的コントロールとは、公式の政治機関でない家族や友人、近隣住民といった影響力のある個人や集団がサンクションを課すことを指す。それに対して、フォーマルな社会的コントロールとは、公式の司法機関や政治機関の名のもとで警察や裁判官、刑務官、検察官が活動して個人を統制することを指す。

　研究者は、インフォーマルな社会的コントロールがフォーマルなコント

ロールより通常効果的である、ということをずっと以前から理解していた。2世紀以上前の社会哲学者ジェレミー・ベンサムは、犯罪発覚の恐怖が「名声と親睦への欲望」に悪い結果を及ぼすので、大部分の犯罪は抑止されていると言及した[38]。言い換えると、フォーマルなサンクションは、日々の生活におけるインフォーマルなサンクションによって補強されることで、一般的に犯罪を抑止するのである。このことは、ほとんど犯罪のない社会とは、効果的なインフォーマルな社会的コントロールがほぼ常にはたらいている社会であることを意味する[39]。社会学者ジョン・ブレイスウェイトはこうした社会について、「人々は他人事に干渉し、逸脱を寛容できる限界がはっきりと示されており、コミュニティは犯罪問題を専門家の手に委ねずに、自分たちで処理しようとする」社会であると述べている[40]。

彼の記述は、インフォーマルな社会的コントロールが円滑に機能しなければ、フォーマルな社会的コントロールの効果がかなり低くなることを明らかにしている。実際インフォーマルな社会的コントロールの有効性が低下すると、無法者を恐れる市民はしばしばフォーマルな社会的コントロールによる懲罰を要求する[41]。しかし、政治学者ロバート・パトナムはイタリア市民を対象にした社会研究のなかで、「圧制的な政府……は、それ自体、市民不在の社会的文脈では弱体化する。それに対して穏健な政府は市民の自発的協力と自律的執行をあてにできるから難なく強化される」と述べ、フォーマルな社会的コントロールに頼ることは悪循環に陥ると論じている[42]。

フォーマルな社会的コントロールは、概してインフォーマルな社会的コントロールほど効果的でないばかりか、費用もかなりかかる。家族や友人が、愛する者を社会的コントロールするのに、金銭はほとんど必要ないが、警察や裁判、訴訟、刑務所は巨額な費用が必要である[43]。社会評論家フランシス・フクヤマは、フォーマルな社会的コントロールに自らの治安を託する社会は、あらゆる社会活動の場面で一種の税金を課しているようなものだと指摘する[44]。こうした社会は、敬意や愛情といったインフォーマルなつながりに基づく家族などの制度を通じて人々に礼儀を身につけさせる代わりに、フォーマルな

社会的コントロールに依存し、より多くの弁護士や警察、刑務所員の増員に投資するようになる。

社会学者マーク・グラノヴェターは、人々を制度に結び付け、それによって人々の行動を規制する社会関係を記述するのに、「埋め込み(embeddedness)」という言葉を用いている[45]。埋め込みは、どのように社会的コントロールが作用するのかについて有用な含意を提供している。お金はないが新しい電子機器を欲しい場合に、窓ガラスを割って盗みをおかさないのはなぜか？ ほとんどの人はそんなことをする前にじっくり考えたり、充分な防犯措置によって犯行が困難である、といった社会の複雑な網に埋め込まれている。ほとんどの人にとって、犯罪をおかす最初の社会的なハードルはインフォーマルなものである。例えば、彼らの誤った行動が家族——配偶者、子ども、両親、他の親族——に知られれば直面するであろう心理的な困惑、家族以外でいえば、職場や学校、教会や戦友、市民組織や同好会などの仲間へのうしろめたさがある。さらに、こうした全てのインフォーマルな社会的コントロールの資源のほかに、逮捕や法的過程、刑罰の脅威を持つフォーマルな法体系がある。そしてほとんどの人々は、通常社会的ネットワークのなかに埋め込まれ、犯罪以外の行動を選ぶようになる。

犯罪をおかす動機を規制したり、人々を社会的コントロールで包囲する他に、制度は人々を犯罪被害から直接的に保護することによって犯罪を減らすこともできる。つまり、家族やコミュニティや職場や学校は、他人の犯罪行動から成員を守るという重要な役割を果たすことができる。同様に、法制度は特に警察は、市民を犯罪から保護する能力を有する点で大部分が正当化されている。

かくして制度は、犯罪の動機を減退させるうえで役に立つ社会システムの網の目に個人を絡ませることによって、またインフォーマル・フォーマルに犯罪行動を規制する人々の能力を高めることによって、さらに犯罪行動から人々を保護することによって、おおむね犯罪を抑制する。円滑に機能する社会において、これらの要素は解きがたいほどに絡み合っている。したがって、

よく社会化された人々は社会的コントロールの担い手として有効にはたらく。強い社会的コントロールは犯罪の動機と保護の要求を減退させる。弱い動機は社会的コントロールと保護をそれほど重要でないものにする。強い保護は強い動機と効果の低い社会的コントロールを部分的に補うことができる。簡潔にいえば、制度が成員を規制する能力を失えば、多くの人々が好き勝手にするよう動機づけられ、人々が好き勝手に行動することによって統制がうまくいかなくなり、好き勝手に行動する人々から制度に従う成員を保護する能力は減退する。

たいてい多くの場合、人々はたやすく、あるとしてもさほど考えることなく制度のルールに従う。というのも、単にそのルールがなすべき正しいこと——授業の初日に学生が期待されているように、席に着き、おしゃべりをやめ、ノートをとることが自動的に行われること——を示しているからである。しかし、制度の正統性が減退するにつれて、適正行動はたやすく生じなくなる[46]。

正統性の低い制度を擁する社会の人々は、強い制度を擁する社会の人々よりも、集団のルールを破りやすいと感じる。さらに、正統性の低い社会の人々は、ルールに従わせようと懸命になっている人やルール違反者から社会を保護しようとする人に出会うことが少なくなる。要するに、制度が個人を統合する力を失うにつれて、犯罪を統制する制度の能力も低くなる。

2 犯罪と社会制度

制度を、繰り返し生じる状況において人々の行動を規制する単なる共有ルールであると考えるならば、いかなる社会にも数千の(または数百万もの)制度があると結論づけられるかもしれない。しかし、明らかに犯罪行動を統制するうえで他に比べて重要な制度がいくつかある。本書では、過去の政策立案者や研究者が最も頻繁に犯罪と結び付けてきた3つの社会制度——政治・経済・家族制度——に焦点を合わせよう。

ここでこれら3つの制度を、犯罪を規制するために長いあいだ用いられてきたメカニズムという限定的な意味で「伝統的」と称しておく。これら3つの制度は、戦後初期の頃に合衆国が享受した歴史的にまれな低犯罪率、戦後中期における犯罪の急増、さらに戦後後期に犯罪率が安定することを説明する際に特に重要であることを論じたい。次節では犯罪統制に関して、これら3つの制度と最近の制度の進展を対比的に扱う。

政治・経済・家族制度の進展は単なる偶然の出来事というわけではない。他の動物にとってまさに本能が基本的欲求を満たすのと同様に、これら3つの制度はある面で人間の根本的欲求を充たすがゆえに、進展し存続しているのである[47]。政治制度は、集合的目標のために資源の動員と分配を請け負う。具体的には統治機構全般があげられる。すなわち、立法機関や司法機関、軍事機関、政府決定を実行する行政機関などである。これらの政治制度は、犯罪統制と法的紛争処理を直接請け負う[48]。さらに、社会秩序維持や紛争処理の誘導、侵略からの国民保護に関する責任も負っている。

経済制度は、環境への社会的適応を請け負う。具体的には財やサービスの生産と分配に関する組織などがある[49]。経済は人間が生きていくための基本的な物的要求を満たす責任がある。食糧や衣類、住居の供給がそれである[50]。その他に、報酬や責任という社会的ヒエラルキーに個人を序列化する階層システムなどもある。

家族制度は、数世紀にわたって人間社会における子どもの社会化についてとりわけ責任を負ってきた。社会学者ジェームズ・コールマンは、家族制度が他の社会制度と違って出生と血縁の紐帯を通じて発展する社会組織にある程度基づくことから、家族制度を「原初的(primordial)」と表現している[51]。さらに、家族は成員の性行動を規制したり、子どもを養育したり、病人や老人の面倒をみるなどの責任を伝統的に負っている[52]。

私は、戦後アメリカの犯罪率が、政治・経済・家族制度の正統性の減退によって、強く影響を受けたと考えている。しかしもちろん、これら3つの制度と犯罪との関係は歴史的にも、範囲の面でも、さらに関連の度合いの点でも

非常に多様である。後述するが、政治制度の正統性の減退は、主に1960年代に始まる一連の社会運動や抗議活動との関連で政治不信が上昇したことに起因する。経済制度の正統性の減退は、特に収入格差と物価上昇に起因している。さらに、戦後経済が根本的に変化するつれ、双親家族や男性優位家族に反対する運動が支持されてきたために、家族制度の正統性は減退した。そこで次に、戦後のアメリカにおけるこれら3つの伝統的制度それぞれと犯罪率との結び付きをより詳細に考察しよう。

政治制度と犯罪

ほとんどの社会では政治制度が犯罪統制を公式に請け負っているので、犯罪を説明する場合、政治制度が最も重要である。戦後の合衆国における政治制度と犯罪の関係は、アメリカ人が自分たちの政治システムを信頼しているかどうかに最も直接関わっていることを論じよう[53]。アメリカの政治制度に対する不信の増大は、政治制度の正統性を脅威にさらし、犯罪の動機を増やし、社会的コントロール・メカニズムの有効性を低下させる[54]。

多くの犯罪学研究の報告によると、法の基本的正統性や公平性を強く信じている人々は法に違反しない傾向にある[55]。しかし、政治制度の正統性と法遵守の大切さを信じることの関係については意見の相違がある。その関係について最も有用な議論は、資源動員論者[56]によって提起されている。彼らによると、政治的集合行為と犯罪の明確な違いは、参加者の動機と組織化の必要性の度合いにある[57]。ある論者は、犯罪は、政治的集合行為と違って、多くの場合道徳規準を持たず、犯罪をおかすために組織化という方法をほとんど必要としないと論じている。犯罪者が犯行に及ぶのは、不正なシステムに制裁を科すためでも悪事を正すためでもない。むしろ、犯罪の動機はそれを実行に移すことによってただちに何かを得ることに限られる[58]。

私は、犯罪が政治制度の正統性と無関係であるとするこうした見解に対して、2つの理由から異論がある。第1に、次章で示すように、犯罪をおかすときの犯罪者の動機は大変多様であり、実際には犯罪は道徳的次元を持ちつつ

実行されるということを示す証拠がたくさんある。街頭犯罪に関する聞き取り調査[59]や民族誌的研究[60]において示されるように、犯罪者は対象者を厳選し、道徳的・倫理的根拠を持ち出して自らの行動を正当化する。

第2に、すでに論じたように、ある社会の犯罪率は犯罪者の動機だけでなく社会的コントロールと監視の有効性によっても影響を受ける。特に社会的コントロールの成果は、政治制度の正統性と密接に関わっている。社会の成員が自分たちの政治制度の公平性に疑いを持ち始めると、自分は法を破らないにしても、他人を社会的にコントロールする担い手としての熱意は冷めてくる。両親や家族、近隣者はあまりルールを擁護しなくなり、ルール違反者への対応が甘くなる。法システムによるフォーマルな処罰は脅威にならず、それが適用されてもスティグマにならなくなる。政治制度の正統性が失われると、あらゆるタイプの社会的コントロールが弱体化する。

第二次世界大戦終結時のアメリカの政治制度は、誠実さや公平性、高潔さに対する民衆の十分な支持を受けており、政治制度に対する信頼はかつてないほどに高かった。戦争の成果は広く支持され、政治家と裁判官に対してかなり高い敬意が払われた。軍事的英雄であるドワイト・D・アイゼンハワー最高司令官は、民衆の広い支持を受けて1952年に大統領に就任した。しかし、こうした信頼は1950年代終わりから1960年代初めにかけて大幅に低下し始めた。まず、公民権運動はアメリカ社会に長いあいだはびこってきた人種的不正義を暴露した。その後のベトナム戦争や広く知らされた一連の政治スキャンダル、公民権運動に続く権利革命によって、信頼はいっそう低下した。さらに、政治制度は何にも増して犯罪統制を請け負っているので、犯罪率の上昇自体によって政治の正統性は間違いなく一段と減退していった。1990年代には人々の政治制度への信頼は確かに安定したが、戦後初期に比べればまだまだ低い。そこで[第6章で]、戦後政治制度の正統性の減退が街頭犯罪率の上昇と直接関わっていることを論じよう。

経済制度と犯罪

経済の正統性が減退すると犯罪率が上昇するということは、主に2つの面から説明できる。1つは、犯罪をおかす潜在的犯罪者の動機を増やすというものであり、いま1つは、犯罪の防止と処罰に向けられた社会的コントロールの有効性を減らすというものである。おそらく経済の正統性と犯罪の動機の最も明白な関係は、裕福な人々より貧しい人々のほうが犯罪をおかして簡単に財産や富を手に入れる傾向にある、という平凡な見解によって理解できる。経済的に恵まれてない人々のほうが、富裕な人々よりも何らかの街頭犯罪をおかす傾向にあることは、多くの研究で立証されている[61]。

すでに検討したように、経済的剥奪が犯罪の動機を増やすという考え方も緊張理論の中心的なものである。社会学者ロバート・マートンによると、個人の行動はある社会において価値があるとされる目標と、目標を達成するために社会が与えた手段との関係によって強く影響される[62]。貧困者が社会的接触やメディアを通じて絶えず価値があるとされるアスピレーションを教え込まれ、他方でこうしたアスピレーションを正当な方法で充足できないときに、この緊張状態が生じる。マートンは、金銭的な成功を望みながらも正当な手段が与えられなければ、犯罪をおかすことによって、その目標に手っ取り早く接近する者も出てくると論じている[63]。

影響力のある他の犯罪論も大変似かよった説明をしている。例えば、社会学者アルバート・コーエンは、インナーシティの青少年が経験する経済的圧迫が自尊心を失わせ、その結果、非行率や犯罪率が上昇していると論じる。同様に、リチャード・クロワードとロイド・オーリンは、ある特定の青少年を正当な参加から排除する経済システムによって、この青少年は自分たちが不当に扱われていると感じ、結果として高い犯罪率を引き起こすと論じている[64]。実際多くの研究によれば、一般人に比べて犯罪者は、一貫して自分の経済的機会が厳しく制限されていると感じている[65]。

経済の正統性と犯罪の関係についての犯罪研究のほとんどは、犯罪者の動機に及ぼす正統性の影響に注目しており、経済制度の正統性の減退は、インフォーマル・フォーマルな社会的コントロールの有効性をも低下させるかも

しれない。経済制度が公平でないとか公正でないと強く感じている人々は、統制や他人の犯罪行動規制にあまり関心を持たないだろう。

　経済がアメリカ人に課した緊張の増加によって、戦後アメリカの経済制度の正統性がもろに減退したことを論じよう。こうした緊張は世界的な経済動向によってますます高まった。第二次世界大戦終結時に合衆国経済はかつてないほど繁栄した。戦争は合衆国経済を壊滅的な不況からにわかに立ち直らせ、戦災を被らなかったアメリカの工場は戦争に疲弊したヨーロッパや日本の工場を凌駕するようになった。アメリカは世界の供給基地になったのである。

　こうした経済的版図は1970年代にかなり変わった。収入格差が大幅に拡大し、物価上昇が新たに進み、企業の規模縮小が多くの倒産と解雇を招き、会社は人件費の高い製造業務をますます低賃金の国々に「外部委託（outsourced）」するようになった。その結果、経済的圧迫と不確実性は経済制度の正統性を減退させ、犯罪の動機を増やし、犯罪予防や犯罪者の逮捕や刑罰といった社会的コントロールの有効性を低下させた。しかしながら後述するように、戦後アメリカにおいて犯罪に及ぼす経済の影響を見ると、その関係は複雑である。一方で、収入格差や物価上昇などの一般的な経済指標はほぼ一貫した影響を及ぼしているのに、他方で、失業や平均収入などの経済指標はそれほど一貫した関連を示してないのである。

　経済制度は、若者とアフリカ系アメリカ人の犯罪率が特に上昇したこととも関わるかもしれない。年輩者と若者の収入格差は戦後初期から戦後後期にかけて大幅に拡大した[66]。社会保障給付額の増加と年金適用範囲の拡大によって、かなりの年輩者を経済分配の底辺層から救い上げることになった。それに対して、若者の収入は減少傾向にあり、20世紀の終わりには若者は戦後において最低の所得水準になりそうである[67]。戦後期に一部の富裕な黒人中流階級が相当増えたが、こうした経済改善の恩恵を被らない多くのアフリカ系アメリカ人が取り残されたまま今世紀は終わる、という不安をかき立てる指摘もある[68]。最近の調査データによると、白人に比べてアフリカ系アメ

リカ人は、犯罪や社会問題と経済との直接的なつながりがありそうである[69]。

家族制度と犯罪

　政治制度や経済制度と同様に、家族制度は犯罪者の動機を規制したり、効果的な社会的コントロールを行うことによって、犯罪を減らすことができる。さらに、家族はその成員を犯罪から保護するという特別な役割を果たす。有史以来、家族は社会的ルールや価値の世代間継承を担う主要な制度であった[70]。実際、先進諸国では子育てに関して、20世紀に大家族や教会集団やコミュニティ成員の重要性が低下するにつれて、核家族の重要性が増してきたという証拠がある[71]。ほぼ例外なく、子どもが家族成員と接触する頻度と期間はそれ以外の人たちとの接触より多くなり、家族内の接触は概してそれ以外の人との接触より早くかつ情緒に強くはたらきかける。家族は長いあいだ子どもに対して、善悪の区別や道徳的価値や遵法行動の大切さを教える主要な社会制度であった。家族のこうした社会化の役割は、刑法を尊重し遵守するよう子どもをしつける点において、家族がきわめて重要であることを意味している。

　家族は、成員の行動を直接規制することによっても、犯罪を統制する。家族は子どもの活動を制限し、実際に子どもを監視し、子どもが目の前にいなくても所在を知っておくことによって、子どもの非行行動を制限できる[72]。おそらくさらに重要なこととして、家族は子どもに家族への愛情と敬意を単に求めることによって、子どもの行動を統制する。多くの研究によれば、家族を大事にする子どもは家族の恥や当惑、迷惑になるような行動をとらないとされている[73]。

　家族は、成員を保護することによって、犯罪を減らす点でも重要である。したがって、家族は不法目的侵入や盗みなどの財産犯罪や、望まざる求婚者や痴漢、路上強盗や強姦者によって受けるかもしれない身体的危害から成員を保護することによって、家族成員が犯罪被害者にならないようにすることができる[74]。

アメリカの家族は、子どもの社会的発達とその後の成功に関して、道徳的にも経済的にもかつてないほどの責任を引き受けなければならなくなったにもかかわらず[75]、双親で男性優位の伝統的家族の正統性が大幅に減退した[76]。この点に関して、2つの関係するプロセスが特に重要であった。まず伝統的な家族形態に対する異議が増えた。フェミニスト運動が1960年代に盛になるにつれて、女性と多くの男性は伝統的な双親家族を男性支配の砦とみなすようになった[77]。そしてこれとほぼ同時に、複雑に絡んで生じたのが性の自由拡大と婚外婚の実践に向けた動きであった。これら2つの進展に呼応して、伝統的な家族形態とは異なる新たな家族形態が激増してきた。

第二次世界大戦直後のアメリカの家族が均質であったなどと誇張しないことは大切であるが[78]、それでも総体としての変化には目を見張るものがある。1946年には、有職女性は3分の1に満たず、離婚率は低く、家族形態をとらない世帯はわずか11パーセントにすぎなかった。その後、1960年代には離婚率や婚外出生児や単親家族や家族形態をとらない世帯数が急増した。

さらに経済の革命的変化によって、アメリカの伝統的な家族の正統性は大幅に減退した。経済学者シャーリー・バーグラフは、合衆国は過去200年において三つの形態の経済を経験してきたと指摘している[79]。まず、「フロンティア」経済では、女性は経済的にも物質的にも生活を主に男性に依存していた。この経済で生きていくためには、男性が長いあいだつかさどってきた狩猟や農耕や戦闘といった肉体労働を必要とした。次に、第二次世界大戦終結後いっそう盛んになった「産業」経済では、経済水準は比較的低いものの、女性は管理人や事務員、販売員、加工従事者として働くことによって自活できるようになった。とはいえ、女性が、産業経済において、より高い賃金を得る男性に依存していることには変わりなかった。

そして、第二次世界大戦後着実に姿を現してきた「脱産業」経済では、仕事の成功はますます知識や情報、サービスの技能に基づくようになり、肉体的屈強さによって左右されることはなくなっていった。この変容はいまだ完成していないが、現在進行中の脱産業経済の仕事は、男女の区別が意味を持た

なくなってきている。

　こうしたことが関連しあって生じてきた経済変動が、戦後期のアメリカ家庭の大きな「人口減少」をもたらしたといえる。男性を家庭の農業労働から引き離し、賃労働に従事させる動きは、産業革命のときにすでにその兆しがみられたが、戦後期に勢い盛んになった。同時に、かつてないほどの数の女性が戦後に賃労働に参入した。さらに、子どもと若者は多くの時間を学校で過ごすようになった。男性の農業従事や女性の雇用参加、学校教育における変化は、アメリカの家族をすっかり再編成することになった。たとえどのように見ようとも、戦後期終わりの平均的アメリカ人の男性や女性や子どもは、戦後期初めに比べて家族とともに過ごす時間がかなり減少した。

　経済の変化が伝統的な家族の正統性に影響を及ぼしたにせよ、家族制度の変化も経済制度の正統性にかなりの影響を及ぼしている。特に母子家庭で育った子どもの急増は、子ども期の貧困が戦後大幅に増加したことと密接に関わっている。家族形態の変化は経済的二極化をも促進するのである。稼ぎ手のいない家族と共稼ぎ家族の割合は双方とも戦後大幅に増大した[80]。稼ぎ手のいない家族は母子家庭と定年退職者率の上昇によって増えた。共稼ぎ家族の増加は女性の雇用参加の急速な増加と付合している。

　要するに、夫は給与のために働き、妻は家事を切り盛りするという制度化された双親家族のモデルは、戦後アメリカにおいてほとんど一般的ではなくなった。こうした変化は複雑であって、様々な方法で測定される。ともあれ、すべてが同じ一般的結論に至る。つまり、戦後期に伝統的な家族の正統性は非常に減退したということである。さらに、それに取って代わりつつある新しい家族形態の正統性は、現在までのところ戦後初期における伝統的家族ほど発展していない。そこで、家族のこうした変化が社会化や社会的コントロールや監視の有効性を低下させたがゆえに、犯罪率が上昇したということを論じよう［第8章］。

新しい制度の反応

もちろん社会は、新しい異議申し立てに直面しても伝統的制度は揺るがないと静観しているわけではない。まぎれもなく犯罪は、戦後アメリカの多種多様な制度的対応を生じさせた問題状況である[81]。政治・経済・家族制度が正統性を失うにつれて、アメリカ人は犯罪を減らすメカニズムとして他の社会制度をいっそう支援した。戦後期におけるこうした制度の創出や拡充に関して最も重要なのが、刑事司法・教育・福祉制度であった。

　刑事司法制度は、明らかに合衆国の歴史を通じて犯罪統制の役割を果たしてきたが、刑事司法制度の規模と範囲は戦後において非常に増大した。合衆国は政治制度の正統性が減退するにつれて、法と秩序を維持するためにフォーマルな刑事司法制度に依存するようになった。第二次世界大戦直後は連邦・州・地方の法執行に1人当たり年間255ドル(物価上昇補正済み)しか支出していなかった。また連邦・州・地方の矯正施策に年間100ドル強しか支出していなかった。ところが1990年代初めには警察(法執行)への支出は7倍に増加し、矯正施策への支出は12倍近くに増加した。

　同様に、伝統的な家族制度の正統性が減退し続けるにつれて、アメリカ人はかつて家族が果たしていた責任を教育制度に依存するようになった。さらに、かつての就学年齢は6歳から17歳までの比較的狭い範囲であったが、その後、範囲は上下に拡張し、幼少の子どもから若成年までが就学するようになった。子どもが幼年期と青年期の多くを学校で過ごすようになるにつれて、子どもの統制や保護だけでなく基礎的文化の伝達など学校の負担が増えている。

　刑事司法制度や教育制度ほどではないが、合衆国の福祉制度もまた戦後期に非常に成長した。地方・州・国家のレベルにおいて、福祉支出総額(物価上昇補正済み)は1948年から1992年にかけて10倍に増加した[82]。福祉制度には主に経済的圧迫を是正する役割があるが、多くの研究者は福祉を増進することによって部分的にせよ犯罪を減らす効果もあると指摘している[83]。

戦後アメリカの犯罪率の制度モデル

第5章 犯罪と社会制度　125

```
伝統的制度の正統性の減退        犯罪への影響         制度の対応
```

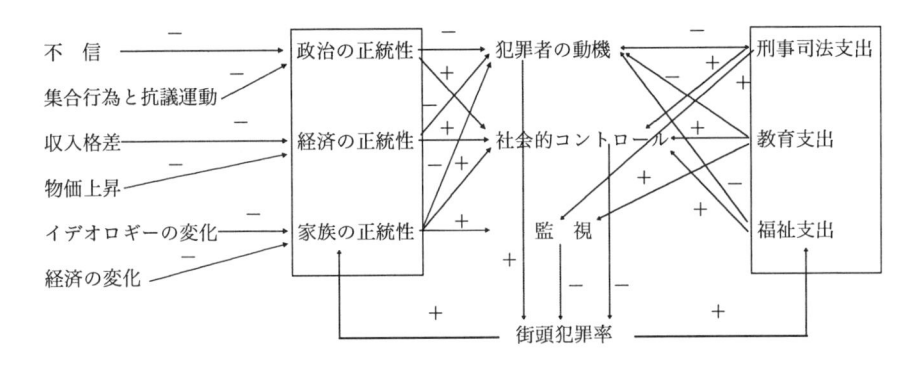

図5-1　制度の変化・正統性・戦後の街頭犯罪率

　社会制度と犯罪の若干複雑な諸関係を要約して示したのが**図5-1**である。図5-1の左側の長方形の枠は制度の正統性の減退に関する私の推測をあらためて示したものである。戦後アメリカにおける政治の正統性は、政治制度への不信の増大や、ある程度高度に組織化され時には暴力的でもあった社会運動によって脅威にさらされた。経済の正統性は、収入格差の拡大と物価上昇によって最も直接的打撃を受けた。家族の正統性は、男性や女性や子どもを家庭から引き離した経済の根本的変化と、男性優位の伝統的形態に対する一連の思想的な攻撃を受けて減退した。

　政治・経済・家族制度の正統性が減退することによって犯罪の動機が増え、インフォーマル・フォーマルな社会的コントロールの有効性が低下し、犯罪は増加した。さらに伝統的な家族制度が衰退することによって成員を保護する家族の有効性が低下した。

　図5-1の右側の長方形の枠は正統性の減退と犯罪率の上昇に対する主要な3つの制度（刑事司法・教育・福祉制度）の対応を示している。これら3つの制度は、一般に犯罪の動機を減らしたり、社会的コントロールの有効性を高めることによって犯罪を減少させる。さらに、刑事司法制度とそれよりは影響が少ないながらも教育制度は、市民をある程度保護することによって犯罪を減

らすことができる。

　図5-1は、犯罪が3つの伝統的な社会制度と3つの新しい社会制度に影響を及ぼすことも示している。こうした関係は政治の正統性において特に明白である。市民は政治制度に犯罪統制を期待しているので、犯罪率の急激な上昇は政治制度への信頼を低下させる。政治制度と犯罪の関係に比べると、経済制度や家族制度と犯罪との関係はさほど明確ではない。それでも犯罪率の急激な上昇が、経済制度や家族制度に影響し得るという証拠がある。特に、犯罪率の上昇は犯罪統制のコストを上昇させたり、ビジネスの投資を思いとどまらせることによって、経済情勢に影響を及ぼす[84]。同様に、犯罪率と刑罰率の上昇は恋愛や結婚や家族の機能を変容させることによって、家族構造に影響を及ぼす[85]。

　戦後アメリカの犯罪率は刑事司法・教育・福祉制度と明らかに相互に影響を及ぼした。アメリカ人は犯罪率の上昇に対応するために、これら3つの社会制度全てに対して支出を増大させた。しかし後述するように〔第9章〕、3つの制度への支援の配分は時とともに大いに変化した。

　伝統的制度や最近の制度の意欲的な対応 (institutional initiatives) が犯罪に及ぼす影響をまとめようとしても、それら制度の影響が相互に関わるためしばしば複雑になるが、図5-1はその点明確であろう。例えば、西欧諸国は社会福祉支出を増やすことによって、伝統的社会制度の戦後の減退に伴う犯罪生成力をある程度抑え込んだ[86]。合衆国も刑事司法と教育への支出を増やすことによって、伝統的制度の大きな変化に対応した。

　犯罪規制に関して、伝統的に重要であった3つの制度と最近の3つの制度的対応が本書の主要な焦点であるが、戦後アメリカの犯罪率に影響を及ぼした社会制度は他にもある。例えば、宗教や近隣地域、コミュニティ組織や自発的結社、メディアやマスコミュニケーションなどは、全て戦後の犯罪動向の重要な決定因であると指摘される[87]。本書では6つの制度を考察するのであるが、これらによって犯罪への制度の影響を余すところなく説明できるなどと主張するつもりは全くない。ただ、これら6つの制度が戦後アメリカで

見られた犯罪動向に特に影響力が大きかったということを論じたい。

3 戦後の制度的変化の時期

さて、これまで戦後の犯罪動向と制度の正統性の動向を考察してきた。そこで、戦後期の犯罪率と制度の関わりを要約しておくことが有益であろう。図5-2はこれらの制度と犯罪率の推移について、時期別の概観を示している。

図5-2はこれまでの諸章において区別した3つの時期における制度と犯罪の関係を示している。すでにみたように、戦後初期は低い水準で安定している犯罪率が特徴であった。こうした犯罪率の低さが伝統的制度の正統性と直接に関わることをすでに論じた。犯罪率は政治制度への高い信頼、収入格差と経済的圧迫の低さ、高度に制度化された伝統的な男性優位の家族形態によって抑制されていた。これらの伝統的制度の正統性は1950年代終わりに減退し始め、1960年代から1970年代初めにかなり衰退した。そこで、こうした変化が1960年と1970年における街頭犯罪の波を引き起こしたことを論じよう。

アメリカの社会は、特に戦後中期以降に教育・福祉・刑事司法制度への支援を増やすことによって、制度の正統性危機にある程度対応した。戦後後期にはこれらの意欲的な制度的対応によって犯罪率は低下し始めた。さらに、戦後初期と比べると低い水準ではあるが、政治・経済・家族制度の正統性が安定した。1990年代には犯罪率は横ばいになり、わずかに減少し始めてもいる。

```
戦後初期
    伝統的制度の高い正統性  →  低い水準で安定した犯罪率
戦後中期
    伝統的制度の正統性の減退  →  犯罪率の急速な上昇
戦後後期
    新しい制度の対応と伝統的制度の安定化  →  犯罪率の安定または低下
```

図5-2 戦後アメリカにおける制度の正統性と街頭犯罪率の縦断的関係

図5-2にあげた時期区分が大まかであるのには意味がある。犯罪への対応の時期が制度によって異なり、犯罪率の安定化も犯罪の種類によって異なるので、このぐらいのおおまかな区分が妥当なのである。概して教育制度と福祉制度への支援金は早い段階で増加し、その後刑事司法による懲罰的な処置への支出が増加した。こうした変化はおそらく教育制度と福祉制度への支援が、犯罪統制以外の多くの関心事による影響を受けていた事実を反映している。教育制度への支出とそれよりは少ないながらも福祉制度への支出は、その支出を正当化する犯罪率の上昇がなかったとしても、戦後期に増加していたであろう。

☆　☆　☆

6つの主要な社会制度の変化が戦後アメリカの犯罪率とどのように関わったかについて概括的なモデルを記述してきた。ここにきてようやくこれら諸制度のそれぞれと犯罪動向との関係をもっと詳細に考察する準備が整った。まず3つの伝統的制度を考察し、つぎに正統性の減退と犯罪率の上昇に対する最近の制度の対応を考察する。次章では戦後における犯罪と政治制度の関係を評価する。ここでの目的は、戦後期に政治制度に対するアメリカ人の信頼の水準が変化することによって、街頭犯罪率がどれほどの影響を受けたかを見極めることである。

注

1　Emile Durkheim, *Moral Education*, translated by Everett K. Wilson and Herman Schnurer (New York: Free Press, 1903), p. 61.（＝1973, 麻生誠・山村健訳『道徳教育論』明治図書出版.）

2　Mary Douglas, *How Institutions Think* (Syracuse, NY: Syracuse University Press, 1986), p. 124.

3　Peter L. Berger and Thomas Luckmann, *The Social Construction of Reality: A Treatise in the Sociology of Knowledge* (Garden City, NY: Anchor Books, 1967), p. 54.（＝1977, 山口節郎訳『日常世界の構成——アイデンティティと社会の弁証法』新曜社.）

4　Berger and Luckmann (1967), p. 54.

5 Berger and Luckmann (1967), p. 60.
6 Robert Bellah, Richard Madsen, William Sullivan, Ann Swindler, and Steven Tipton, *The Good Society* (New York: Alfred A. Knopf, 1991), p. 4. (=2000, 中村圭志訳『善い社会：道徳的エコロジーの制度論』みすず書房.)
7 Talcott Parsons, "The Motivation of Economic Activities," *Canadian Journal of Economics and Political Science* (1940) 6: 187-203, 190.
8 Bellah et al. (1991), p. 12.
9 Francis Fukuyama, *Trust: The Social Virtues and the Creation of Prosperity* (New York: Free Press, 1995), p.26 (=1996, 加藤寛訳『「信」無くば立たず』三笠書房.)；Diego Gambetta, "Can We Trust Trust?" in D. Gambetta, ed., *Trust: Making and Breaking Cooperative Relations* (Oxford, UK: Blackwell, 1988), p. 217.
10 David H. Bailey, *Forces of Order: Police Behavior in Japan and the United States* (Berkeley: University of California Press, 1975) (=1977, 新田勇ほか訳『ニッポンの警察——そのユニークな交番活動』サイマル出版会.) (=1991, 金重凱之・柳澤昊訳『新・ニッポンの警察——日本の治安はなぜよいのか』サイマル出版会.);Setsuo Miyazawa, *Policing in Japan: A Study on Making Crime*, translated by Frank Bennett, Jr., with John Haley (Albany: State University of New York Press, 1992); Fukuyama (1995), ch. 15.
11 Pierre Bourdieu, "The Forms of Capital," in J. G. Richardson, ed., *Hand book of Theory and Research for the Sociology of Education* (New York: Greenwood Press, 1985) を参照のこと。最近の社会学で用いられている社会資本という概念について丁寧に検討した書評として、Alejandro Portes, "Social Capital: Its Origins and Applications in Modern Society," *Annual Review of Sociology* (近刊) を参照のこと。
12 James S. Coleman, *Foundations of Social Theory* (Cambridge, MA: Harvard, 1990), p. 305.
13 James S. Coleman, "Social Capital in the Creation of Human Capital," *American Journal of Sociology* (1988) S95-S120, S100.
14 Fukuyama (1995), p.26; Portes (近刊), p. 11.
15 Peter L. Berger, *Invitation to Sociology: A Humanistic Perspective* (Garden City, NY: Anchor Books, 1963), pp. 87-91. (=1995, 水野節夫・村山研一訳『社会学への招待』新思索社.)
16 Peter Blau, *Exchange and Power in Social Life* (New York: John Wiley, 1964), p.277. (=1974, 間場寿一ほか訳『交換と権力——社会過程の弁証法社会学』新曜社.)
17 Talcott Parsons, *Essays in Sociological Theory Pure and Applied* (Glencoe, IL: Free

Press, 1949), p.35. パーソンズの著作が制度の安定性ばかり強調しているというのは行き過ぎた批判であろう。パーソンズは前掲書 (p.311) において、「制度のパターンは、そのシステムの『中軸 (backbone)』となっている。しかしそれは決して硬直した実在物でもなければ、神秘的な『本質』性を持つものでもない。単に、行動の過程の結果として相対的に安定しているだけである」と指摘している。

18　John W. Meyer, John Boli, and George M. Thomas, "Ontology and Rationalization in the Western Cultural Account," in G. M. Thomas, J. W. Meyer, F. O. Ramirez, and J. Boli, eds., *Institutional Structure: Constituting State, Society, and the Individual* (Newbury Park, CA: Sage, 1987) を参照のこと。

19　Dennis Wrong, "The Oversocialized Conception of Man in Modern Sociology," *American Sociological Review* (1961) 26:183-193.

20　興味深いことに、アメリカ人を「過度に社会化された」とみるこの見解は、彼がこの論文を発表した後の数年よりも10年早ければ、おそらくさらにもっと受け容れられたことだろう。

21　Berger and Luckmann (1967), p.52.

22　Mark Granovetter, "Economic Action and Social Structure: The Problem of Embeddedness," *American Journal of Sociology* (1985) 91:481-510,487.

23　John Hagan, *Structural Criminology* (New Brunswick, NJ: Rutgers University Press, 1989), ch.6.

24　Hagan (1989), p.153.

25　Hagan (1989), p.154.

26　この猫とネズミの例は、Berger (1963), p.88 から借用した。

27　Max Weber, *The Theory of Social and Economic Organizations* (New York: Oxford University Press, 1947), p.324.

28　Weber (1947), pp.329-363.

29　Berger and Luckmann (1967), p.93.

30　例えば、Talcott Parsons, *The Structure of Social Action* (Glencoe, IL: Free Press, 1949), p.669 (=1976-1989, 稲上毅・厚東洋輔・溝部明男訳『社会的行為の構造』1-5分冊、木鐸社.); Seymour Martin Lipset, "Political Sociology," in R. K. Merton, L. Broom, and L. S. Cottrell, Jr., eds., *Sociology Today: Problems and Prospects* (New York: Basic Books, 1959), pp.108-110を参照のこと。

31　Weber (1947), pp.126-127.

32　Berger (1963), p.89.

33　しかし、これらの犯罪が例外なく禁止されているからといって、それらがどの

ように定義されているか、どのような特定の行動が含まれるのかについて異論がないわけではないし、犯罪の定義を変えようと運動する「道徳企業家」の存在が否定されるわけでもない。例えば、社会成員のなかには、中絶を殺人であると考える者もいればそうでない者もいるし、犯罪者の死刑執行を殺人であると考える者もいればそうでない者もいる。それと同様に、夫を強姦の罪で有罪にできると論じる者もいればそうでない者もいる。とはいえ、これらの例を犯罪であるとする社会的合意の程度は、ドラッグ使用や賭博、売春などを犯罪とする場合よりずっと高くなる傾向がる。

34 Jonathan H. Turner, *The Structure of Sociological Theory* (Homewood, IL: Dorsey, 1974), p.282.

35 Robert J. Sampson, Stephen W. Raudenbush, and Felton Earls, "Neighborhoods and Violent Crime: A Multilevel Study of Collective Efficacy," *Science* (1997) 277: 918-924, 918.

36 Donald Black, *The Behavior of Law* (New York: Academic Press, 1976), p.105.

37 社会的コントロールの位置や形式や形態は複雑であるために、調査報告も複雑になってくる。こうした複雑な側面に関する議論として、David H. Bayley, *Social Control and Political Change* (Princeton: Center for-international Studies, 1985), ch. 2 を参照のこと。

38 Jeremy Bentham, *An Introduction to the Principles of Morals and Legislation* (London, UK: The Athlone Press, 1970 [1789]), pp.134-136. (=1948, 堀秀彦訳『道徳の原理——法と功利主義的道徳に就いて』銀座出版社.) (=1955, 堀秀彦ほか訳『道徳および立法の原理序論』河出書房.)

39 とはいえ、フォーマルな社会的コントロールを並外れて厳格に執行できる警察国家が犯罪率を比較的低く抑え得るということは心に留めておくべきである。しかし、ここでの問題は、正統性の決定的な重要性である。典型的に言えば、高度に規制されているにもかかわらず、概して犯罪率が高い近代の刑務所を考えてみよう。U.S. Bureau of Justice Statistics, *Sourcebook of Criminal Justice Statistics 1995* (Washington, DC: U.S. Department of Justice, 1996), p.603を参照のこと。

40 John Braithwaite, *Crime, Shame and Reintegration* (Cambridge, UK: Cambridge University Press, 1989), p.8; Charles Tittle, *Sanctions and Social Deviance* (New York: Praeger, 1980).

41 Robert Putnam, *Making Democracy Work: Civic Traditions in Modern Italy* (Princeton: Princeton University Press, 1993), p.112.

42 Putnam (1993), p.113.

43 Putnam (1993), p. 165.
44 Fukuyama (1995), p. 27.
45 Granovetter (1985).
46 Weber (1947), p. 327.
47 Talcott Parsons, *The Social System* (Glencoe, IL: Free Press, 1951) (= 1974, 佐藤勉訳『社会体系論』青木書店.); Leon H. Mayhew, ed., *Talcott Parsons: On Institutions and Social Evolution* (Chicago: University of Chicago Press, 1982), pp. 23-30; Blau (1964), pp. 273-282; Steven Messner and Richard Rosenfeld, *Crime and the American Dream* (Belmont, CA: Wadsworth, 1994), pp. 72-75 を参照のこと。
48 このことを概観したものとして、Parsons (1951)を参照のこと。
49 Blau (1964), p. 278; Messner and Rosenfeld (1994), p. 73.
50 Parsons (1951).
51 James S. Coleman, "The Rational Reconstruction of Society," *American Sociological Review* (1993) 58:1-15, 2.
52 Blau (1964), p. 278.
53 私は信頼 (trust) という言葉をここでは他者の公正 (equity)・正義 (justice)・公平 (evenhandedness) をあてにできる水準という通常の意味で用いている。Diego Gambetta, ed., *Trust: Making and Breaking Cooperative Relations* (New York: Basil Blackwell, 1988) を参照のこと。
54 ここでは街頭犯罪に焦点を合わせることにするが、政治制度への信頼がホワイトカラーの犯罪に及ぼす影響は異なるという証拠はいくつかある。David Nelken ("Who Can You Trust? The Future of Comparative Criminology," in D. Nelken, ed., *The Futures of Criminology* [London: Sage, 1994], p. 237) は、もし政治制度への社会の信頼があまりに大きすぎて、社会的コントロール・メカニズムが効果的でなかったり欠けていたりすると、ワイトカラー犯罪者たちは、実際に気づかれずに犯罪をおかすことが容易であることを知るだろう、と指摘している。街頭犯罪とホワイトカラー犯罪とでは、信頼が及ぼす影響の違いに関する議論として、Susan P. Shapiro, "Collaring the Crime, Not the Criminal: Reconsidering the Concept of White-Collar Crime," *American Sociological Review* (1990) 55:346-365を参照のこと。
55 James F. Short, Jr., and Fred. L. Strodtbeck, *Group Process and Gang Delinquency* (Chicago: University of Chicago Press, 1965); Travis Hirschi, *Causes of Delinquency* (Berkeley: University of California Press, 1969); Braithwaite (1989) を参照のこと。
56 John D. McCarthy and Mayer N. Zald, "Resource Mobilization and Social Movements," *American Journal of Sociology* (1977) 82: 1212-1241; David R. Snyder

and Charles Tilly, "Hardship and Collective Violence in France, 1830-1960," *American Sociological Review* (1972) 37:520-532.
57 たいていの場合、資源動員論は、自殺やアルコール中毒やドラッグ使用など、「個人的病理 (personal pathology)」の指標と犯罪を単純に同等に扱って考察する。Charles Tilly, Louise Tilly, and Richard Tilly, *The Rebellious Century, 1830-1930* (Cambridge, MA: Harvard University Press, 1975) を参照のこと。
58 Michael R. Gottfredson and Travis Hirschi, *A General Theory of Crime* (Stanford: Stanford University Press, 1990), p. 256を参照のこと。
59 Harold G. Grasmick and Donald E. Green, "Deterrence and the Morally Committed," *The Sociological Quarterly* (1981) 22:1-14.
60 Elijah Anderson, *A Place on the Corner* (Chicago: University of Chicago Press, 1978); Jack Katz, *Seductions of Crime* (New York: Basic Books, 1988).
61 John, P. Hewitt, *Social Stratification and Deviant Behavior* (New York: Random House, 1970); Roger Hood and Richard Sparks, *Key Issues in Criminology* (New York: McGraw-Hill, 1970) (= 1972, 細井洋子訳『犯罪学入門』平凡社.); John Braithwaite, *Inequality, Crime and Public Policy* (London: Routledge & Kegan Paul, 1979); しかし、また、Charles R. Tittle, Wayne J. Villemez, and Douglas A. Smith, "The Myth of Social Class and Criminality: An Empirical Assessment of the Empirical Evidence," *American Sociological Review* (1978) 43: 643-656 も参照のこと。
62 Robert K. Merton, *Social Theory and Social Structure* (Glencoe, IL: Free Press, 1957).
63 tAlbert Cohen, *Delinquent Boys: The Culture of the Gang* (New York: Free Press, 1955).
64 Richard Cloward and Lloyd Ohlin, *Delinquency and Opportunity: A Theory of Delinquent Gangs* (New York: Free Press, 1961).
65 Delbert Elliott, "Delinquency and Perceived Opportunity," *Sociological Inquiry* (1962) 32:216-222; James F. Short, Jr., "Gang Delinquency and Anomie," in M. B. Clinard, ed., *Anomie and Deviant Behavior* (New York: Free Press, 1964); J. 0. Segrave and D. N. Hastad, "Evaluating Three Models of Delinquency Causation for Males and Females: Strain Theory, Subculture Theory and Control Theory," *Sociological Focus* (1985) 18:1-17.
66 Frank Levy, *Dollars and Dreams* (New York: Russell Sage, 1987), p. 197.
67 Levy (1987), p. 199.
68 William Julius Wilson, *The Truly Disadvantaged: The Inner City, the Underclass and*

Public Policy (Chicago: University of Chicago Press, 1987). (= 1999, 青木秀男・平川茂・牛草英晴訳『アメリカのアンダークラス』明石書店.); Levy (1987).

69 Gerald F. Seib and Joe Davidson, "Shades of Gray: Whites, Blacks Agree on Problems; the Issue Is How to Solve Them," *Wall Street Journal* (1995) November 3:1.

70 Kingsley Davis, *Human Society* (New York: Macmillan, 1948), p. 395. (= 1985, 西岡健夫訳『人間社会論』晃洋書房.)

71 V. Zelizer, *Pricing the Priceless Child* (New York: Basic Books, 1985); Christopher Lasch, *Haven in a Heartless World* (New York: Basic Books, 1977).

72 Travis Hirschi, "The Family," in J. Q. Wilson and J. Petersilia, eds., *Crime* (San Francisco: Institute for Contemporary Studies Press, 1995), p. 128.

73 Hirschi (1995), p. 128; Braithwaite (1989), p. 48.

74 Hirschi (1995), p. 18.

75 Frank F. Furstenberg, Jr., "How Families Manage Risk and Opportunity in Dangerous Neighborhoods," in W. J. Wilson, ed., *Sociology and the Public Agenda* (Newbury Park, CA: Sage, 1993), p. 233.

76 例えば、David Popenoe, *Disturbing the Nest: Family Change and Decline in Modern Society* (New York: Aldine de Gruyter, 1988), p. 51を参照のこと。

77 ベティ・フリーダンは、*The Feminine Mystique* (New York: Dell, 1963) (= 1986, 三浦冨美子訳『新しい女性の創造』大和書房.) のなかで、こうした古典的な見解を述べている。また、Kate Millet, *Sexual Politics* (Garden City, NY: Doubleday, 1970) (= 1985, 藤枝澪子ほか訳『性の政治学』ドメス出版.) も参照のこと。

78 過去の家族形態についてのステレオタイプの考え方に関する議論として、Stephanie Coontz, *The Way We Never Were: American Families and the Nostalgia Trap* (New York: Basic Books, 1992) (= 1998, 岡村ひとみ訳『家族という神話——アメリカン・ファミリーの夢と現実』筑摩書房.) を参照のこと。

79 Shirley P. Burggraf, *The Feminine Economy and Economic Man: Reviving the Role of Family in the Post-Industrial Age* (Reading, MA: Addison-Wesley, 1997), p. 18.

80 Levy (1987), p. 198.

81 定義上、既存制度は特定の問題に対して最も「機能的な (functional)」対応をするという考え方が、特にタルコット・パーソンズの著作に結び付けられて、強く批判された (それを要約したものとして、David Downes and Paul Rock, *Understanding Deviance: A Guide to the Sociology of Crime and Rule Breaking* [Oxford, UK: Clarendon Press, 1982] を参照のこと)。ここでは次のことだけを論じよう。戦後期の合衆国では、刑事司法や教育や福祉に関わる制度が規模においても範囲にお

いても著しく増加し、またこうした増加は少なくとも犯罪を減らす根拠の一部として正当化されていた。

82 U.S. Bureau of the Census, *Historical Statistics on Governmental Finance and Employment* (Washington, DC: Government Printing Office, 1985), pp. 26-28; U.S. Bureau of the Census, *Government Finances: 1984-1992*, Series GF/92-5 (Washington, DC: Government Printing Office, 1996), p. 1.

83 例えば、Frances Fox Piven and Richard A. Cloward, *Regulating the Poor: The Functions of Public Welfare* (New York: Vintage, 1971) を参照のこと。

84 Allen E. Liska and Paul E. Bellair review some of these effects in "Violent-Crime Rates and Racial Composition: Convergence over Time," *American Journal of Sociology* (1995) 101:578-610, 特に、pp. 579-582を参照のこと。

85 Robert J. Sampson, "Urban Black Violence: The Effect of Male Joblessness and Family Disruption," *American Journal of Sociology* (1987) 93:348-382.

86 例えば、Rosemary Gartner, "The Victims of Homicide: A Temporal and Cross-National Comparison," *American Sociological Review* (1990) 55:92-106; Robert Fiala and Gary LaFree, "Cross-National Determinants of Child Homicide," *American Sociological Review* (1988) 53:432-445を参照のこと。

87 例えば、Rodney Stark, Lou Kent, and Daniel P. Doyle, "Religion and Delinquency: The Ecology of a 'Lost' Relationship," *Journal of Research on Crime and Delinquency* (1982) 19:4-24; Robert J. Sampson, "The Community," in J. Q. Wilson and J. Petersilia, eds., *Crime* (San Francisco: Institute for Contemporary Studies Press, 1995); Ray Surette, *Media, Crime and Criminal Justice: Images and Realities* (Pacific Grove, CA: Brooks/Cole, 1992) を参照のこと。

第6章　犯罪とアメリカの政治制度

　長い間、この国家は、強力で広範な政治・社会改革を確固たるコミットメントによって実行することも、法的デュー・プロセスや被統治者の合意を全く気にしないで、秩序が維持される軍事都市のような社会にすることもできなかった。
　　（ジェローム・スコールニック、『抗議の政治』、1969）[1]

　はっきりしていることは、不公正だと見なされている社会は市民の忠誠も肩入れも得られないということである。このような社会は、結局自滅する運命にある。
　　（チャールズ・ハンディ、『パラドックスの時代』、1994）[2]

　犯罪の最終的分析は反抗の一形態である。
　　（エルビン・H・パウェル、「アノミーの関数としての犯罪」、1966）[3]

　1944年6月4日夕刻遅く、連合国最高司令官ドワイト・D・アイゼンハワー将軍はノルマンディー上陸の作戦開始日を最終決定した[4]。ドイツに占領されたフランスを奪回する史上最大の作戦は空前の規模であった。たった1日のあいだに、17万5,000人の兵士と、5万台の戦車や装甲ブルドーザー、オートバイなどの装備が60〜100マイルの公海を輸送され、ドイツの激しい攻撃にさらされた海岸に揚陸された[5]。それらは5,333隻の戦艦、揚陸艦などの舟艇、1万1,000機の爆撃機や戦闘機によって輸送され、戦闘の際には援護を受けた[6]。24時間後には5,000人の兵士が命を失い、何千人もが負傷した[7]。
　軍事作戦は、立法機関や刑事司法・民事司法システム、さらに政府の決定を実施する行政機関と同様に、すべて政治制度一般の下に含めることができ

る。ノルマンディー上陸作戦を計画し実行するには、政治制度はどのくらいの信頼を必要としたのだろうか。回顧録や目撃証言によれば、生命の危険をおかした若いアメリカ兵の大半が、1944年6月4日の夜明け前に、政府にだまされてノルマンディーの海岸に送り込まれたというわけではない[8]。実際、すでにみてきたように、制度は、正統性が自動的で疑問もなく、当然視されているときに最も効率的にはたらいている。

社会における政治制度の主要な役割は、物事を遂行するために人々を動員することである。これはもちろん、制度的な目標に個人が自発的に協力すればかなりスムーズに進む。ノルマンディー上陸作戦に参戦した若者たちの大半は、自ら志願した。実際、ノルマンディー上陸作戦のような出来事を自発的な服従もなく実行することは想像しがたい。歴史学者ステファン・アンブローズによれば、ノルマンディー上陸作戦に動員された産業力や組織計画、軍事力がいかに優れていようとも、成功の決め手は最終的に「18歳から28歳までの若者」という別の要因であった[9]。

本章では、戦後期における犯罪動向とアメリカ人が政治制度に与えた正統性との関係を探求する。主な目的は、政治制度の正統性の減退が戦後の犯罪の急増と関係していることの検討である。すでに論じたように、政治制度の正統性の減退が個人の犯罪動機に影響し、犯罪を防ぐ非公式的・公式的な社会的なコントロールの効果を低下させる。それだけでなく、犯罪率の増加によって政治制度の正統性はさらに減退するだろう。

1 政治制度と犯罪

戦後、正統性と犯罪に関して、合衆国の政策立案者や研究者の考えは大きく変わった。1960年代以前、ほとんどの研究者は、政治の正統性の尺度である抗議運動や暴動、その他の政治的集合行為は、犯罪率の増加にともなって当然増加するものと考えていた。こうした視座は、第4章で「緊張」「アノミー」「社会解体」の理論として紹介した。名称は様々であるが、これらの理

論は、社会において犯罪と政治的集合行為とのあいだには、明確な関係があることを想定する。なぜなら、両者とも社会の崩壊や危機の底流をなすある種の形態から、生じているものだからである[10]。

社会解体という視座の起源は、ただちに、エミール・デュルケムの議論にまでさかのぼることができる。よく組織化された社会は、成員に共同体への帰属意識や、現実的な目標、意欲を与えることによって、成員を共同体のなかに統合させるというものである[11]。しかし、社会組織が崩壊してしまうと、社会制度は個人を慣習的行動に方向づけることができなくなってしまう。この崩壊の際立った特徴は、社会規範の正統性が低下する点にある。例えば、ロバート・マートンは、「アノミー状態が高いと、かつて行為を制御していた規則の効力と強制力が失われる。とりわけ、その正統性が奪われる」と述べている[12]。その結果、個人は、犯罪や抗議運動、市民的不服従を含む広範な反社会的行動に従事するようになる[13]。

しかし、1960年代半ば以降、政治の正統性と犯罪の関係に関するこうした見解はしだいに説得力を失ってゆく。その一番の理由は、資源動員論者[14]から提起された批判である。すなわち、資源へのアクセスとしっかりした組織構造を必要とする点で、抗議運動やその他の政治的集合行為は犯罪と異なるとされる[15]。社会学者アンソニー・オーバーシャルは、「集合行為は、アノミー的な緊張の解放ではなく目的をもった政治的なものである」[16]と結論づけている。資源動員論は、抗議運動と犯罪は要件がそれぞれ異なっていることから、この2ついずれも同じような社会的諸力によって生じると想定する視座は誤っていると述べている。

社会解体論や資源動員論ほどには統一的でも一貫しているわけでもないが、ある状況下では、政治の正統性への異議申し立てが現実に犯罪を減らしていると主張する研究者もいる。この議論は少なくとも2つの説がある。「安全弁 (safety valve)」モデルは、政治の正統性の減退がデモ行進や抗議運動、その他の集合行為へと発展すれば、これらによって不満は解消され、犯罪は減少するというものである。この考え方の一例として、フレデリック・ソロモンとそ

の同僚たちによる議論があげられる。彼らによれば、1960年代の合衆国の公民権運動によって、アフリカ系アメリカ人は自分たちの怒りや不満をより合法的に解消させることができたため、彼らの犯罪率は減少したのだという[17]。

　これと関連した第2の説は、抗議運動やその他の集合行為の発生率が減少すると、合法的な不満や怒りの解消法が減り、犯罪が増えるというものである。フランスの歴史家ジョージ・リューデによれば、19世紀ヨーロッパでの大衆的な煽動が下火になるにつれて、下層階級の犯罪が増えたという[18]。社会学者ドナルド・ブラックも同様の議論をしている。彼によれば、多くの犯罪は、損害を取り返す合法的なメカニズムから阻害されている人々が正義を追求しようとする際に生じるという[19]。

政治の正統性と犯罪との関連の再評価
　政治制度と犯罪の関係に関する最近の考察では資源動員論が優勢であるが、犯罪と政治の正統性には関連がないという結論は早計かもしれない。資源動員論が一般に、犯罪と政治の正統性の関係性を認めないのは、彼らが犯罪を集合行為とは異なり、道徳的側面がないと仮定しているからである[20]。こうした見解はカール・マルクスの議論にさかのぼる。マルクスは一般的な犯罪者を、「『危険な階級』、社会の屑、旧社会の最下層から出てくる消極的なこの腐敗物」[21]と記述されたルンペンプロレタリアートに含めている。

　犯罪が道徳的側面を持たないという結論は、犯罪学者によってしばしば支持されている。例えば、マイケル・ゴットフレドソンとトラビス・ハーシは、いくつかの異なった一般的な犯罪タイプを概観して、殺人、強盗、強姦などの犯罪は、即時的に物を獲得する他に「より大きな目的はない」と結論づけている[22]。彼らは、街頭犯罪が実際にどのように遂行されているのかを記述した資料を丹念に検証することによって、この結論に至った。例えば、先行研究によれば、典型的な強盗においては、加害者は犯行時にアルコールやドラッグを使用しており、計画性はほとんどあるいは全くなく、自分の居住地の近くで被害者を襲い、長期的にみれば金銭的に得るものはほとんどないと

いう[23]。このように、犯罪者は不正義に憤慨したり、高位の目的を達成するために犯行に及ぶのではない、とゴットフレドソンとハーシは説明する。彼らによれば、一般的な犯罪は、むしろただ安易で、刺激的で、手っ取り早く満足できるから行われるのである[24]。

　第4章で述べたように、ゴットフレドソンとハーシによる犯罪のこうした説明は、犯罪行為が、合理的な意思決定を常に反映するという合理的選択の前提に対する重要な反証となっている。しかし、街頭犯罪は全く合理的ではないからといって、当然に道徳的判断も欠いているということにはならない。例えば、筆者が先に述べたように、グラスミックとグリーンの調査によれば、犯罪者は犯行をおかす際、それを思いとどまらせるものを考えるだけでなく、道徳的判断も行っているのだと回答している[25]。同様に、社会学者ドナルド・ブラックによれば、多くの犯罪は、他者に対する個人的あるいは集団的不満を表明しているという[26]。この場合、犯罪者は、自分の犯罪行為を正当なものであると主張する。そのようなケースでは、その行動は不合理であるにもかかわらず、犯罪者は自分を「犠牲者」だと思っているという[27]。過去ないし現在になされた不正の責任を、ある特定の人々にではなく、あらゆる人々のせいにするこのような行為を、ブラックは「集合的責任」と名づけた。そうした行為は、伝統社会だけでなく現代社会においても行われているという[28]。

　街頭犯罪の加害者に関する民族誌的な資料から、犯罪者がしばしば道徳的ないしは倫理的な理由によって自らの行為を正当化して標的を選んでいると確信できる[29]。エリヤ・アンダーソンは都市犯罪者に関する研究のなかで、「犯罪者の多くは、システムから不当な扱いを受けていると感じており、そのため、システムの規則は正統なものではないと考えている」と結論づけている[30]。同様に、社会学者ジャック・カッツによれば、殺人は、しばしば自分の行動を道徳的に正しいと確信し、自分の運命に従い、警察の到着を辛抱強く待っているような加害者によってなされるという[31]。

　資源動員論者はしばしば、犯罪に関するこのような前提とは異なって、政治制度に直接異議申し立てを行う人々の行動を、一般に道徳的で意味あるも

のとみなす[32]。例えば、マーガレット・アブドゥとその同僚たちは、1960年代におけるアフリカ系アメリカ人によるゲットーの暴動を「伝達を意図した形態」であると記し[33]、略奪や放火は「投票や政治家への投書と同じように政治的に意義がある」と結論づける[34]。同様に、H・L・ニーブルクは、「過激で暴力的な政治行動……常軌を逸しており、異常で、意味のないこと……を退けることは、政治の正統性を創出したり試したりする際に、暴力の役割を否定することである」と論じている[35]。

このような見解は、一口に集合行為といっても、それらの政治的意義が様々であることを軽視している。すなわち、政治的理由を主張する者もいれば、個人的になにかを得るためとか、単なる楽しみのためといったような、様々な動機を持つ者もいるだろう。例えば、刑務所内の暴動に関する研究によると、暴動は、政治的な不平を表明する機会や、復讐の機会であるだけでなく、娯楽の機会でさえある[36]。

政治の正統性の減退が人々の犯罪や抗議行動の動機にも同様の影響を及ぼすことから、社会解体論者らは、しばしば犯罪と政治的行為の関係を擁護してきたが、犯罪と政治的行為の関係においてより重要なのは、政治の正統性がインフォーマル・フォーマルな社会的コントロールに及ぼす影響力であるといってよかろう。つまり、政治制度の正統性の減退は、犯罪や集合行為のいずれにも関わったことのない人々の態度を変化させることによって、犯罪や集合行為の件数を同時に増大させるかもしれないのである。

前章では、個人を社会的な責任と義務の網目に組み込むことによって、犯罪は防止されると述べた。社会の成員が司法制度や政治制度の公正さを疑い始めると、これらの制度が公布する規則や法律を支持する人々の熱意は失われてゆく。親や家族、学校、近隣社会は、規則を擁護しなくなり、規則違反に対して厳しく反応することもなくなる。司法制度によるフォーマルな処罰は恐れられなくなり、処罰が実際に行使された際のスティグマも通用しなくなる。そして、あらゆるタイプの社会的コントロールは、制度が道徳的な妥当性を失うことで、弱体化するだろう。したがって、こうした変化が犯罪の増

加を促し、またしかるべき状況では組織化された政治的集合行為も増加させると予想してもおかしくはない。

　研究者は、政治的に喚起された社会運動と犯罪についてそれぞれかなり異なった関心を寄せていたが、両者の関係に関する研究は比較的少ない。例外的に、チャールズ・ティリーとその同僚たちは、19世紀フランスについて調査を行っている[37]。アブデュル・ロディとティリーは、1841年と1846年および1851年におけるフランスの諸州を分析して、政治的動機を持つ暴力事件の数は、同一時期における暴力犯罪率あるいは財産犯罪率と関連していないと結論づけている[38]。

　しかしティリーらとは対照的に、政治学者テッド・ガーの得た知見によれば、「犯罪の波」すなわち暴力事件と窃盗の急増は、19世紀と20世紀においてロンドンやストックホルムやニューサウスウェールズやカルカッタで起こった市民紛争の時期と一致している[39]。同様に、ジョエル・リースクは1960年代のアメリカ119都市における人種的騒動を研究して、かなり多くの犯罪活動が、明らかに人種的な暴動と関わっていることを見出した[40]。

政治の正統性の測定

　本章で探求するのは、戦後期は高い水準にあった政治制度の正統性が、1960年代初めに急速に減退し、1970年代後半には横ばいになっているという先に描いた街頭犯罪の動向についての証拠である。本書は、戦後期とくに犯罪が急増した1960年代から1970年代にかけて、アフリカ系アメリカ人が、白人に比べて、政治制度の正統性への支持が低かったか否かについても関心を持っている。

　視点が示されたならば、次に挑戦することは社会における政治制度の正統性の水準を測定することである。そこで、まず、アメリカ人が政治制度への信頼を形成した戦後の主要な歴史的事件をいくつか考察する。次に、戦後期における政治制度への市民の信頼がどのように変化したか、それを裏付ける証拠について考察する。政治に対する市民の態度変容を検討し、戦後期にお

ける政治制度への不信の高まりを反映して、犯罪学の分野においてどのような変化が起こったのかを考察する。

　ある社会における訴訟率の増加と政治への参加水準の低下も、政治の正統性の減退を測る尺度であるという議論がある[41]。したがって、次に、戦後の犯罪率と訴訟率を比較し、政治参加に関するその他の尺度を簡単に考察する。戦後の政治の正統性への唯一の脅威は、人種差別であったとよくいわれている。そこで最後に、公民権運動とその後の様々な権利革命がアメリカの犯罪動向とどのように関連しているか検討し、本章を締め括る。

2　不信の時代のはじまり

　合衆国は1946年、第二次世界大戦がもたらした世界的変化によって、西欧社会の軍事的・経済的リーダーとなった。ヨーロッパや日本は壊滅状態にあったため、合衆国は唯一無比の経済力を有するようになった。しかし、合衆国のこうした特異な位置は、経済的な主導権のみに起因するものではない。結局、合衆国は「道徳的戦争」に勝ったからなのである。社会評論家スタッズ・ターケルが指摘するように、多くの者にとって第二次世界大戦は、善と悪、正と不正という明らかな道徳的選択肢を示していた[42]。この信頼性は、その後、合衆国が関わったその他の戦争や軍事行動では決して得られない異例に高い水準であった。

　第二次世界大戦に寄せる大衆の広範な支持は、合衆国の決定的な勝利によって堅固なものとなった。アメリカ人を連帯させる結節点としての戦争の重要性は、ドワイト・D・アイゼンハワー将軍への大変な人気によって示されている。大衆からの強大な支持だけでなく、多くの有名な民主党後援者からも支持を受けていたにもかかわらず、アイゼンハワーは、1948年の大統領選で共和党からの候補者指名を固辞した[43]。しかし、彼は1952年には周囲の圧力に負けて、フランクリン・デナロ・ルーズベルトが1936年に圧勝して以来の地滑り的勝利によって、大統領の地位を得た。第二次世界大戦後の意気

盛んな数年間を「アメリカの世紀」[44]の幕明けと、多くの評論家がみなしたのも無理はない。

しかし、当然ながら、歴史はそのような予言を成就し続けることはない。表面的に沈静化していた1950年代においてさえ、政治的不満の種は発芽していたのである。マーロン・ブランド主演の『乱暴者』(1954)やグレン・フォードの『暴力教室』(1955)、ジェームス・ディーンの『理由なき反抗』(1955)といった人気を博した映画においても、疎外と若者の不安の高まりは明らかであった。この種の逸脱に関する報道は、現在では比較的少ないが、1950年代初めの地方紙は、少年の無作法や非行の増加をしきりに取り上げている[45]。第二次世界大戦後、合衆国はかなり陽気なムードのなかにあったが、アメリカ人が皆同じ楽しい気分でいたわけではないことも、かなり明らかになっていった。

公民権運動

戦後期の初期の頃、合衆国の政治制度の正統性にとってたった一つの最大の脅威は、人種隔離と人種差別に反対する抗議運動の高まりであった。1950年代の公共バスの利用拒否運動は、社会学者J・クレイグ・ジェンキンスとクレイグ・M・エッカートが名づけた「19世紀後半の黒人差別政策導入以来初めての、南部で白人の優位に対する持続的な挑戦」の出発点となった[46]。学生の座り込みや、抗議運動、フリーダム・ライド［訳注・特に1960年代に公共交通機関における人種差別の撤廃を要求してバスなどに乗り組んで南部諸州へ押しかけた示威運動。『ランダムハウス英和大辞典』による。］や、大衆運動は、連邦裁判所に圧力をかけ、1960年代初めには、公共施設の分離使用の撤廃や州間移動解禁をもたらした。そして、連邦議会に圧力をかけて、ついに1964年と1965年の公民権法を制定させ、裁判所に対しては第14条公民権修正条項の平等保護条項を積極的に適用するよう圧力を強めた[47]。裁判戦術で成功を収めた公民権運動はアフリカ系アメリカ人に公共空間の開放を、さらに民間施設の開放をもたらしたが、その後、さらに女性や高齢者、身体障害者、同性愛者、有罪

とされた人々、ラテン系の人々、移民といった排除されたグループにも、訴訟という戦術の選択肢を開いた[48]。

1960年代がゆっくり過ぎてゆくにつれて、平穏な抗議運動やデモは、暴動や都市部の暴力に屈するようになった。初期の頃は革命的であるとさえ考えられた立法府の変化でさえ、高まる不満を止めることはできなくなった。1965年の投票権法がリンドン・ジョンソン大統領によって署名されてから1週間も経たない8月11日夜、ロサンゼルスのワッツ地域で、ハイウェイ・パトロールの警察官がスピード違反で若いアフリカ系アメリカ人を逮捕した。ところが、集まった群衆を規制するために現場に呼ばれた一人の警察官が、野次馬のアフリカ系アメリカ人を警棒で殴り、また別の警察官はアフリカ系アメリカ人の若い女性を道路に引きずり出した。警官が去った後、群集は急速に膨れ上がり、通行中の自動車に投石を始め、数人の白人のオートバイを襲い、さらに車に放火し始めた。その2日後、市当局者が警察と地域住民の一触即発状態の仲裁をしないと決めたため、群集は、略奪や火炎瓶の投擲、建物や車の破壊を始めた。6日間にわたるこのワッツ暴動の結果、アフリカ系アメリカ人34人が死亡し、9人が重傷を負い、約3,500万ドル相当の物財が破壊された[49]。その数日から数週間後、暴動は全米の都市に波及した。

ベトナム戦争

好戦的な市民権運動が増加・拡大するにつれて、南ベトナムでの戦争規模も拡大していった。1962年1月では、南ベトナムには2,600人の兵士と軍事顧問がいるだけだった[50]。ところがその3年後、この数は18万4,000人に増加した[51]。その後、数字は莫大に増える。1966年までに兵士は38万5,000人に膨れ上がり、1967年には48万5,000人を、1968年末までには53万6,000人を上回る。米軍は最終的に3,200万トンの爆弾をベトナムに投下した。これは、第二次世界大戦を通して使われた量よりも多い[52]。

1968年1月、北ベトナム軍はテト攻勢をしかけ、首都サイゴンをはじめ南ベトナム各地の都市を奇襲攻撃した。多くのアメリカ人は、敵部隊が現実に

合衆国大使館の壁を越えて侵入するメディアの写真を見て衝撃を受けた[53]。アメリカの将軍たちは、テト攻勢はアメリカ側の勝利であったと主張したにもかかわらず、その明らかな戦線の拡大は、戦況が良いと確信していた大衆の信頼を大きく裏切った[54]。米軍は自国の大使館さえ守ることができないのだから、戦争についての他の公式見解も信用できないと思われるようになった。

　ベトナム戦争への反対運動が強大になるにつれて、戦争への抵抗はしだいに公民権運動と部分的に重なっていった。アフリカ系アメリカ人は、他の人種集団以上にはるかに多く徴兵され、ベトナム戦争に参戦し、負傷し、死んでいたのだから[55]、運動がこのように重複してもほとんど驚くべきことではない。マーチン・ルーサー・キング Jr.牧師は、1966年に、初めてベトナム戦争への反対表明を行った[56]。キング牧師は、合衆国が戦争への関与を深めれば貧困を防ぐための社会政策の規模が縮小されてしまうかもしれない、と穏やかに語った。キング牧師が暗殺された1968年には、ベトナム戦争に関する彼の比較的に穏健な見解は、すでにより急進的な意見、例えば、ブラック・パンサー党の党首であったストークリー・カーマイケルやエルドリッジ・クリーバーを前にして、説得力を失っていた。クリーバーは、ベトナム戦争への合衆国の関与と本国におけるアフリカ系アメリカ人に対する抑圧を直接関連づけて、「アメリカ全土において黒人は、ベトコンの抱える問題を理解するに至った。軍隊が次々と送り込まれることで、双方が犠牲者になっているのである」[57]と述べている。

　20年前の第二次世界大戦の圧勝とは全く対照的に、ベトナム戦争は終わりのない後退と悲劇、さらに論争の分裂をもたらした。反戦活動はますます辛辣になり、声高になり、広範に及んだ。学費を支払うことのできる家庭に生まれた大学生は徴兵猶予されていたので、経済的階層や人種によるアメリカ人の分極化はさらに進んだ。リンドン・ジョンソン大統領は、反戦運動の拡大によってホワイトハウスにおける2期目はないと確信し、リチャード・ニクソンに選出の道を譲り、来るべきアメリカ政治の局面を大きく変化させた。

結局、ベトナム戦争は、アメリカ人の政治の正統性を大きく揺るがした。

ウォーターゲートおよび一連の政治スキャンダル

戦後中期、スキャンダルもまた合衆国の政治制度への正統性を低下させた。1973年11月、よく知られた大陪審による調査によって、スピロ・アグニュー副大統領は、ボルティモア郡の幹部職員をしていた頃とメリーランド州知事だった頃に懇意にしていた請負業者から利益供与を受けていたとして告発された。10月16日、アグニューは司法省と司法取引を行い、所得税の脱税について不抗争の答弁(nolo contendere)を行うことを司法省に認めてもらうことと引換えに、辞職した[58]。

しかし、戦後政治のスキャンダルを白日の下にさらす事件は、その1年以上前にさかのぼる。ワシントンD.C.のホテルでの不法目的侵入事件である。1972年6月17日午前2時30分、電子監視装置を持った5人が逮捕され、ウォーターゲート・ホテルの民主党本部に侵入した罪で告発された[59]。当初、リチャード・ニクソン大統領の報道補佐官は、このニュースを「三流の不法目的侵入」として無視していた。しかし、侵入者が捕まると、ニクソン大統領と側近は再三、法を破って自分たちの関与を隠蔽しようとした。彼らは、その犯罪が「国家機密」であり「大統領特権」であるとして捜査に抵抗した。また、「口止め料」を払って侵入者たちに口を割らせまいとした。信用できないとみなしたジャーナリストや役人を、非合法に盗聴する許可を与えたばかりか、彼らはCIAを使ってFBIのウォーターゲート進入事件の捜査妨害さえ試みた。結局、大統領執務室にあった極秘の録音記録によって、ニクソン大統領自身がアメリカの一般大衆に何度も嘘をついていたことが確証された。最終的に、1974年8月8日、ニクソン大統領はテレビの全国放送に登場し、辞職を発表した[60]。

ニクソン以降、弾劾の危機に晒された大統領はいないが、大統領による不正行為の可能性に関する調査は、ウォーターゲート事件以来、一般的になってきている。ウォーターゲートと類似した疑惑は、ジミー・カーター政権の

行政管理予算局長官であったバート・ランスによる商取引をめぐる事件、ロナルド・レーガンとジョージ・ブッシュ政権期のニカラグア反政府組織への非合法な支援、ビル・クリントン政権のホワイトウォーター事件や選挙資金捜査などに見出される。

3　戦後アメリカの政治的正統性の衰退

　ワッツ暴動やウォーターゲートのもみ消し事件といった特定の歴史的事件に対する人々の反応から判断するだけでなくて、戦後期における政治制度の正統性がいかに変わったかを示す体系的な証拠は、態度と行為の2つの項目に分けることができる。態度の検証については、次の2節において、一連の全国意識調査から得られた情報を概観し、戦後の犯罪学者のあいだで政治制度に関する説明がいかに変化しているかを簡単に考察する。行為の検証については、投票行動の動向や国政に関する訴訟や抗議運動を暴動などの公民権運動に関係する集合行為を取り上げる。

政府に対する態度

　政治学者ウォーレン・ミラーは1950年以来、2年に一度実施される国政選挙に関して意識調査を行ってデータを集めている[61]。全国調査によって、アメリカ人が政治制度をどの程度信頼しているかについて、その動向を明らかにすることができる。おそらく最もはっきりしたデータは、1958年から1996年までの一連の調査から得られる。ミラーらは、「あなたは国の政治をどれくらい信用できるとお考えですか」と回答者に質問している。**図6-1**は、「いつも信頼できる」または「たいていは信頼できる」と答えたアフリカ系アメリカ人と白人の比率を示している[62]。

　図6-1は、1958年から1996年にかけて、連邦政府に対するアメリカ人の信頼が劇的に低下していることを示している。政府に対する信頼は、1950年代と1960年代初期に最も高く、1958年と1964年では、70パーセント以上の白人

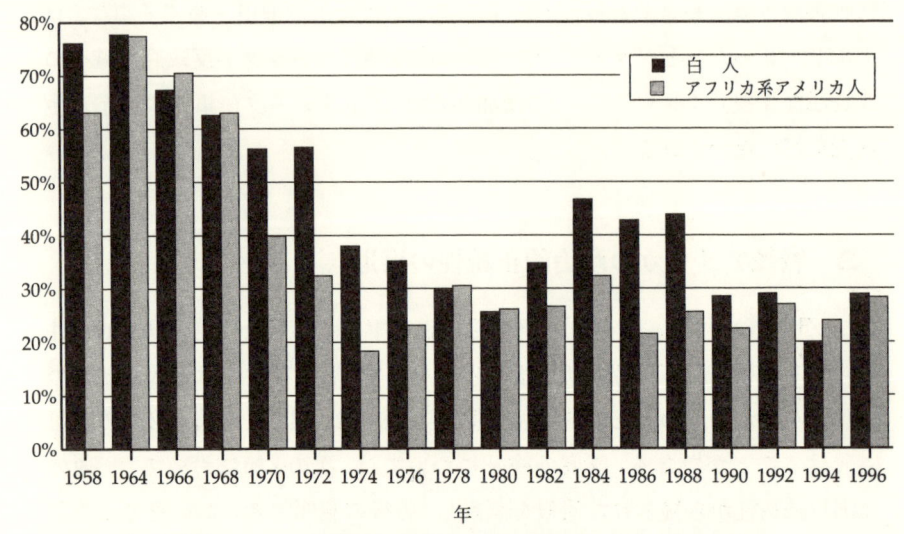

図6-1 アメリカ政府を信頼している者の割合（1958－1996年）

「あなたは政府が正しいことをやっているとどのくらい信頼できるとお考えですか」という質問に対して、「いつも信頼できる」「たいていの場合は信頼できる」と回答した者のパーセント。
出典：Warren E. Miller, *American National Election Studies Cumulative Data File, 1952-1996* (Ann Arbor, MI: Center for Political Studies, 1996).

　アメリカ人が、連邦政府は「いつも信頼できる」と回答している。しかし、1960年代から1970年代には急落している。1980年には、連邦政府が「たいていの場合は信頼できる」と答えた白人のアメリカ人は、4分の1ほどにすぎない。1980年代から1990年代初頭にかけて、信頼度は相対的に低い状態で安定している。

　1950年代後半から1960年代初頭にかけて、アフリカ系アメリカ人と白人は、ともに、政府を高いレベルで信頼していた。興味深いことに、連邦政府が「いつも信頼できる」という期待は、1964年すなわち画期的な公民権法が下院を通過した前年、白人とアフリカ系アメリカ人でほぼ同じ割合である。1964年以降、白人とアフリカ系アメリカ人の連邦政府への信頼は、ともに急速に低下している。しかし、アフリカ系アメリカ人の信頼は白人よりも早く低下している。白人の信頼度は、1980年代のロナルド・レーガン政権期にいくぶん

増加している。

　1960年代初めから1970年代初めにかけての時期は特別に関心を引く。この時期、合衆国の犯罪率は劇的に増加したからである。図6-1が示しているように、1964年から1974年にかけて白人アメリカ人による連邦政府への高い信頼度は40ポイントも急落し、78パーセントから38パーセントになっている。アフリカ系アメリカ人による信頼度はもっと急速に下落しており、1964年には78パーセントであったが、1974年には18パーセントである。

　政治制度に対するアメリカ人の信頼度をはかるには、選出される公務員に対する態度を検討するという方法もある。1958年から1996年にかけて実施された国政選挙についての意識調査では、「かなり多くの政治家は不誠実である」ということに賛成するかどうか、をアメリカ人に尋ねている。**図6-2**は、1958年から1996年にかけて、政府の運営者が不正をしていると答えた白人と

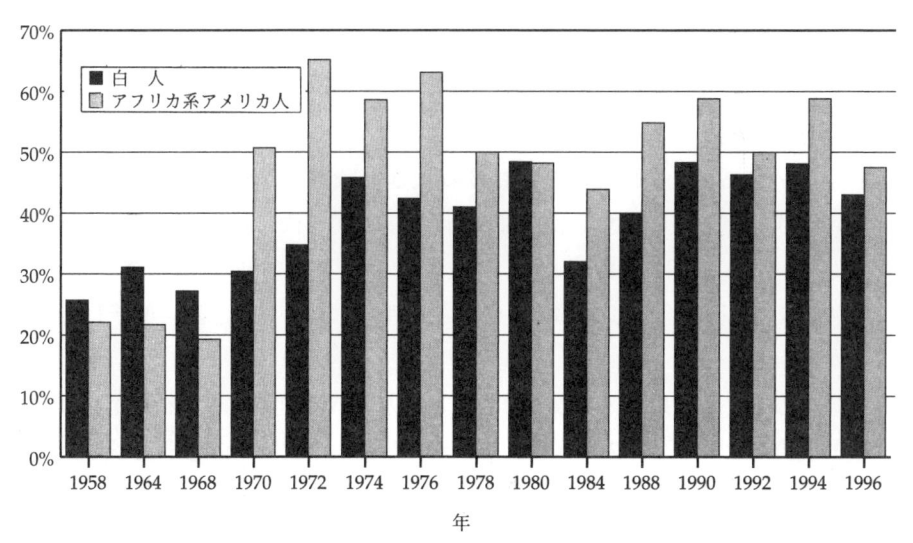

図6-2　政治家は不誠実だと考えるアメリカ人の割合（1958－1996年）

「かなり多くの政治家は不誠実である」という意見に賛成したアメリカ人のパーセント。

出典：Warren E. Miller, *American National Election Studies Cumulative Data File, 1952-1996* (Ann Arbor, MI: Center for Political Studies, 1996).

アフリカ系アメリカ人の割合を示している。

　図6-2によれば、政治家が不誠実だと信じるアメリカ人の割合は、戦後の直後は比較的低く、白人の26パーセントとアフリカ系アメリカ人の22パーセントであったが、1960年代後半から1970年代前半にかけて急増している。アフリカ系アメリカ人の場合、不誠実な政治家はごく少数であると信じる割合は、その5年後、すなわち1968年から1972年にかけて、3倍以上増加した。白人の場合、増加はさほど劇的ではないが、それにもかかわらず、1968年から1974年までのあいだに60パーセント増加している。1970年代以来、不信の水準は横ばい状態になった。1990年代において、政治家は不誠実だと信じる割合は、白人とアフリカ系アメリカ人ではともに1950年代の2倍である。

　実際、合衆国の政治制度への態度を検証する様々なデータは、全米選挙調査の調査結果においてまとめられており、かなりよく似た傾向を示している。1950年代から1970年代にかけて、アフリカ系アメリカ人と白人アメリカ人はともに、政治的代表は彼らの要求や願望に応えず、選挙に勝つことだけに関心を持っており、また自分たちの投票はさほど変化をもたらさないし、政府の運営についてほとんど発言できないと感じている。こうしたそれぞれの動向についてみると、戦後初期における大きな政治的信頼は、1960年代から1970年代初めにかけて低下し、1980年代から1990年代にかけて低い水準で安定している。さらに、白人と比べると、アフリカ系アメリカ人の信頼度は一般に低く、犯罪が急増した1960年代から1970年代にかけて急速に低下したことがわかる。

　戦後のアフリカ系アメリカ人の態度と暴力・抗議運動に対する態度との横断的調査によって、アフリカ系アメリカ人と白人の政治への態度及びその変化に見られる差異はより明確になる。全体的にいって、モニカ・ブルーメンソールとその同僚たちは、戦後都市部の人種差別に関する暴力事件が多かった1969年に、暴力に対する態度についての全国調査を行ったところ、白人男性の20パーセントとアフリカ系アメリカ人男性の50パーセントは、政治的変革のためならば「ある程度の暴力」は正当化されると回答している[63]。一般に、

白人男性に比べて、黒人男性は非暴力による政治的変革に対して懐疑的であり、変革の遅延に憤慨しており、社会を変革するために暴力や負傷、財産の破壊をおかすことを正当化する[64]。

　同様に、社会学者ジョン・ハーガンとセレスタ・アルボネッティによれば、1977年に1,049人を対象とした全国抽出調査から、黒人アメリカ人は、白人アメリカ人よりもかなり合衆国の司法制度が不公正だと信じているという[65]。特に、白人に比べて黒人は、政治や司法や弁護士が貧しい被告人を裕福な被告人よりも不当に扱っていると信じており、陪審員と裁判官は偏見を持っていて不公平であり、裁判所は黒人や他のマイノリティを白人と同じようには扱っていないと信じている。さらに、ハーガンとアルボネッティによれば、専門職層や管理職層といった比較的裕福な集団において、黒人と白人のあいだの不公正についての認識の差は最も大きくなるという。

政治的態度と犯罪学研究

　興味深いことに、主流派犯罪学においても、政治制度に対する人々の態度と同じような変化が見出される。ほとんどの犯罪学者は、戦後期当初、政治制度をかなり信頼していた。このような信頼は、犯罪学者の実施した質問紙調査においても、戦後期の犯罪学研究の一般的傾向においても明らかである。

　1920年代のシカゴ大学におけるアメリカ犯罪学の幕開けから1960年代のラベリング理論や緊張理論の高まりに至るまで、アメリカの主流派犯罪学は、たいてい、犯罪行為の原因の追求に関心を向けていた[66]。こうした犯罪行為の研究は、司法制度や政治制度を自明視していたので、それら制度を信頼していた。犯罪学の主流派は、なぜ人々が犯罪をおかすのかということを説明することに関心を寄せていたために、人々が犯罪者として選別され、訴訟されていく過程については、あまり検討してこなかった。

　政治制度に対して基本的な信頼があったことは、第二次世界大戦の直前・直後における主流派犯罪学の研究スタイルにおいても明らかである。クリフォード・ショーとヘンリー・マッケイの社会解体論やエドウィン・サザー

ランドの差異的接触論など影響力のある古典は、政治制度は基本的に信頼できるものであるが、犯罪は研究されコントロールされる必要がある問題だという調子で貫かれている。社会問題は犯罪原因の中枢部とみなされたが、それらは修復可能なものとして示される。実際、この時期の主流派犯罪学がもっていた役割は、こうした修復を可能にするために必要な調査を提供することであった。このように、犯罪学者による政治制度への高いレベルの信頼は、主に犯罪率が比較的低かった時代に一致する。

犯罪学の新たな時代を迎えた1960年代になると、この対応関係を維持することは困難であった。ラベリング理論やコンフリクト理論など最も影響力のあった「新しい」犯罪学は、研究者が市民に公正であろうとすれば、とりわけ権力のない市民に対して最善をつくそうとすれば、単純に政府を信頼することはできないという前提に立っていた[67]。特に1960年代に入ると、犯罪学者は、人々がなぜ犯罪行為をおかすのかを研究するのではなく、司法の手にたまたまとらわれた不運な人々に、司法制度がいかなる影響を与えるのかを研究すべきであると主張した。一般社会の政治制度に対する不信が増大した時期とほぼ同じ頃、犯罪学者の間でも政治不信が増大したのである。

しかし、1970年代後半に政治制度に対する犯罪学上の信頼が全般に衰退していったと思われる時期においてさ、それに対抗する動きがみられた。最も注目に値するのは、犯罪の理解と防止のための戦略を欠いたまま、もっぱらシステムの不公平性に焦点をあてる犯罪学への不満の高まりである[68]。このパースペクティブは、政治学者ジェームス・Q・ウィルソンの影響力ある1975年の著作において明らかにされている[69]。その本の主眼は、人々はなぜ犯罪行為をするのかを理解することにある。1990年代は、犯罪学は折衷的な時代であるという明らかな兆しがある。その時代、政治制度に対する基本的な不信と、犯罪が個人と社会システムにもたらす潜在的に破壊的な影響についての新たな認識とが、並存したまま、時に対立して存続している。この新しい折衷主義は、安定ないし減少している犯罪の傾向と一致している。政治制度に対する態度の全国調査のデータも、研究において示された主流派犯罪

学者の政治制度も、ともに、戦後の街頭犯罪の動向とおおむね一致している。けれども、政治制度に対する態度が犯罪率と類似した変化を示しているとしても、制度に対する実際の行動とは異なるかもしれない。次節では、戦後のアメリカ人の政治制度への信頼について、行動上の指標をいくつか考察する。

信頼できない行為

　社会学者ロバート・ベラーとその同僚たちによれば、社会における市民の訴訟は、政治制度に対する市民の信頼度を示す尺度である[70]。実際、訴訟は政治制度に対する信頼性の低さを反映しているだけでなく、人々の信頼をさらに低下させる[71]。最も基本的なレベルにおいて、訴訟は、紛争に対して制度が下したインフォーマルないしフォーマルな決定を市民が受け入れることを拒否していることを示している[72]。

民事訴訟の傾向　　図6-3が示しているのは、1946年から1995年にかけて、合衆国の裁判所における民事訴訟の年間件数を示している。比較を容易にするために、戦後の強盗率の動向をここに示している。一般に、民事訴訟の全件数は、戦後中期は比較的低く、1960年代後半ととりわけ1970年代は急増し、その後、1980年代から1990年代にかけては、横ばいないし減少している。件数が最も少なかったのは1948年で、最も多かったのは1985年である。これらは様々な行為を示しており、危険な製品を製造した企業に対する訴訟から、就業差別した企業の訴訟、公民権違反者の訴訟、製薬会社の処理不備に対する訴訟まである。

　公民権に関する訴訟は、政治不信の測定にとってとりわけ興味深い。なぜなら、それらは、社会の基本的制度からの処遇に対して、個人ないし集団から真っ向からなされた異議申し立てだからである。合衆国の裁判所で開始された公民権訴訟の合計と戦後の街頭犯罪動向を比較すると、民事訴訟一般についていえたことと非常に類似した結論がもたらされる[73]。公民権に関する訴訟全体は戦後初期では非常に低いレベルにある。1946年には公民権に関す

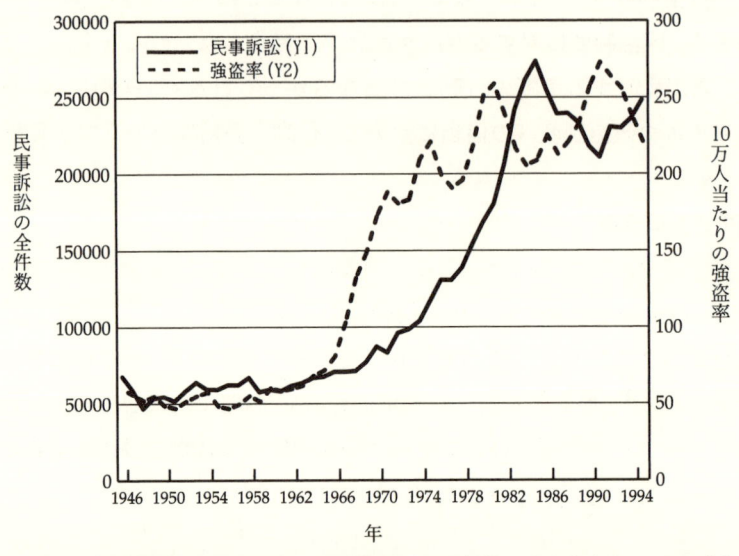

図6-3 合衆国地方裁判所における民事訴訟の全件数と強盗率（1946－1995年）

出典：Administrative Office of the United States Courts, Statistics Division, Analysis and Reports Branch, Washington, DC, *Annual Report to the Director*, reports for 1946-1995 (Washington, DC: Government Printing Office).

る訴訟は40件しかないが、1960年には急増する。1960年から1970年までに、合衆国の裁判所で開始された公民権の訴訟の全体は14倍以上増加して、280件から3,985件になっている。急速な増加は1970年代降も続く。1年間に開始された総数は1975年には1万件を超え、1986年では2万件、1994年では3万件を超えている。

　一般的に、民事訴訟全体と特に公民権に関する訴訟の動向は、街頭犯罪の動向ときわめてよく似ており、ともに、1940年代と1950年代には低く、1960年代と1970年代に急増し、1980年代と1990年代にはしだいに減少するが歴史的にみれば依然として高い水準が続いている。

政治参加　市民参加の程度を示す指標も戦後の犯罪動向とおおむね一致している。民主主義社会では、投票は制度的信頼の基礎的な尺度である。合衆国

における投票率は、他国と比べて決して高いわけではないが、戦後期は低下している。1964年の大統領選挙では、アメリカの有権者の78パーセントが投票した。1988年の選挙までには70パーセントに低下している。地方や州レベルでも投票行動の同様の変化は報告されている[74]。主要な政党への参加もまた減少している。「無党派」はいまや有権者人口の40パーセントになり、正規の政党支持者層でさえ、投票するときに党の公認候補者に投票するとは限らない[75]。

おそらく政治制度への社会的な信頼を測定する最も直接的な尺度は、抗議運動や暴動のような政治の正統性と直接衝突する活動である。戦後、非常に様々な種類のグループが政府の政策に挑戦してきたが、最も大規模な挑戦はまぎれもなく公民権運動に起因する。公民権を確実にしようとするアフリカ系アメリカ人による努力と、公民権によって得た成果を守ろうとするその後の努力は、戦後の合衆国のおける最も重要な政治的な集合行為であった。次の節では、公民権と関わる集合行為の指標と戦後期の街頭犯罪の動向を比較する。

4 犯罪動向と公民権 - 関連行為

大規模な都市での抗議運動が起こっていた1960年代、政治的集合行為と犯罪の関係についてかなり多くの研究が行われた[76]。これらの分析のなかには、都市の暴動者と非暴動者の特徴を比較した研究もあり、おそらくそこから、1960年代の集合行為は犯罪に関係ないとする主張の根拠を、資源動員論は得たのである。これらのいくつかの比較によれば、暴動者は、非暴動者よりも人種的意識が高く政治的に洗練されているが、犯罪歴や収入、婚姻状態、教育、職業を含めた背景的な性格は類似している[77]。しかし、こうした比較には欠点があると述べる研究もある。例えば、エイブラハム・ミラーと彼の同僚たちは、初期の研究には重大な方法論的な誤りがあったという。これらの誤りを補正すると、暴動者は社会的統合と経済的資源の両方で地域社会の底辺

に位置していたのである[78]。

いずれにしても、暴動や抗議運動に参加する人々がふつうの犯罪をおかす人々とは異なっているという知見は、規模の大きな集合行為と犯罪が関係ないことを証明するわけではない。ロバート・マートンのアノミー論は、そのことをはっきりと示している。アノミー論によれば、社会において居場所を失うことが、犯罪や抗議運動を含む広範な葛藤的行為を生み出す[79]。しかし、同一の個人が必ずしも両方の行為に責任があるわけではない。むしろ、ある背景を持つ個人は犯罪をおかし、その他の背景を持った者は反抗したりドラッグやアルコール使用に退行するのである[80]。

おそらく社会運動的な活動の動向を検討するのに最も一般的な方法は、そうした活動を伝えやすい新聞報道の分析に基づいて、「事件数」を全部かぞえることである[81]。1955年から1991年にかけて、公民権に関わる暴動や抗議運動、行進、集会、座り込み、デモ、経済的なボイコット、その他の直接行動の年間事件数をニューヨーク・タイムズの各年の索引を検討して入手した[82]。裁判闘争やロビー活動のような制度化された政治的活動、記者会見やスピーチといった「シンボリックな活動」、メンバーや基金を獲得するなどの資源動員の努力、組織変革に関する声明、直接行動へのリアクションなどは除外した。**図6-4**では、抗議運動およびその他の直接行動の全数を、1955年から1991年の間、強盗の動向と比較したものである。

図6-4によれば、集合行為の割合は1950年代後半から1960年代にかけて急増し、1970年代初めに急速に減少し、1980年代と1990年代はゼロに近づいたままである。窃盗率に注目すると、集合行為と犯罪はほぼ同時に急増していることがわかるが、1970年以後、集合行為は犯罪率よりも急減していることがわかる。

最も暴力的な直接行動である暴動にのみ焦点を合わせると、この全体としてのパターンはより劇的に示される。戦後の合衆国において人種に関連する暴動の大半は、約5年のあいだに起こっている。その始まりである1966年、年間の全暴動件数が急激に増加し、わずか2年後の1968年には、戦後最高の

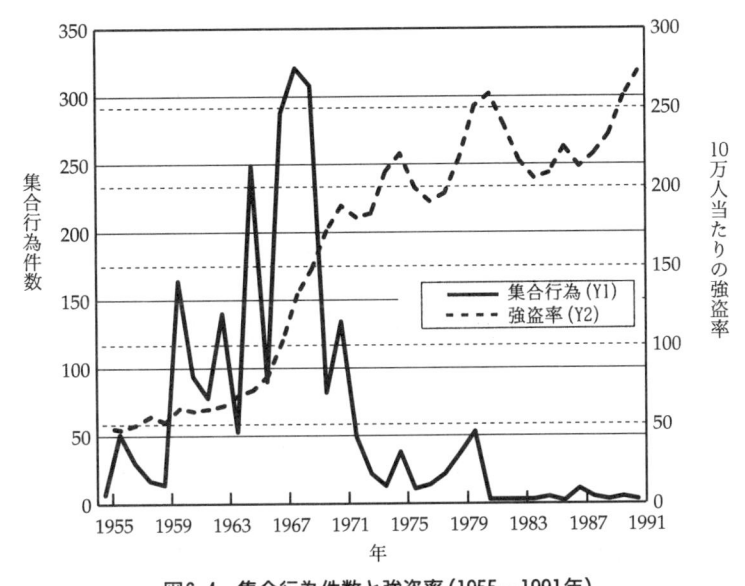

図6-4 集合行為件数と強盗率(1955－1991年)

出典：Gary LaFree and Kriss A. Drass, "African American Collective Action and Crime, 1955-1991," *Social Forces* (1997) 75: 835-853より許可を得て再掲。

287件に達した。その後、暴動の数は急速に減少し、1972年にはわずか6件となった。

このように、公民権関連行為全体と比較すると、暴動の全件数は1960年代後半にピークに達し、幅の狭い突起のような形をしている。先にみた政治的正統性の衰退を計る他の尺度と同様、この突起のある個所は明らかに街頭の犯罪と関係がある。すなわち、暴動の件数が最も多かった時期は、街頭犯罪が戦後期に最も急増した時とほぼ一致する。都市暴動の重要な時期である1965年から1971年にかけて、先にみた7つの街頭犯罪の全件数は70パーセント増えている[83]。そのなかで、かなり劇的に増加した個人的犯罪がある。例えば、窃盗率はこの6年間で2.5倍に増加している[84]。

これらの結果は、明らかに、政治的集合行為の増加が「安全弁」を提供することによって、犯罪を減らすという議論と矛盾している。むしろ、犯罪と集

合的政治的行為の発生率は、ほぼ同時期に急増している。同様に、こうしたデータは、犯罪は直接的な政治的行為が下火になった後に増えるというジョージ・リューデの議論[85]を支持しない。反対に、犯罪率の劇的な増加が集合行為の発生率と同時期であることを、この結果は示している。その後、集合行為の件数が減少すると、犯罪率は安定し、ゆっくりとしかもかなり後になって減少していくのである。

このように、明らかに、戦後初期から中期までは、公民権関連行為の全件数の動向は政治的信頼の水準や訴訟や街頭犯罪件数の動向と関連していたが、戦後後期にはこれらはかなり異なっている。特に、政治的集合行為が1970年代に急減しても、政治不信や訴訟や犯罪は、どれも歴史的にみると高い水準にある。この相違を説明するにはおそらく次の2つの点を考察しなければならない。

第1に、資源動員論者がはっきり述べているように、直接的な集合行為は、資源と組織構造に依存しており、継続が困難である。例えば、経済的ボイコットや行進、デモ、座り込みや全ての抗議運動は比較的高い程度の組織とコミットメントを必要とする。これとは対照的に、街頭犯罪は、組織や資源をほとんど、あるいは、全く必要としない。また、訴訟はそれを支配している規則によって少なくともある程度は駆り立てられるものであり、世論調査によって示される態度は、回答者に大きなコミットメントを要求するものではない。

第2に、社会的コントロールは、明らかに、街頭犯罪よりも比較的よく組織化され、よく目にみえる集合行為に対して効果的に作用する。例えば、1960年代のおわり以降、強力な法の施行によって、都市暴動は事実上一掃された[86]。しかし、街頭犯罪の一掃や減少は部分的なものでしかない。

政治的集合行為の件数と街頭犯罪の関係についてのみ比較すると、街頭犯罪のタイプによって犯罪との関係は異なっていることが明らかになった。1950年代から1970年代初頭、集合行為と犯罪の発生率はアフリカ系アメリカ人についても白人においても密接に関わっていたが、犯罪率が高かった1970

第6章 犯罪とアメリカの政治制度　161

年代、集合行為率が激減するにつれて、アフリカ系アメリカ人と白人における動向は全く異なったものになっていった。戦後初期における政治的集合行為と犯罪の正の関係は、集合行為や犯罪はある程度類似した社会的な諸力によって生じるという社会解体論と一致する。しかし、1970年代における集合行為と犯罪の負の関係は、犯罪に比べて政治的集合行為は持続するため、より多くの資源と組織を必要とし、より急激に減少するという資源動員論と一致する。

　以上から、こうした結果は、政治的集合行為と犯罪に付与される意味が相互に関連しており、歴史的に同様な位置づけにあるという事実を強調している。このように、1950年代と1960年代の集合行為は、加害者が正当化したり「中和化」したりする際に用いる「動機の語彙」を作り上げた[87]。例えば、エリヤ・アンダーソンが研究したインナーシティに住む人々の語りには、たびたび差別と社会的不正義についての言及がみられる[88]。さらに、先に注意を促したように、これらの正当化は潜在的な犯罪者の動機にだけでなくインフォーマル・フォーマルな社会的コントロールの努力にも大きな影響を与える。それとは反対に、政治家や政策立案者は、犯罪に関して熟達した比喩を用いたり、「モラルパニック」を生み出して、政治改革を目指す社会活動家の評判を傷つけた[89]。

　犯罪を政治的に正当化したり、政治活動を犯罪にすぎないとみなすことができるかどうかは、たいていの場合、歴史的条件に依存している。例えば、街頭犯罪者を「政治犯」扱いできるかどうかは、公民権運動のほとんどない1990年代よりも、それが高まっていた1960年代のほうが、明らかにうまくいく。同様に、当局が暴動者を犯罪者と定義するには、ワッツ暴動の起こった1965年の時代よりも、ロサンゼルス暴動の起こった1992年のように、街頭犯罪は相変わらず多いが直接的な政治活動がなくなった時期においてのほうがうまくいく。

5 要約と結論

　本章を通じて、戦後の合衆国における政治の正統性の減退が、明らかに、街頭犯罪の動向と関わっていることを論じてきた。1960年代と1970年代にかけての街頭犯罪の急増は、政治不信の高まりと一致している。犯罪学者も、一般のアメリカ人と同様に、こうした動向の影響を受けていると考えられる。戦後期の犯罪学研究に関わってきた者は誰しも、集団としての犯罪学者が、1940年代や1950年代よりも1960年代から1970年代にかけて、政治制度をより信頼していたと論じるのは困難であろう。

　ベトナム戦争やウォーターゲート事件のような特定の歴史的事件と政治不信がどのくらい互いに影響しあっているのかをきちんと議論することは、おそらく不可能である。そのような歴史的な事件は、広範な政治的態度の原因でもあり結果でもあるからである。例えば、大統領の愛人問題に対するマスメディアや世論の態度を、政治的信頼が高かった1960年代のジョン・F・ケネディ大統領の場合と、信頼の低い1990年代のビル・クリントン大統領の場合を比較してみればよい。

　民事訴訟の爆発と政治参加の低下は、明らかに、戦後の街頭犯罪の動向と関わっている。街頭犯罪率と同様、戦後初期は民事訴訟も低い水準にあり、中期に急増し、戦後後期には高い水準で横ばい状態になっている。

　犯罪動向と公民権運動に関連した政治的集合行動の件数との関係は、より複雑である。犯罪率と同様、集合行為の発生率は、戦後初期は一般的に低く、戦後中期に急増した。しかし、集合行為の発生率は、1970年代以降、犯罪率以上に急速に減少した。これらのパターンについての私の考えでは、街頭の犯罪と政治的行為そのものは類似した原因を持っている。すなわち、どちらも、ある程度アメリカの政治制度の正統性減退と関連しているのだと解釈できる。しかし、政治的行為そのものは街頭犯罪よりもはるかに早く減少していた。というのも、街頭犯罪よりも社会運動は組織化と資源を必要とし、政府は、街頭犯罪よりも集合行為をうまくコントロールできるからである。こ

れらの議論は、とりわけ政治的集合行為の最も暴力的な形態である暴動の場合にあてはまる。

　明確な結論を出すには追跡調査が必要であるが、なぜアフリカ系アメリカ人の街頭の犯罪率が歴史的にみても、また犯罪が爆破的に増加した戦後中期においても、他のグループよりも高かったのかを、政治不信のレベルによって説明できることは明らかである。実際、アフリカ系アメリカ人の歴史の特徴を考えれば、アフリカ系アメリカ人が、その他のグループに比べて、合衆国の政治制度に対してより強い不信をいだいたとしても、不思議ではないであろう。1960年代から1970年代にかけて、公民権運動へのフラストレーションと逆行が強まるにつれ、アフリカ系アメリカ人の間で政治制度への不信度が高まったのも、もっともなことに思える。

　私の議論に適合するには、政治的正統性の水準の変化は、1990年代の犯罪率の鈍化や事実上の低下とも一致していなければならないだろう。私はやはり一致していると考える。最近の世論調査では、政府の信頼度は大きくは改善されてはいないが、悪化もしてもいない。合衆国における民事訴訟も、数十年前のように急増してはいないし、民事訴訟の様々な形態に新たに制限を加えようとする動きもない。おそらく、最も重要なことは、戦後初期・中期における公民権運動や反戦運動のような、組織化された政治的行為がないということである。

☆　　☆　　☆

戦後期を通観すると、アメリカの政治制度に対する態度も変容しつつあると間違いなくみなされる。さらに、経済制度と個人の関係も劇的に変化している。次章では、戦後の大きな経済的変化がどのように犯罪動向と関わっているかを検討する。

注

1　Jerome Skolnick, *The Politics of Protest* (New York: Simon & Schuster,1969), p. xxvii.

2　Charles Handy, *The Age of Paradox* (Boston: Harvard Business School Press,

1994), p.40. (=1995, 小林薫訳『パラドックスの時代: 大転換期の意識革命』ジャパンタイムズ, 88頁.)

3　Elvin H. Powell, "Crime as a Function of Anomie," *Journal of Criminal Law, Criminology and Police Science* (1966) 57: 161-171.

4　Stephen E. Ambrose, *D-Day June 6,1944: The Climatic Battle of World War II* (New York: Simon & Schuster, 1994), pp.187-188.

5　Ambrose (1994), pp.24-25.

6　Ambrose (1994), pp.24-25,170.

7　Ambrose (1994), p.576.

8　Studs Terkel, *The Good War* (New York: Pantheon,1984). (=1985, 中山容ほか訳『よい戦争』晶文社.)

9　Ambrose (1994), p.25.

10　James C. Davies, "Toward a Theory of Revolution," *American Sociological Review* (1962) 27:5-19; Neil Smelser, *Theory of Collective Behavior* (New York: Free Press, 1962). (=1973, 会田彰ほか訳『集合行動の理論』誠信書房.)

11　Emile Durkheim, *The Division of Labor in Society,* translated by George Simpson (Glencoe, IL: Free Press,1947[1893]). (=1989, 井伊玄太郎訳『社会分業論』上・下, 講談社学術文庫.)

12　Robert K. Merton, "Anomie, Anomia, and Social Interaction," in M. B. Clinard, ed., *Anomie and Deviant Behavior: A Discussion and Critique* (New York: Free Press, 1964), p.226.

13　Emile Durkheim, *Suicide,* translated by John A. Spaulding and George Simpson (New York: Free Press, 1951). (=1985, 宮島喬訳『自殺論』中公文庫.)

14　John D. McCarthy and Mayer N. Zald, "Resource Mobilization and Social Movements," *American Journal of Sociology* (1977) 82: 1212-1241; David R. Snyder and Charles Tilly, "Hardship and Collective Violence in France, 1830-1960," *American Sociological Review* (1972) 37: 520-532.

15　もっとも一般的には、資源動員論者は自殺やアルコール中毒、ドラッグ使用のような「個人的病理」を示すその他の指標を単純に犯罪と一緒に考察している。Charles Tilly, Louise Tilly, and Richard Tilly, *The Rebellious Century*, 1830-1930 (Cambridge, MA: Harvard University Press, 1975) を参照のこと。

16　Anthony Oberschall, "Theories of Social Conflict," in R. Turner, J. Coleman, and R. C. Fox eds., *Annual Review of Sociology* (Palo Alto, CA: Annual Review Press, 1978), p.302.

17 Frederic Solomon, Walter Walker, and Jacob R. Fishman, "Civil Rights Activity and Reduction in Crime Among Negroes," *Archives of General Psychiatry* (1965) 12: 227-236.
18 George Rude, *The Face of the Crowd*, edited by Harvey Kaye (New York: Harvester,1988 [1914]).
19 Donald Black, *Toward a General Theory of Social Control*, Volumes 1 and 2 (New York: Academic Press,1984); Martin Kilson, "Politics of Race and Urban Crisis: The American Case," in J. Benyon and Solomos, eds., *The Roots of Urban Unrest* (Elmsford, NY: Pergamon,1987) を参照のこと。
20 Joe Feagin and Harlan Hahn, *Ghetto Revolts* (New York: Macmillan,1973); Tilly et al. (1975) を参照のこと。
21 Karl Marx, "The Communist Manifesto," in F. L. Bender, ed., *Karl Marx: The Essential Writings* (Boulder: Westview, 1986), p. 251. (= 1951, 大内兵衛・向坂逸郎訳『共産党宣言』岩波文庫, 53, 97頁.).
22 Michael R. Gottfredson and Travis Hirschi, *A General Theory of Crime* (Stanford: Stanford University Press, 1990), p. 256. (= 1998, 松本忠久訳『犯罪の基礎理論』第2版、文憲堂.)
23 Gottfredson and Hirshi (1990), pp. 28-31.
24 Gottfredson and Hirshi (1990), p. 89.
25 Harold G. Grasmick and Donald E. Green, "Deterrence and the Morally Committed," *Sociological Quarterly* (1981) 22: 1-14.
26 Black (1984), p. 1.
27 Black (1984), p. 13.
28 Black (1984), p. 11.
29 Elijah Anderson, *A Place on the Corner* (Chicago: University of Chicago Press,1978); John Allen, *Assault with a Deadly Weapon: The Autobiography of Street Criminal*, edited by D. H. Kelly and P. Hegmann (New York: McGraw-Hill, 1977); Jack Katz, *Seductions of Crime* (New York: Basic Books, 1988) を参照のこと。
30 Anderson (1978), p. 130.
31 Katz (1988).
32 Feagin and Hahn (1973), p. 53; Anthony Oberschall, *Social Conflict and Social Movements* (Englewood Cliffs, NJ: Prentice-Hall,1973), p. 329.
33 Margaret Abudu, Walter J. Raine, Stephen L. Burbeck, and Keith C. Davidson, "Black Ghetto Violence: A Case Study Inquiry into the Spatial Pattern of Four Los

Angeles Riot Event-Types," *Social Problems* (1972) Winter: 408-427,408.
34 Abudu et al. (1972), p. 409.
35 H. L. Nieburg, *Political Violence: The Behavioral Process* (New York: St. Martin's Press, 1969), p. 137.
36 Mark Colvin, "The New Mexico Prison Riot," *Social Problems* (1982) 29: 449-463; Bert Useem and Peter Kimball, *States of Siege: U.S. Prison Riots, 1971-1986* (Oxford, UK: Oxford University Press, 1989).
37 Tilly et al. (1975).
38 Abdul Qaiyum Lodhi and Charles Tilly, "Urbanization, Crime and Collective Violence in Nineteenth Century France," *American Journal of Sociology* (1973) 79: 296-318.
39 Ted Robert Gurr, *Rogues, Rebels and Reformers: A Political History of Urban Crime and Conflict* (Beverly Hills, CA: Sage,1976).
40 Joel A. Lieske, "The Conditions of Racial Violence in American Cities: A Developmental Synthesis," *American Political Science Review* (1978) 72: 1324-1340.
41 例えば、Robert N. Bellah, Richard Madsen, William M. Sullivan, Ann Swidler, and Steven M. Tipton がこの議論を、*The Good Society* (New York: Alfred A. Knopf,1991) (=2000, 中村圭志訳『善い社会：道徳的エコロジーの制度論』みすず書房.) のなかで行なっている。
42 Terkel (1984).
43 Eric Goldman, *The Crucial Decade and After: America, 1945-1960* (New York: Random House, 1960), pp. 82-83, 234-236.
44 「アメリカの世紀 (The American Century)」という言葉はHenry Luceが、*The Life* (1941) February 11: 61-65の論説のなかで用いた造語である。
45 Goldman (1960), p. 190.
46 J. Craig Jenkins and Craig M. Eckert, "Channelling Black Insurgency: White Patronage and Professional Social Movement Organizations in the Development of the Black Movement," *American Sociological Review* (1986) 51: 812-829, 815.
47 Francis Fukuyama, *Trust: The Social Virtues and the Creation of Prosperity* (New York: Free Press,1995), pp. 314-315.(=1996, 加藤寛訳『「信」無くば立たず』三笠書房.)
48 Fukuyama (1995), p. 314.
49 John Morton Blum, *Year of Discord: American Politics and Society, 1961-1974* (New York: W.W. Norton, 1991), pp. 252-253.

50　Blum (1991), p. 51.
51　Blum (1991), p. 241.
52　Blum (1991), p. 241.
53　Mary C. Brennan, *Turning Right in the Sixties: The Conservative Capture of the GOP* (Chapel Hill: University of North Carolina Press,1995), p. 128.
54　Walter Russell Mead, *Mortal Splendor: The American Empire in Transition* (Boston: Houghton Miffin, 1987), p. 49.
55　Blum (1991), p. 278.
56　Blum (1991), pp. 256-257.
57　Blum (1991) ,p. 266.
58　Blum (1991), p. 449-450.
59　"Watergate Scandal Casts Long Shadow," *Albuquerque Journal* (1997) Sunday, June 15: A1, A10.
60　Blum (1991), p. 473.
61　*American National Election Studies Cumulative Data File, 1952-1996* (Ann Arbor, MI: Center for Political Studies, 1996).
62　40年間のデータのサンプル数は、少ないものでは1,039（1986年）、多いものでは2,232（1972年）までの幅がある。アフリカ系アメリカ人のサンプルはずっと少なく、各年の全サンプル数に対して平均10パーセント程度である。
63　M. D. Blumenthal, R. Kahn, F. Andrews, and R. Head, *Justifying Violence: Attitudes of American Men* (Ann Arbor, MI: Institute for Social Research, 1972), pp. 36-44.
64　Robert L. Kahn, "The Justification of Violence: Social Problems and Social Solutions," *Journals of Social Issues* (1972) 28: 155-175, 174.
65　John Hagan and Celesta Albonetti, "Race, Class, and the Perception of Criminal Injustice in America," *American Journal of Sociology* (1982) 88: 329-355.
66　一般的には、Don C. Gibbons, *The Criminological Enterprise: Theories and Perspectives* (Englewood Cliffs, NJ: Prentice Hall, 1979) を参照のこと。
67　例えば、Howard S. Becker, *Outsiders* (New York: Free Press,1963); Ian Taylor, Paul Walton, and Jock Young, *The New Criminology* (London: Routledge & Kegan Paul, 1973) を参照のこと。
68　Stanton Wheeler, "Trends and Problems in the Sociological Study of Crime," *Social Problems* (1976) 22: 525-534; Jack P. Gibbs, "Review of *Crime and Human Nature,* by James Q. Wilson and Richard J. Herrnstein," *Criminology* (1985) 23: 381-388.
69　James Q. Wilson, *Thinking About Crime* (New York: Basic Books, 1975).

70 Bellah et al. (1991), p. 125.
71 Bellah et al. (1991), p. 125.
72 Fukuyama (1995), p. 311.
73 これらの比較のためのデータは、Administrative Office of the United States Courts, Statistics Division, Analysis and Reports Branch, Washington, DC, *Annual Reports to the Director,* 1946-1995 (Washington, DC: Government Printing Office) から提供を受けた。
74 Robert F. Putnam, "Bowling Alone: America's Declining Social Capital," *Journal of Democracy* (1995) 6: 65-78, 67.
75 Bellah et al. (1991), p. 132.
76 Marguerite Bryan, "Social Psychology of Riot Participation," *Research in Race and Ethnic Relations* (1979) 1: 169-187; Feagin and Hahn (1973).
77 Dominic J. Capeci, Jr., and Martha Wilkerson, *Layered Violence: The Detroit Rioters of 1943* (Jackson: University of Mississippi Press,1991): T. M. Tomlinson, "Ideological Foundations for Negro Action: A Comparative Analysis of Militant and Non-Militant Views of the Los Angeles Riot," *Journal of Social Issues* (1970) 26: 93-119.
78 Abraham H. Miller, Louis Bolce, and Mark R. Haligan, "The New Urban Blacks," *Ethnicity* (1976) 3: 338-367, 361; Lieske (1978) も参照のこと。
79 Robert K. Merton, "Social Structure and Anomie," *American Sociological Review* (1938) 3: 672-682.
80 関連した見解について、Ted Robert Gurr, Peter N. Grabosky, and Richard C. Hula, *The Politics of Crime and Conflict: A Comparative History of Four Cities* (Beverly Hills, CA: Sage,1977) を参照のこと。
81 この手法の強みと弱みについての研究は、Robert Franzosi, "The Press as a Source of Socio-Historical Data: Issues in the Methodology of Data Collection from Newspapers," *Historical Methods* (1987) 20: 5-15を参照のこと。
82 1947年から1976年のあいだの暴動のオリジナル・データは、Larry Isaac and William R. Kelly ("Racial Insurgency, the State, and Welfare Expansion: Local and National Evidence from the Postwar United States," *American Journal of Sociology* [1981] 86: 1348-1386) による。1955年-1976年の抗議と直接的行為全数の時系列データのオリジナルは、Douglas McAdam (*Political Process and the Development of Black Insurgency,* Chicago: University of Chicago Press, 1982) による。後に、社会学者J. Craig Jenkins and Craig Eckert (1986) が1980年まで延長している。Isaacや

Kelly, McAdam, Jenkins, Eckertは、一般に、先行研究から直接的行為の事件数をカウントしている。Kriss Drassと私はこの時系列を1991年まで延長した。Gary LaFree and Kriss A. Drass, "African-American Collective Action and Crime, 1955-1991, *Social Forces* (1997) 75: 835-853; *The New York Times Index* (New York: The New York Times Company, 1981-1991) を参照のこと。

83　U.S. Federal Bureau of Investigation, Uniform Crime Reports, *Crime in the United States 1965,1971* (Washington, DC: Government Printing Office, 1966, 1972) から提供を受けた統計に基づいている。1965年の全街頭犯罪率は2,449.0件（人口10万人当たり）、1979年の街頭犯罪率は4,164.7件（人口10万人当たり）。

84　この推計に用いたデータは、U.S. Federal Bureau of Investigation, Uniform Crime Reports, (1966, 1972)。1965年の強盗率は71.7で、1971年には188.0である。

85　George Rude, *The Face of the Crowd*, edited by H. Kaye (New York: Harvester, 1988 [1910]).

86　James W. Button, *Black Violence: Political Impact of the 1960s Riots* (Princeton: Princeton University Press, 1978).

87　Robert Agnew. "The Techniques of Neutralization," *Criminology* (1994) 32: 555-580; William Minor, "The Neutralization of Criminal Offense," *Criminology* (1980) 18: 3-20.

88　Anderson (1978).

89　William J. Chambliss, "Crime Control and Ethnic Minorities: Legitimizing Racial Oppression by Creating Moral Panics," in D.F. Hawkins, ed., *Ethnicity, Race, and Crime* (Albany: State University of New York Press, 1995).

第7章　犯罪とアメリカの経済制度

> 一件の家が大きくとも小さくとも、之を圍繞する家々が小さい限りは、それは住居に対する凡て社会的要求を満足せしめる。併し若しも小さい家の傍らに宮殿が聳立し、その為め小さい家が小屋に成り下つた……。
> （カール・マルクス＝フリードリヒ・エンゲルス,「賃銀勞働及び資本」, 1955）[1]

> ハンバーガーも買えないのに、レストランに入るのを許されて何になるのか。
> （マーチン・ルーサー・キング Jr.）[2]

　アトランタの中心街には、会議場を持つ大きなホテルとショッピング施設のあいだに、体系的な歩行者専用連絡通路が設けられている。このような連絡通路は、合衆国では他の大都市でもみられるものだが、街の主要な施設が建物間の専用通路でつながっているのは、明らかに多くの理由がある。歩行者は、この専用通路のおかげで、夏の湿気、春のにわか雨、冬の寒さ、中心街の大気汚染や騒音を避けることもできる。しかし、この透明なプラスチックのチューブは、合衆国の「持てる者」と「持たざる者」の格差を不気味に想起させる。

　富裕な階層は、大きなレストランやトレンディー・ショップ、高級ホテルのあいだを快適な空調のなかで移動する。しかし、その下では、ホームレスや貧困層の人々が、アメリカ都市部で生き残るために埃まみれになってあくせく働いている。薄いプラスチックの板が、快適で見通しの立つ中産階層と、埃まみれで不安定な状況にいる下層階層とを分割している。このチューブ状の専用通路計画が、こうしたことを意識したものであるかどうかはわからな

いが、その歩行者は、ちょうどその足下で起こっている多くの社会問題を、目の当たりにせずにすむのである。

しかし、20世紀末は、合衆国のほとんどの都市部では、貧困、失業、不平等な状況をみずに済ませられなくなっている。1990年代のアメリカのインナーシティでは、男性のホームレスだけでなく、女性や子供のホームレスが小銭を物乞いしたり、路地で眠ったり、荷物を積んだショッピングカートを押したり、破れた寝具やリュックサックを持ってとぼとぼと歩いたりしている。インナーシティに足を踏み入れれば、誰でもこうした状況を目の当たりにせざるを得ない。

1　犯罪と経済制度

犯罪と経済制度が関連しているという考え方は、かなり昔からある[3]。これは、戦後アメリカの犯罪動向についての最も影響力のある唯一の説明である。この議論は常識的で、理解しにくいものではない。なぜなら、刑事司法システムをざっと見渡しただけでも、警察や司法によって起訴され、投獄されている人々は、経済的配分の最下層付近にいることがわかるからである。経済的要因による説明は、生物学的な先天的性質や心理学的な衝動に基づく説明よりも、修正可能な要因を対象にしており、この点でも妥当性がある。1920年代、影響力のあるシカゴ学派犯罪学研究が開始されると、経済的剥奪を軽減する社会政策によって、犯罪を減らすことができるという考えが、合衆国で一般的になった。

経済的要因による説明は、明らかに、先述した戦後の犯罪動向を説明する第一の要件を満たしている。なぜなら、犯罪率と同様、戦後の経済状態は急激に変化してきたからである。第二次世界大戦後、合衆国はまぎれもなく世界経済のリーダーであった。1940年代後半には、アメリカの企業は、世界の工業製品の50パーセント[4]、鉄鋼の45パーセントを生産していた[5]。合衆国は世界が保有する金の3分の2を占めていた。さらに、戦後中期の合衆国では、

連邦支出によって技術革新が奨励された。驚くべきことに、合衆国は、1940年代から1950年代にかけて、世界中の主な発明や発見の82パーセントに寄与していた[6]。こうした発展によって、戦後初期の合衆国は、無類の経済的好地位を占めた。

しかし、経済状態は、1960年代後半までにかなり変化した。終戦後は合衆国が優位を占めていた基幹産業が、真っ先に被害を受けた。繊維や製鉄、鉄鋼、化学製品の生産は激減した。合衆国は、利益を増大し競争を回避するために、しだいに人件費の高い仕事を低賃金国に「外部委託」するようになった[7]。経済の変化が加速するにつれ、労働組合の影響力は確実に減少し、組合によって支えられていた高賃金も脅かされるようになった[8]。

伝統的な製造業において始まった変化は、他の産業分野にも広がった。合衆国は、かつては事実上独占していた新しいハイテク産業、例えばロボット工学や航空機、コンピューターといった分野においても、厳しい競争に遭遇することになっていった[9]。1990年代初め頃には、日本という、人口は合衆国の半分で、国土もテキサス州ほどにすぎない国が、じきに合衆国に取って代わって、世界最大の経済大国になるだろうとまじめに予測する評論家もいた[10]。

しかし、戦後後期の合衆国におけるすべての経済ニュースが悪いものだったわけではない。1996年には、連邦政府の財政赤字は1979年以来の最低水準に削減された[11]。1994年、貧困率は初めて5年続きの減少となり、収入の格差はわずかに縮小した[12]。1997年、完全失業率は1973年以来の最低水準となった[13]。さらに、合衆国の主な貿易相手国であった先進工業国においても経済的緊張が生じた。無敵に見えた日本経済でさえ、1990年代中期にはマイナス成長や物価下落、株式市場の大暴落といった厳しい兆候を示し始めた[14]。つまり、合衆国と貿易相手であった工業国を過去半世紀間に襲った経済的変動の規模は、先に考察してきた犯罪率の動向と同様に劇的だったといえよう。

経済的な議論もまた、アフリカ系アメリカ人と白人の犯罪率の格差をうまく説明している。検討してきた経済指標の吟味にかかわりなく、アフリカ系アメリカ人にとっての戦後期はおどろくほど不利な状況から始まった。白人

と比べて、アフリカ系アメリカ人は貧困率や完全失業率・無職率が高く、世帯・個人ともに平均収入が低い。1960年代、アフリカ系アメリカ人に経済的な機会を開くことを目的とした「偉大な社会計画」のなかで、こうした問題は重視された[15]。実際、1990年代においても、アフリカ系アメリカ人は大半の経済指標で低水準のままである。一方、戦後期の特徴として、豊かなアフリカ系アメリカ人中産階層が拡大したという面もある[16]。

しかし、経済的要因による戦後の犯罪率の説明が常識的ではあるとはいえ、経済と犯罪のあいだの正確な関わりは、ほとんど明らかではない[17]。事実、戦後期の経済状態に対する時折予測のつかない犯罪の反応は、とりわけ1960年代の犯罪の波以降は、犯罪に関する政策立案者や研究者の考え方に少なからぬ影響を与えた。ジェームス・Q・ウィルソンは、両者の関わりが弱いことに気づき、それを初めて公けに論じた社会科学者の1人であった。ウィルソンは、1960年代に始まった犯罪の急増を「豊かさのなかの犯罪」の「逆説」と呼び、経済的繁栄のなかで犯罪率が増加している事実を重視した[18]。経済学者のシャロン・ロンとアンネ・ウィッテは、犯罪とマクロ経済状態のつながりを包括的に概観し、多くの研究者を代弁して、先行研究における経済指標と犯罪の単純な関係は「弱い関連」しかないと結論づけている[19]。

経済指標と犯罪動向の関わりは、特にアフリカ系アメリカ人について問題になっている。例えば、アフリカ系アメリカ人の完全な経済参加を全面的に阻む公然たる差別制度があった1940年代から1950年代にかけて、アフリカ系アメリカ人の犯罪率は、戦後のどの時点よりも低い。それとは反対に、戦後中期では、教育や経済的な機会が得られるよう大きく改善されたにもかかわらず、アフリカ系アメリカ人の犯罪率は急増した。経済的な機会の増加がただちに犯罪を減らすという単純な議論には、明らかな問題がある。そのため、戦後後期まで経済仮説にそのまま文字通り固執していた政策立案者は、ほとんどいなかった[20]。

犯罪と経済制度の関わりについての結論は、関連する研究が多すぎ、多くの結論が矛盾して錯綜している。しかしながら、伝統的に中心をなす理論は、

緊張理論の見解に基づいている。

緊張理論

　戦後の緊張理論のなかで、ロバート・マートンのアノミー論は、明らかに、最も影響力を持っている[21]。マートンによれば、個人の行動は、ある社会において大切であると教えられている目標と各自が自由に使える達成手段との交差点において最も影響を受ける。社会のある部分の成員（例えば貧困者やマイノリティ）は、社会的接触やメディアを通して、獲得すべき財やサービスについて絶えず教えられているが、同時に、こうした財やサービスの合法的入手が妨げられているとき、アノミー状態が出現する。つまり、マートンによれば、高いアノミー状態において、法律は正統性を奪われるのである[22]。

　マートンによれば、こうしたプロセスは原則的に全ての社会でみられるが、第4章で述べたように、合衆国は、金銭的成功という目標ばかりが強調されるという点で例外的である。この強調はしばしば、貧困層の人々が、過酷な労働と犠牲によって金銭的成功を得るという、「立身出世」の物語で説明される。しかしもちろん、不遇な出自の人々が皆、経済的に成功するわけではない。実際、合衆国は富と収入によって高度に階層化されており、経済的成功を獲得するための合法的機会は、その個人が生まれた家庭に左右される。金銭的成功を望んでも合法的手段を欠くとき、きわめて単純に犯罪に向かうことによって、近道をして成功しようとする者もいる、とマートンは論じている。

　その格好の例は、マートンが自らの理論で説明したように、ギャングである。マートンによれば、ギャングの一員であるアル・カポネは「道徳的に『失敗』とされるものに対する道徳観念のない知性の成功」である。「なぜなら、カポネは、階層上昇の合法的な経路を妨げられたときに、犯罪に向かったからである」[23]。このように、とりわけ金銭的成功を強調する社会において、合法的な経済参加の阻害は、個人を犯罪に向かわせる動機を増大させる。

　その他にも、この理論と密接に関連のあるいくつかの影響力のある犯罪の説明がある。社会学者アルバート・コーエンによれば、少年期にインナーシ

ティで経験された経済的圧迫は、自尊心の喪失を招き、少年非行と犯罪の発生率を増加させる[24]。同様に、1960年代、ケネディ政権のニュー・フロンティア計画を正当化する重要な研究となったリチャード・クロワードとロイド・オーリンの犯罪研究によれば、少年たちの合法的な参加を妨げる経済システムは、彼らの不公正感を生みだし、犯罪率は上昇することになるという[25]。

緊張理論のほとんどは、緊張が潜在的な犯罪者の動機に大きな影響を及ぼすことを強調してきた。一方、長い伝統を持つ研究は、経済的圧迫が、家族やコミュニティの成員による犯罪のコントロール能力の基盤を、どのように掘り崩しているかを強調する。この議論の最もよく知られたものは社会解体論であり、1920年代のシカゴ大学に由来する。

シカゴの近隣社会を調査した社会学的先駆者のクリフォード・ショーとヘンリー・マッケイによれば、経済的困難が大きな特徴である地域では、一般的に、人口の入れ替わり率と人々の異質性が高い[26]。ショーとマッケイによれば、経済的に貧困な地域で人口の入れ替わり率が高いのは、市民が他所に住む余裕ができるとすぐに転出していくためである。窮乏地域から最も富める者は絶えず流出し、それに代わって移住者や移民が流れ込み、近隣社会の異質性が高まるのである。

人口の入れ替わりと異質性は、社会的コントロールの効果を主に次の3つの点で減少させる。第1に、住民はすぐに移動することを望んでいるため、長期的にコミュニティを支える制度に参加しようという関心を持たない。すぐに離れて行くつもりの近隣社会に時間と労力を投入することは無意味だと判断されがちである。第2に、こうした近隣社会における社会関係は弱く、不安定であり、住民は強いインフォーマルな社会的コントロールを発展させようとしない。近隣住民はお互いをほとんど知らず、コミュニティ成員の行動を規制することに関心を持たない。第3に、コミュニティの異質性それ自体が、近隣社会の問題解決と共通の目標達成の努力を妨げている[27]。経済的に安定した家族が貧しい地域から逃げ出すと、他国からの移民や他の地域から移住してきたばかりの極端に異質な集団が住むようになる。こうした人々

のあいだには、なにが近隣社会において適切な行為であるかの合意さえないので、犯罪の少ないコミュニティを維持する上で効果的な組織化ができないのである。

緊張理論は、犯罪に関する社会制度の影響力を明確に考慮に入れている点で、重要であるものの、1960年代から1970年代までの犯罪の急増ということになると、大きな問題に直面する。というのは、犯罪は、経済的圧迫の程度が低い時期に劇的に増加したからである。これが例外にみえるのは、先行研究が、経済的圧迫の最適な尺度に重点を置いてこなかったためであろう。

絶対的・相対的な経済的圧迫

様々な種類の経済的圧迫（economic stress）を分類するのに便利な方法の1つは、絶対尺度と相対尺度の区別である。一般的に、絶対尺度は、個人や集団の状態を経済福祉に関するいくつかの固定的な水準と比較している。例えば、合衆国政府は、貧困状態にある人々、すなわち「貧困線」を下回る人々の全数を長年にわたって測定してきた。同様に、多くの研究者は、ある地域や社会における失業率が犯罪率とどの程度関わっているかを推計してきた[28]。いずれも、通常、貧困や完全失業の水準といった絶対尺度の増加は、犯罪を増加させるであろうと予測している。

それとは対照的に、経済的圧迫に関する相対尺度は、ある個人や集団内の個人を他の個人や集団と比較する。犯罪学者が検証してきた経済的圧迫に関する相対尺度の最も一般的なものは、経済的格差（economic inequality）である[29]。この場合、経済的格差が増加するにつれて犯罪率も増加すると予測されている。物価上昇（inflation）は、高収入者よりも、賃金が固定的な者や最低水準にある者に大きな影響を与えるため、経済的圧迫に関する相対尺度ともなるだろう[30]。

犯罪動向の説明には、絶対尺度よりも相対尺度による経済的圧迫を用いたほうがよいとする主張は、少なくとも2つの理由から妥当であるといえよう。第1の理由としては、カール・マルクスとフレデリック・エンゲルスが100

年以上も前に述べたように、「われわれの欲望と楽しみは社会に源泉を持ち……それらは相対的な性質のもの」だからである[31]。例えば、現在の合衆国の大都市においては、強盗をはたらかなくとも、いってみれば、アルバニアやハイチ、あるいは18世紀のアメリカ郊外に住むまっとうな人々の経済的資源程度なら手にすることができるかもしれない。しかし、周囲や、マスメディアのなかで繰り返し描かれている相対的に豊かな人々と彼ら自身を比べると、相当な剥奪感を抱くかもしれない。

第2の理由は、経済的圧迫に関する絶対尺度では、犯罪動向に影響を及ぼしやすい所得分配の周縁に位置する人々の変化を捉えられないかもしれない、ということである。例えば、1人当たりの収入が驚くほど増えた社会では、同時に、経済的不平等の拡大や物価上昇も起こる。反対に、本章冒頭のマルクスとエンゲルスの引用が示すように、皆が平等に貧しい社会では、それにもかかわらず不満や不幸もあまりない。実際、所得分配の周縁における変化は、低所得層の人々としばしば関わりのある街頭犯罪のような行動を予測する際にとくに重要である、といってもよかろう。

経済的圧迫に関する絶対尺度と相対尺度の区別は、戦後の犯罪動向と経済的圧迫に関する尺度のあいだの明らかな矛盾の解消にも役立ち得る。一般的に、犯罪は、経済的圧迫に関する絶対尺度よりも相対尺度と関わりがあるという考えは多く支持されている。例えば、文献を包括的に再検討した犯罪学者ジョージ・ヴォルドとトーマス・バーナードの結論によれば、それまでの研究は、犯罪率が貧困者数や失業者数といった経済的圧迫に関する絶対尺度によって増加することを、きちんと示していない[32]。同時にヴォルドとバーナードは、経済的格差が犯罪を説明するうえで、はるかに矛盾のない変数であると論じている[33]。

それと同様に、いくつかの研究によれば、合衆国の犯罪率は一般に戦後の物価上昇に沿って増加している。例えば、戦後の合衆国における殺人、強盗、不法目的侵入を詳細に縦断的に分析したジョエル・デヴァインとその同僚たちによれば、物価上昇は、家族やコミュニティにさらなる圧迫をもたらすだ

けでなく、政府の犯罪阻止と経済的苦難の緩和のための支出能力に影響を与える。それによって、社会的コントロールの効果は減退し、犯罪が増加する[34]。上記3つの街頭犯罪に関して、最近分析を行ったクリス・ドラスと私の知見でも、物価上昇は、戦後期における強盗率、殺人率、不法目的侵入率と一貫して関わっている[35]。

小括：経済的圧迫・正統性・犯罪

　街頭犯罪を経済的に説明することは、長いあいだ行われてきた。緊張理論は、制度的な考察に集中しており、経済的圧迫がアノミー、無規範、不公平さを増大させ、人々に犯罪動機を与え、インフォーマルな社会的コントロール体系の効果を減退させると論じる。正統性のほとんどない経済制度では、人々に遵法行為の重要性を確信させることができない。経済的な正統性の減退は、家族や近隣地域が成員をコントロールする能力を低下させてしまう。

　しかし、緊張理論は、1960年代におけるアメリカの犯罪の急増を説明することはできない。そこで、次節では、収入の中央値や貧困といった経済的不満に関する絶対尺度よりも、格差や物価上昇といった相対尺度が経済的正統性と犯罪動向に密接に関わっていることを検討する。

2　戦後アメリカの経済的正統性と犯罪

　これまでの章と同じように、ここでは戦後の犯罪動向についてすでに得ている知見——すなわち、犯罪率が比較的低く安定していた戦後初期(1946年－1960年)、犯罪率が急増した戦後中期(1961年－1973年)、犯罪率が比較的高く安定した戦後後期(1974年以降)——に適合する説明要因を探索しよう。すでに述べておいたように、ここでは、アフリカ系アメリカ人の動向を区別して評価することによって、洞察が得られるかどうかを考察する。つまり、経済的動向が戦後中期におけるアフリカ系アメリカ人の犯罪急増だけでなく、戦後期全般のアフリカ系アメリカ人による高い犯罪率の説明要因であることの証

拠を探求する。

戦後初期（1946年－1960年）

　経済学者の見解がほぼ一致しているように、合衆国は戦後まもなく、空前の経済的繁栄の時代に突入した[36]。この繁栄は、1つには、労働力の生産性向上によってもたらされた。1947年から1959年にかけて、合衆国の民間事業の労働1時間当たり生産高は年平均で3.3パーセント伸びた[37]。この高い成長率は急速な実質賃金の上昇をもたらした。例えば、1949年においては、20歳代後半の典型的な男性労働者の平均賃金は、10年間で64パーセントも増加すると期待できた[38]。さらに、このような着実に上昇する賃金だけでなく、物価の上昇も低かった。朝鮮戦争が始まった1950年、物価は短期的に上昇したが、これは1年にわたる緩やかな景気後退によって十分に相殺された。

　同時に、戦後初期における労働者間の格差は縮小した。経済学者のクラウディア・ゴールディンとロバート・マーゴによれば、1940年から1950年まで、合衆国労働者賃金の上位の10パーセントと下位10パーセントのあいだのひらきは、25パーセント強にまで縮小した[39]。ゴールディンとマーゴの結論によれば、この賃金格差の「大きな圧縮」は、おそらく、非熟練労働力に対する戦時需要という短期的影響と、教育を受けた労働力に対する需要の長期的変化が組み合わさった結果によるものである。第二次世界大戦によって何百万人もの労働者が軍隊や軍事工場に動員されたため、教育水準の低い労働者への国家的需要は、1940年代に急騰した。同時に、教育水準のかなり高い労働者の供給も増えた。つまり、他のすべての条件が等しいとすれば、教育水準が高いからといってより高い給料が得られるわけではなくなったのである。ゴールディンとマーゴによれば、こうした変化によって、1940年代に「製鉄地帯」が出現した。もっともそれは後の1980年代には「錆鉄地帯」となってしまったが。賃金格差は1950年代にはいくぶん拡大するものの、1970年代初期に急上昇するまでは比較的抑えられていた。

　このように、経済の絶対的・相対的尺度の両方によれば、戦後初期の時代

は犯罪率の低い社会に予期される典型的な経済状態、すなわち失業率と物価上昇が低く、生産性と賃金が高く、不平等が縮小している状態を示していた。

戦後中期 (1961年－1973年)

　もし戦後初期の経済動向と犯罪動向がほぼ完全に一致合していれば、戦後中期の経済動向は、犯罪学者に対する挑戦となる。その後十数年間の犯罪動向は、犯罪研究と政策を根本から作り直すことを余儀なくさせたからである。その中心的な問題は、ジェームス・Q・ウィルソンの1975年の著書がうまく表現しており、犯罪学者は「豊かさのなかの犯罪」という「逆説」をいかに説明するか迫られた[40]。実際、多くの点で、戦後中期における合衆国経済は、戦後初期よりもかなり好ましいものであった。生産性は1960年代にわずかに低下したが、歴史的に見れば高水準を保っていた。1959年には、20歳代後半の典型的な男性労働者の実質賃金は、1960年代の10年間で49パーセント上昇すると予測された[41]。こうした動向は**図7-1**で説明されている。図7-1では、1947年から1995年までの期間、アメリカ人男性の収入中央値を、物価上昇分を補正して示している。比較を容易にするため、同時期の強盗率もこの図に示している。

　図7-1は、戦後中期における経済的圧迫と犯罪の関係に基づいた緊張理論の説明に共通した弱点をはっきりと示している。図7-1によれば、物価上昇分を補正したアメリカ人男性の収入は、同時期の犯罪率の急増と同様、1960年から1973年にかけて着実に増えている。実際、それは増加というよりも爆発的な増大であった。物価上昇分を補正すると、1960年から1973年にかけて、14歳以上のアメリカ人男性の収入中央値は、1万9,000ドル強から2万6,000ドル以上と35パーセント増加している。すでに述べたように、同時期の街頭犯罪率は2倍を上回っている。

　収入と街頭犯罪のこうした関係は、この尺度に特有なものではない。クリス・ドラスと私は、世帯収入の中央値、常勤の労働者である成人男性の収入の中央値、貧困線を下回る家族の割合などその他いくつかの経済的圧迫に関

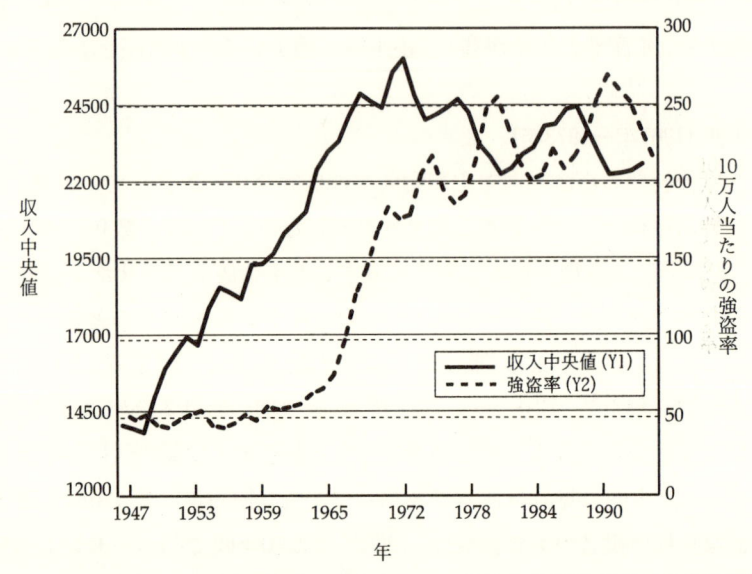

図7-1 男性の収入中央値と強盗率の動向（1947－1995年）（1995年ドルを基準に換算）
注：1980年以降では、男性とは15歳以上で、1979年以前は14歳以上である。
出典：U.S. Bureau of the Census, "Money Income in the United States: 1995," *Current Population Reports*, Series P-60, No.193 (Washington, DC: Government Printing Office, 1996), p.B-12.

する絶対尺度についても基本的に同じ関係を見出した[42]。完全失業率と無職率に関する動向はさらにいくらか複雑である。というのは、これらの動向は、収入や貧困の尺度よりも急速に変動するからである。それにもかかわらず、完全失業の全体的な動向は1960年代から1970年代初期にかけて非常に好ましい水準にあった。1961年の6.7パーセントから1969年には3.5パーセントに減少しており、1961年以降、失業者数は多かれ少なかれ着実に減少した[43]。

しかし、戦後中期における経済的圧迫に関する相対尺度は、まったく異なった様相を呈する。クリス・ドラスと私は、1957年から1990年まで毎年、所得分配に四分位範囲[44]を適用して、世帯収入の不平等を算出した[45]。その結果が図7-2である。先と同様、比較を容易にするため、ここに強盗率を示している。

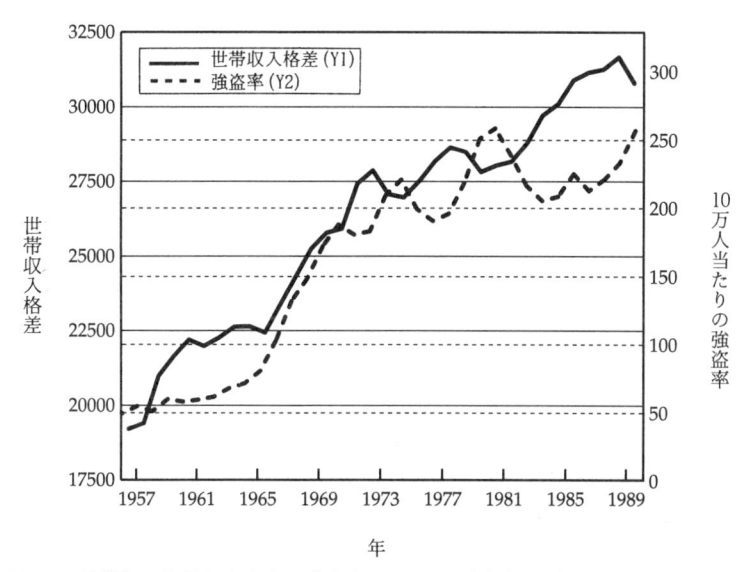

第7章 犯罪とアメリカの経済制度　183

図7-2　世帯収入格差と強盗率の動向（1957－1990年）（1990年ドルを基準に換算）

出典：U.S. Bureau of the Census, "Money Income of Households, Families and Persons in the United States, 1987," *Current Population Reports*, Consumer Income Series, P-60, No.162 (Washington, DC: Government Printing Office, 1987); U.S. Bureau of the Census, *Current Population Reports*, Series P-60, No.184 (Washington, DC: Government Printing Office, 1993).

図7-2によれば、上位4分の1を占める男性の収入と下位4分の1を占める収入との格差は、1957年に約1万9,000ドルである（インフレーション補正した1990年ドル換算）。収入格差は、戦後のほとんどの時期で確実に拡大している。1990年には、上位4分の1と下位4分の1の収入格差は約3万1,000ドルまで拡大している。収入格差の拡大は1960年代と1970年代初期にかけて特に大きい。1960年から1973年までだけでは、収入格差は2万1,654ドルから2万7,867ドルへと29パーセント増加している。

経済的格差と同様に、戦後中期における物価の上昇傾向は、経済的圧迫の増大を示唆している。**図7-3**は、1948年から1995年にかけて消費者物価指数に基づく合衆国の物価上昇率の変化を示している。比較を容易にするため、この図でも同時期の強盗率を示している。

物価上昇傾向は、絶対的な経済指標に基づけば、経済的繁栄の増大を明ら

図7-3 年間物価上昇率と強盗率(1948－1995年)

出典：Economic Report of the President, *The Annual Report of the Council of Economic Advisors* (Washington, DC: Government Printing Office, 1997), p.348.

かに示している。相対的な経済指標によれば、その時期は経済的圧迫の増大を裏付けている。物価上昇率が加速し始めた時期は、ちょうど合衆国は大いに繁栄し、完全雇用を確保していた頃である[46]。リンドン・ジョンソン政権が、社会政策の支出を拡大し、同時に東南アジアでの非常に費用のかさむ戦争を決定したため、物価は上昇し始めた。図7-3において示されるように、戦後初期の物価上昇には大きな揺れがある。戦後の好況に沸いた1948年に物価は8パーセント上昇し、その後下降し、また朝鮮戦争への動員によって物価上昇に拍車がかかり、1951年には再び8パーセント上昇した。しかし、1960年代初期以降は、物価は着実に上昇傾向を示し、1979年には戦後最高値の13パーセントの上昇率にまで達した。物価上昇は1980年代から1990年代にかけて再び収束し、1990年から1995年には3パーセント以下にとどまっている。

　このように、平均収入という絶対的な経済尺度と比べると、収入格差や物価上昇といった経済的圧迫に関する相対尺度は、戦後中期の犯罪動向に適合

しているようである。ジェームス・Q・ウィルソンが収入の中央値といった経済の絶対尺度に傾注して、犯罪はかなり好景気の時期に急増すると結論づけたような経済的緊張パースペクティブには批判もあるが、相対的な経済的緊張の尺度は、それとは全く違った像を提供してくれる。一般に、戦後中期の犯罪の急増は、経済が絶対的な意味では強大だったが、相対的な意味ではかなり弱かったことに呼応している。絶対尺度と比較すると、経済的圧迫に関する相対尺度は、街頭犯罪の動向をよりよく予測している。

戦後後期（1974年－1996年）

　1974年以降の経済状態は、経済学者フランク・レヴィの一言、「ひどい」に尽きる[47]。経済の健全性の減退は、まず1960年代後半の物価上昇によって示された。物価はベトナム戦争が拡大する2、3年前に上昇し[48]、リンドン・ジョンソン大統領がベトナム戦争の費用を借入れによって調達することを決めたため非常に悪化した[49]。さらに悪いニュースが伝わってきた。経済が2つの供給ショック——食料とさらに重要な石油の供給ショック——に見舞われた1973年のことである[50]。

　1973年10月、イスラエルはユダヤ教の祝日「贖罪の日」にアラブ諸国から攻撃を受けた。アラブ諸国は戦争の一環として石油の輸出を禁止した。アラブ石油輸出国機構（OPEC）と呼ばれる、今日まで続く能率の悪いカルテルは、サウジの「標準マーカー原油」の基準価格を1バレル当たり3ドルから5.11ドルに引き上げた。この手法はかなり成功を収めたため、OPECはさらに、1974年1月に価格を1バレルあたり11.65ドルにまで引き上げた。1974年にはこれらの衝撃によって、1年のあいだに物価は13パーセント近く上昇した（図7-3を参照）。

　エネルギー価格の急騰と経済的不安定が増大したことによって、［アメリカの］生産性は低下し、この状態は一般に1990年代初めまで続いた[51]。1973年に20歳代後半の男性の収入水準は、基本的にはあと20年変わらないと見込まれた[52]。図7-1に示されるように、物価上昇分を補正した男性の収入中央値は、

1967年では2万3,313ドルであるが、1995年では2万2,562ドルと事実上低下している。完全失業者の増加が1970年代と1980年代の経済不振に加わり、1975年の完全失業率は戦後最高の8.5パーセントに達した[53]。

戦後後期には、労働市場の構造も大きく変化した。特に、1970年代から1980年代にかけて都市部、とりわけ北東地域と北部中央地域において、以前は非熟練労働者に比較的高い賃金を支払っていた産業ではかなりの数の雇用機会が失われた[54]。大都市のサービス業においても多くの雇用機会が失われた[55]。

1970年代から1980年代にかけて、経済的格差も拡大した[56]。経済学者のウィリアム・ゴールドスミスとエドワード・ブレイクリーによれば、合衆国で最下位に位置する5分の1の家族の総世帯収入は、1973年から1989年までだけで16パーセント落ち込んだ[57]。それに次ぐ5分の3の家族の世帯収入も減少した。1970年代初め以降、非熟練労働者の賃金は低下しており、特に1980年代では大学教育を受けている者と受けていない労働者、また熟練および非熟練労働者の賃金格差は拡大していった[58]。こうした傾向は、事実上、経済の全ての部門で起こっている。これとは対照的に、合衆国の最も豊かな5分の1の家族の世帯収入は伸び、最も豊かな家族の1パーセントは最高水準の給与を得ている。

1977年から1990年にかけて、実質可処分所得（税金を差引いた収入と、譲渡金を加えたもの）の分配はかなり劇的に悪化した。経済学者のゴールドスミスとブレイクリーは次のような2つの一般化を提示し、「貧しい家族は相対的にみてさらに貧しくなった。格差はこの数年間で急速に広がった」と述べている[59]。特筆すべきことに、合衆国下院による1991年の報告によれば、1979年から1989年にかけて、全家族のうち最貧層の半数の家族にとって、世帯収入の実質価値（家計の購買力、すなわち物価上昇を差引いた場合）は減少している[60]。

このような格差の拡大は、教育と賃金の関係における変化とも直接的に関わっている。経済学者のジョン・バウンドとジョージ・ジョンソンによれば、1980年代において、教育水準の高い労働者の賃金が相対的に急上昇してい

た[61]。1979年から1988年にかけて、大学卒業者の平均賃金は、高校卒業者の平均賃金と比較して、15パーセント以上増加した。高校卒業者と小学校卒業者の賃金格差もかなり広がった。

1990年代初期になると、経済状態によって合衆国は2つの社会に分割されつつあることを裏付ける証拠があがってきた。クリントン政権期における元労働省長官ロバート・ライシュは、合衆国経済が四つに分割できると論じている。すなわち、シンボリック・アナリスト、ルーティン・オペレーター、個人向けサービス提供業者、これら以外のその他、である[62]。ライシュは、シンボリック・アナリストを、弁護士、医者、コンピュータープログラマーのような数字や概念を扱う職種と定義している。ライシュはこのグループを「幸運な5分の1」と呼ぶ。1990年になると、合衆国経済の20パーセントを占めるこれら職種の人々の税引き後の収入は、残りの5分の4の人々の総額を上回っていたからである。

しかし、本書が述べてきたように、経済は絶えず変化し続けており、いくつかの指標は、戦後の経済制度と犯罪の関係が新たな時代に突入していることを示している。合衆国では、西暦2000年を迎えるにあたり、相対的な経済尺度に注目すると改善傾向が読みとれる。特に、物価上昇率は1990年代前半では3パーセントを下回っており、1995年と1996年には、合衆国の不平等率はやや減少している[63]。20世紀終盤の合衆国において、経済状態がこのように変化したため、街頭犯罪は減少するかもしれないと確信を持つのは、現時点では時期尚早であるが魅力的な考えである。

アフリカ系アメリカ人・犯罪・戦後経済

これまで経済的圧迫と犯罪動向の一般的な関係だけを論じてきた。そこで、本節では、アフリカ系アメリカ人と白人における動向の差異を考察することによって、さらなる洞察が得られるかどうか検討したい。戦後期のアフリカ系アメリカ人の場合は、犯罪と経済状態の関係が、すでに観察してきた一般的関連と多くの点で類似している。いやそれ以上の関連を有している。ここ

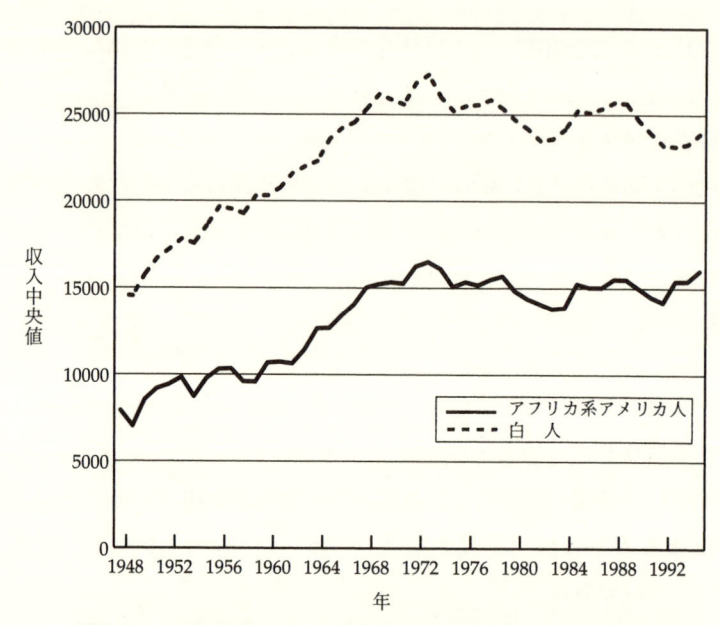

**図7-4 アフリカ系アメリカ人男性と白人男性の収入中央値の動向
(1948-1995年)(1995年ドルを基準に換算)**

注:1980年以降の場合は、男性とは15歳以上を、1979年以前の場合は、14歳以上を指す。1966以前のアフリカ系アメリカ人のデータには、その他のマイノリティが含まれる。
出典:U.S. Bureau of the Census, "Money Income in the United States: 1995," *Current Population Reports*, Series P-60, No.193 (Washington, DC: Government Printing Office, 1996), pp.B-13, B-14.

で再び戦後の収入に関するデータを検討することによって、それは説明できるだろう。**図7-4**は、1948年から1995年にかけて黒人男性と白人男性による収入の中央値を表している。

驚くほどのことではないが、黒人の収入の中央値は、データの及ぶ全時期を通じて、実質的に白人より低い。平均的にみると、白人の年収はアフリカ系アメリカ人よりも9,000ドル高い。一般に、黒人男性と白人男性の収入の中央値は、犯罪が急増する1960年代直前から1970年代初期にかけてもっとも増加している。1970年代初期以降、双方の収入の中央値は横ばいあるいは減少している。

図7-4によれば、経済的圧迫と犯罪の関係において、アフリカ系アメリカ

人の場合、直感に反するように思われる論点が2つある。第1は、戦後全般の経済動向について先述したものと同一の問題、すなわち、アフリカ系アメリカ人の犯罪率が劇的に増加したまさにその時期に、アフリカ系アメリカ人の経済状態は一般に改善されつつあったということである。第2の論点は、アフリカ系アメリカ人の犯罪率が急増しているまさにその時期に、アフリカ系アメリカ人と白人の収入格差が横ばいもしくは減少していることである。図7-4によれば、1948年における黒人男性の平均収入は白人男性の54パーセントであるが、1995年には67パーセントに増加している。しかし、アフリカ系アメリカ人の経済状態は、明らかに、大きく改善されたわけではない。

　同僚のクリス・ドラスと私は、アフリカ系アメリカ人と白人の収入をその他の絶対尺度で比較したところ、同様の関係を見出した[64]。例えば、戦後の家族収入の中央値や、年間を通して就業している男性の所得の中央値、貧困線を下回る世帯の割合に関する尺度は、いずれも、戦後のアフリカ系アメリカ人の所得が、一般的な意味においても、また、白人との比較においても改善されていることを示している。実際、こうした収入尺度だけでなく、失業者数や労働人口に加わっていない成人男性の割合についても、両者の動向に強い相関があることがわかった。いずれのケースでも戦後中期は、アフリカ系アメリカ人による犯罪率の急増が、絶対的な意味においても、白人との比較においても、好調な経済状態と一見したところ結び付いていた時期であることを示している。

　しかし、一見変則的に思われるこれらの事実は、経済の全般的動向と同様に、経済的圧迫に関する相対尺度を検討すれば理解できる。**図7-5**は、そうした一つの尺度、すなわち世帯収入格差の四分位範囲を用いて、アフリカ系アメリカ人と白人を比較している。図7-5によれば、戦後中期の大半において、アフリカ系アメリカ人も白人もともに、世帯収入の格差が拡大していた。アフリカ系アメリカ人の場合、1962年から1972年にかけて、この増加はとりわけ急激である。

　1957年から1990年までの殺人率や強盗率や不法目的侵入率をクリス・ド

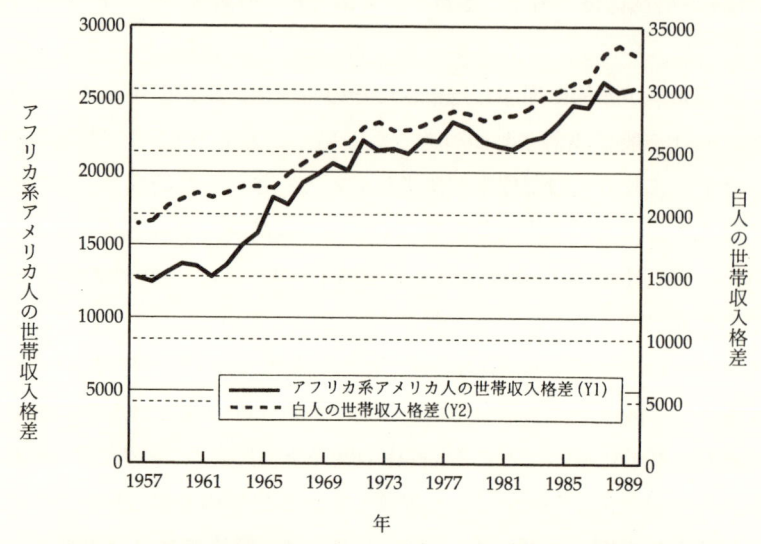

図7-5　人種と収入の格差（1957－1990年）（1990年ドルを基準に換算）

注：1966年以前のアフリカ系アメリカ人のデータには、その他のマイノリティも含まれる。
出典：Gary LaFree and Kriss A. Drass, "The Effect of Changes in Intraracial Income Inequality and Educational Attainment on Changes in Arrest Rates for African Americans and Whites, 1957 to 1990," *American Sociological Review* (1996) 61: 614-634, より許可を得て再掲。

　ラスと私が分析したところ、図7-5に示されているような収入の格差の動向は、戦後期におけるアフリカ系アメリカ人と白人双方の犯罪率の上昇と関連していることが明らかになった。それとは対照的に、男性による収入の中央値のような経済的圧迫に関する絶対尺度は、黒人男性の犯罪動向と全く関係がなく、白人男性の犯罪動向ともあまり一貫した関連がなかった[65]。したがって、戦後期のアフリカ系アメリカ人は絶対的な意味においても、白人との比較においても、全体として経済的には進展したものの、この進展は人種内の収入格差の拡大によって相殺されていた。

アフリカ系アメリカ人・犯罪・移住

　戦後期を通じてアフリカ系アメリカ人に見出される経済的圧迫と高い街頭犯罪率を、ともに説明する主要な要因として、移住がしばしば議論されてき

た[66]。すでにみてきたように、移住は、合衆国の歴史上、押し寄せてきた初期の移民の経済的地位と犯罪行為を説明するうえで鍵となる要因であったが、戦後の場合にも、移住は説得な説明要因である[67]。実際のところ、大半のアフリカ系アメリカ人が南部の農村から北部のインナーシティへ移住したのは、戦後になってからである。1940年から1970年にかけて、南部に住むアフリカ系アメリカ人の割合は80パーセントから53パーセントに減少した[68]。大半が地方在住者であった黒人人口は、わずか一世代のあいだに白人以上に都市に住むようになった[69]。

経済学者フランク・レヴィは、経済的な観点からこの移住をよく理解できると指摘している[70]。合衆国南東部は、他のどの地域よりも平均給与が低く、製造業の雇用機会も少なかった。多くのアフリカ系アメリカ人は、南部の農村地方の小作農を辞めて、給料の高い北部の製造業の職を求めた。

こうした変化の規模がわかれば、移住は、他の社会問題と同様、インナーシティのアフリカ系アメリカ人による犯罪率の高さを明確に説明できる重要な要素となるだろう[71]。アフリカ系アメリカ人の移住の影響を検討したジャーナリストのニコラス・リーマンによれば、「ゲットーの底辺層における文化は、全ての面で南部に起因している。といっても、奴隷制時代の南部ではなく、つい一世代前の南部である」[72]。しかし、戦後におけるアフリカ系アメリカ人の移住と都市問題は、実際にはもっと複雑である。

まず、アフリカ系アメリカ人が南部の農村から北部の都市へ移住してきたのは、大半が1940年代から1950年代である[73]。1950年代のわずか10年間で、都市中心部に住む全アフリカ系アメリカ人の割合は41パーセントから51パーセントに増加した[74]。アフリカ系アメリカ人の南部からの移住率は1960年にピークに達した[75]。実際、1970年代から1980年代にかけて、南東部地域はアフリカ系アメリカ人の相当な流入があった[76]。つまり、アフリカ系アメリカ人が大規模に北部へ移住してきた時期には、アフリカ系アメリカ人の犯罪率は歴史的に低かったのである。

さらに、犯罪率が高い現代のインナーシティ地区は、一般に、南部の農村

からの人口流入によって構成されているわけではない。社会学者ウィリアム・ジュリウス・ウィルソンは、1960年、1970年、1980年の各年にアフリカ系アメリカ人の人口が最も多かった北部地域10都市を調査している。それによると、1970年から1980年にかけてアフリカ系アメリカ人の流入が増えているのは、ニュージャージー州ニューアークとミシガン州デトロイトの2都市だけで、しかも、これら増加は両市でもわずかであった[77]。ニューヨーク、シカゴ、フィラデルフィア、デトロイトといった、一般に戦後後期の犯罪問題を連想させる合衆国の大都市では、当時、アフリカ系アメリカ人による人口の流入は少なく、あるいは全くなかった。実際、これらの北部都市では、アフリカ系アメリカ人は流入する人口よりも流出する人口のほうが多かった[78]。

ウィルソンによれば、南部から北部都市へ移住してきたアフリカ系アメリカ人は、概して北部都市で生まれ育ったアフリカ系アメリカ人より経済的に恵まれた生活をしていた[79]。ウィルソンによれば、北部に移住した南部出身のアフリカ系アメリカ人は、北部都市で生まれたアフリカ系アメリカ人より収入が多く、労働力参入率が高く、完全失業率が低く、生活保護を受ける者は少ない[80]。

南部の農村地方から北部に移住してきたアフリカ系アメリカ人と犯罪動向とは、直接関係がないという事実にもかかわらず、アフリカ系アメリカ人の犯罪動向はその移住によって影響を受けてきたといえよう。ウィリアム・ジュリウス・ウィルソンによる都市の底辺層についての理論によると、中流階層や労働者階層の家族がインナーシティ地区から脱出したため、「集中効果」すなわち残された最も不利な立場にあるアフリカ系アメリカ人たちの異常な集中が都市中心部にもたらされたのである[81]。

実際、アフリカ系アメリカ人と白人の双方がインナーシティから郊外へと移住したことは、戦後期の最も重要な移動であった[82]。1960年代の都市中心部全体では、実質的に、1年当たり34万5,000人が転出した[83]。1970年代には、都市中心部の実質的な転出は年平均130万人であった。1990年代になると、都市中心部の人口よりもその周辺の郊外に住んでいるアメリカ人のほうが多

くなった[84]。ウィルソンによれば、アフリカ系アメリカ人が都市中心部から転出したのは[制度上の]人種差別が撤廃されたからである。その結果、中流階層や上流階層の黒人は厄介なインナーシティから離れていった[85]。これとは対照的に、人口統計学者のダグラス・マッセイとその同僚たちによれば、アフリカ系アメリカ人の被る不利益がインナーシティ地区に集中する主な理由は、人種政策だけでなく、銀行による「レッド・ライニング[訳注・融資差止地区指定]」や不動産業者の「ブロックバスティング[訳注・人種差別的地上げ行為]」戦術[86]といった民間業者による居住地区への差別の助長に起因するという[87]。

これらの作用がどこまで確かなことかは別にしても、インナーシティを離れた人々は、そこに残っている人々よりも収入が多い[88]。1959年の都市中心部に住む家族と郊外に住む家族の収入格差は、恒常ドルで2,100ドルと前者が後者を11パーセント上回っていた[89]。この収入格差は、1983年には24パーセントに拡大し、都市中央部では2万3,300ドルであるのに対して、郊外の場合は3万600ドルとなった[90]。こうした格差は、次章で述べるように、家族の変化と密接に関わっている。

3　結論：犯罪と戦後経済

本章では、戦後合衆国の犯罪動向が、アメリカ人に与える経済制度の様々な不満という変数によって説明できることを検討した。戦後アメリカについて見てきたように、一般に経済状態が犯罪動向の原因となるという考えは、経済状態がおおむね好調で、犯罪率は低く安定していた戦後初期と、経済状態が概して好ましくなく、犯罪率が高水準で安定している戦後後期に最もよくあてはまる。1961年から1973年までの戦後中期については、経済状態による説明は最も難しい。これは、犯罪率の急増したこの時期に、経済状態に関するほとんどの絶対尺度が事実上良くなっていたからである。

相対尺度の動向を考察すれば、戦後中期における経済的不満についての議論は納得できるものとなろう。特に、経済的格差と物価上昇は1960年代から

一貫して増加し始め、1990年代初期まで続いた。1990年代半ばには、物価の上昇は緩やかになり、経済的格差は1994年と1995年には事実上縮小した。1960年代から1970年代初期にかけての犯罪動向は、収入や失業者数といった絶対尺度よりも、格差や物価上昇といった経済的圧迫に関する相対尺度とより密接に関連している。

経済的圧迫に関する絶対尺度は、白人の犯罪との関連よりも、アフリカ系アメリカ人の犯罪との関連について考える場合に問題が生じる。特に、1940年代から1950年代にかけて、アフリカ系アメリカ人の犯罪率は比較的低いが、彼らがひどく不利な立場におかれていることは当時の主要な経済指標の全てからわかる。しかし、1960年代から1970年代にかけては、犯罪率は高いのに、主要な経済指標は改善されている。さらに、戦後の経済動向がアフリカ系アメリカ人の犯罪動向と関連のあることことを示す明白な証拠がある。戦後期を通じて、アフリカ系アメリカ人の経済的位置は白人よりも一貫して劣悪であったが、それに対応して、黒人の犯罪動向は、戦後期を通じ一貫して白人より高い。さらに、戦後にアフリカ系アメリカ人が獲得した経済的成果の総計は、黒人の貧富の差が拡大したことによって相殺されていた。

戦後初期は、アメリカの主流派犯罪学の黄金期であった。経済は強く、それにともなって犯罪率が低かったことで、犯罪のような社会問題は、大規模な変化でなく微調整によって解決されるかのように思われていた。犯罪率が低いのは、合衆国が世界の他の諸国と比べて独自な位置にあると感じられていることの原因であり、また結果であった。

1960年代における犯罪の急増は、こうした自己満足に対して深刻な問題を投げかけた。とりわけリベラルな政策立案者たちを悩ませたのは、経済状態が比較的好調な同時期に、犯罪率が増加しているという事実であった。1960年代、政策立案者や研究者は、街頭犯罪の増加がUCR犯罪統計の持つどうしようもない欠点による幻覚であると論じて、このような論点を回避しようとした。しかし、後の研究によって、UCRが指摘した犯罪動向が実際にはおおむね正確であったことが示された。より有効なリベラルなアプローチは、暮ら

し向きという相対尺度を強調してきた。戦後中期には経済状態に関する絶対尺度が良好であったが、相対尺度はかなり低迷していたのである。

いくぶん逆説的だが、戦後後期の大方の時期は景気が後退していたため、主流派犯罪学は再び経済的な現実と密接に手を組むことになった。この場合、歴史的に高い犯罪率と、世界的な競争に直面して国全体の経済が弱体化した時期とが一致している。おそらくこうした状況は、ある程度、1970年代以降に犯罪学内部で復活してきた犯罪の原因論への関心をも説明している[91]。仮に、政策立案者が、強い経済状態が円滑な社会運営をもたらした証拠として、戦後初期の低犯罪率をあげるならば、犯罪の抑止と犯罪者の無害化を目指す政策への大きな変化を正当化するのに、彼らは戦後後期の高い犯罪率を持ち出すことだろう。

本書の執筆中に、街頭犯罪率は同じ水準にとどまるのではなく、実際に減少し始める徴候を示している。興味深いことに、こうした変化は、相対的な意味においても、絶対的な意味においても、経済が上向いてきていることと対応している。

☆　☆　☆

次章では、犯罪に重要な意味を有する第3の制度である家族の動向に目を向ける。戦後のアメリカの家族は、とてつもなく大きな変化を経験している。第8章では、これらの変化と犯罪率の関係を検討する。

注

1　Karl Marx and Frederic Engels, "Wage Labor and Capital," in *Selected Works in Two Volumes* (Moscow: Foreign Languages Publishing House,1955) pp. 268-269. （＝1928, 安倍浩譯訳「賃銀勞働及び資本」『世界思想大全集30』春秋社, 303頁.）.
2　この引用は、キング牧師暗殺の10年後の、Martin Luther King, Jr., appeared in "Showdown for Non-Violence," *Look* (1978) 32: 23-25より。
3　Lynn McDonald, *The Sociology of Law and Order* (London: Faber & Faber, 1976).
4　J. Robert Lilly, Francis T. Cullen, and Richard A. Ball, *Context and Consequences: Studies in Crime, Law and Justice,* Volume 5 (Beverly Hills, CA: Sage, 1979), p. 182.
5　Denny Braun, *The Rich Get Richer: The Rise of Income Inequality in the United*

States and the World (Chicago: Nelson Hall, 1991), p. 137.
6 Braun (1991), p. 137.
7 Barry Bluestone and Bennett Harrison, *The Deindustrialization of America* (New York: Basic Books, 1982). (=1984, 中村定訳『アメリカの崩壊』日本コンサルタント・グループ.)
8 Mike Davis, *Prisoners of the American Dream: Politics and Economy in the History of the U.S. Working Class* (London: Verso,1986); Samuel Bowles, David M. Gordon, and Thomas E. Weisskopf, *After the Wasteland: A Democratic Economics for the Year 2000* (Armonk, NY: M.E. Sharpe, 1990).
9 Eamonn Fingleton, *Blindside: Why Japan Is Still on Track to Overtake the U.S. by the Year 2000* (Boston: Houghton Miffin, 1995), ch.2.(=1997, 仲村仁美訳『見えない繁栄システム：それでも日本が2000年までに米国を追い越すのはなぜか』早川書房.).
10 Fingleton (1995), pp. 5-6.
11 Economic Report of the President, *The Annual Report of the Council of Economic Advisors* (Washington, DC: Government Printing Office, 1996), p. 20.
12 Economic Report of the President, *The Annual Report of the Council of Economic Advisors* (Washington, DC: Government Printing Office, 1997).
13 Economic Report of the President (1997).
14 David Hackett Fischer, *The Great Wave: Price Revolution and the Rhythm of History* (New York: Oxford University Press, 1996), p. 232.
15 Daniel Patrick Moynihan, *The Negro Family: The case for National Action* (Washington, DC: Office of Policy Planning and Research, 1965), p. 2.
16 Bart Landry, *The New Black Middle Class* (Berkeley: University of California Press, 1987).
17 例えば、次の文献を参照のこと。Joel Devine, Joseph Sheley, and M. Dwayne Smith, "Macroeconomic and Social-Control Policy Influences in Crime Rates, 1948-1985." *American Sociological Review* (1988) 53: 407-421; Gary LaFree and Kriss A. Drass, "The Effect of Changes in Intraracial Income Inequality and Educational Attainment on Changes in Arrest Rates for African-Americans and Whites, 1957 to 1990," *American Sociological Review* (1996) 61: 614-634.
18 James Q. Wilson, *Thinking About Crime* (New York: Basic, 1975), p. 3.
19 Sharon Long and Ann Witte, "Current Economic Trends: Implications for Crime and Justice," in K. Wright, ed., *Crime and Criminal Justice in a Declining Economy*

(Cambridge, MA: Oelgeschlager, Gunn & Hain, 1981), p. 135.
20 Christopher Jencks, *Rethinking Social Policy: Race and Poverty and the Underclass* (Cambridge, MA: Harvard University Press, 1992), pp. 14-20の議論を参照のこと。
21 Robert K. Merton, "Social Structure and Anomie," *American Sociological Review* (1938) 3: 672-682.
22 Robert K. Merton, "Anomie, Anomia, and Social Interaction: Contexts of Deviant Behavior," in M. B. Clinard, ed., *Anomie and Deviant Behavior: A Discussion and Critique* (New York: Free Press, 1964), p. 226.
23 Robert K. Merton, "Social Structure and Anomie," in L.D. Savitz and N. Johnston, eds., *Crime and Society* (New York: John Wiley, 1978), p. 120.
24 Albert Cohen, *Delinquent Boys: The Culture of the Gang* (New York: Free Press, 1955).
25 Richard Cloward and Lloyd Ohlin, *Delinquency and Opportunity: A Theory of Delinquent Gangs* (New York: Free Press, 1961).
26 Clifford Shaw and Henry McKay, *Juvenile Delinquency and Urban Areas* (Chicago: University of Chicago Press, 1942); 次の社会解体論のレビュー論文、Robert Bursik, "Social Disorganization and Theories of Crime and Delinquency: Problems and Prospects," *Criminology* (1988) 26: 519-551を参照せよ。
27 これらの3点はBursik (1988), p.521に要約されている。
28 レビュー論文として、Long and Witte (1981); David Cantor and Kenneth C. Land, "Unemployment and Crime Rates in the Post-World War II United States: A Theoretical and Empirical Analysis," *American Sociological Review* (1985) 50:317-332; Theodore Chiricos, "Rates of Crime and Unemployment: An Analysis of Aggregate Research Evidence," *Social Problems* (1987) 34: 187-212.
29 John Hagan and Ruth Peterson, eds., *Crime and Inequality* (Stanford: Stanford University Press, 1995).
30 Long and Witte (1981).
31 Marx and Engels, (1955), p. 94.
32 George B. Vold and Thomas J. Bernard, *Theoretical Criminology*, third edition (New York: Oxford University Press, 1986), p. 141. (＝1990, 平野龍一・岩井弘融訳『犯罪学：理論的考察』東京大学出版会.); Hagan and Peterson (1995) も参照のこと。
33 Vold and Bernard (1986), p. 141.
34 Devine et al. (1988).

35 LaFree and Drass (1996), p. 626.
36 Claudia Goldin and Robert Margo, "The Great Compression: The Wage Structure in the United States at Mid-Century," *The Quarterly Journal of Economics* (1992) 107: 1-34; Frank Levy, *Dollars and Dreams* (New York: Russell Sage Foundation, 1987).
37 Frank Levy, "Happiness, and Affluence, and Altruism in the Postwar Period," in M. David and T. Smeeding, eds., *Horizontal Equity, Uncertainty and Economic Welfare* (Chicago: University of Chicago Press, 1985).
38 本節はおもに、Levy (1985) に負っている。
39 賃金のログ分散値は、1940年では1.46, 1950年では1.06である。Goldin and Margo (1992), p. 4. を参照のこと。
40 Wilson (1975), p. 3.
41 Levy (1985), p. 14.
42 LaFree and Drass (1996).
43 Levy (1985), p. 14.
44 四分位範囲 (the interquartile range) は分散の散らばりの状況を示す尺度で、所得分布の累積度数がちょうど25％になる位数 (第1四分位) と75％ (第3四分位) になる位数のあいだの所得格差を示している。
45 LaFree and Drass (1996), p. 619. を参照のこと。私たちは1957年より前、あるいは1990年より後の時系列に延長することはできなかった。なぜなら国勢調査局が世帯収入統計の取り方を変えたからである。
46 Fischer (1996, pp. 203-208) によれば、1960年代初期の物価上昇は世界的な現象であり、多くの国で同時期に現れた。
47 Levy (1985), p. 7.
48 Fischer (1996), p. 204.
49 Lester C. Thurow, *The Zero Sum Society* (New York: Basic Books, 1980), p. 43. (= 1981, 岸本重陳訳『ゼロ・サム社会』TBSブリタニカ.)
50 Levy (1985), p. 15.
51 Edward Denison, "The Interruption of Productivity Growth in the United States," *Economic Journal* (1983) 93: 56-57.
52 先の節での記述と比較するため、ここで男性の平均収入に言及している。次章では、女性の平均賃金を取り上げている。戦後に始まった経済的変化を推定するのに重要になってきたからである。
53 Levy (1985), p. 15.
54 John D. Kasarda, "The Regional and Urban Redistribution of People and Jobs in the

第 7 章 犯罪とアメリカの経済制度 199

U.S." Paper prepared for the National Research Council Committee on National Urban Policy, National Academy of Sciences, Washington, DC, 1986.
55 Ronald B. Mincy, "The Underclass: Concept, Controversy, and Evidence," in S.H. Danzinger, G. D. Sandefur, and D. H. Weinberg, eds., *Confronting Poverty: Prescriptions for Change* (New York: Russell Sage Foundation, 1994), p. 117.
56 Claude S. Fischer, Michael Hout, Martin Sanchez Jankowski, Samuel R. Lucas, Ann Swidler, and Kim Voss, *Inequality by Design: Cracking the Ball Curve Myth* (Princeton: Princeton University Press, 1996).
57 William W. Goldsmith and Edward J. Blakely, *Separate Societies: Poverty and Inequality in the U.S. Cities* (Philadelphia: Temple University Press, 1992), p. 20.
58 Mincy (1994), p. 117.
59 Goldsmith and Blakely (1992), p. 21.
60 Goldsmith and Blakely (1992), p. 21
61 John Bound and George Johnson, "Changes in the Structure of Wages in the 1980s: An Evaluation of Alternative Explanations," *The American Economic Review* (1992) 82: 371-392, 371.
62 Robert Reich, *The Work of Nations* (New York: Alfred A. Knopf, 1991).
63 Economic Report of the President (1997).
64 LaFree and Drass (1996).
65 Minchy (1994), p. 117.
66 Stanley Lieberson, *A Piece of the Pie: Black and White Immigrants Since 1880* (Berkeley: University of California Press, 1980).
67 Paul A. Gilje. *The Road to Mobocracy: Popular Disorder in New York City, 1763-1834* (Chapel Hill: University of North California Press, 1987); Eric Monkkonen, "Racial Factors in New York City Homicides, 1800-1874," in D. F. Hawkins, ed., *Ethnicity, Race and Crime: Perspectives Across Time and Place* (Albany: State University of New York Press, 1995).
68 U.S. Bureau of the Census, *Historical Statistics of the United States: Colonial Times to 1970* (Washington, DC: Government Printing Office, 1975).
69 U.S. Bureau of the Census (1975), pp. A276-A287.
70 Levy (1987), p. 105.
71 Nicholas Lemann, "The Origins of the Underclass," *The Atlantic Monthly* (1986) June: 31-61.
72 Lemann (1986), p. 35

73 Levy (1987), p. 135
74 Levy (1987), p. 105
75 Roger Lane, *Roots of Violence in Black Philadelphia, 1860-1890* (Cambridge, MA: Harvard University Press, 1986), p. 168.
76 Levy (1987), p. 109.
77 William Julius Wilson, *The Truly Disadvantaged: The Inner City, the Underclass and Public Policy* (Chicago: University of Chicago Press, 1987), p. 178. (=1999, 青木秀男・平川茂・牛草英晴『アメリカのアンダークラス』明石書店.)
78 Wilson (1987), pp. 178-179
79 Wilson (1987), p. 55
80 Wilson (1987), p. 55
81 Wilson (1987), pp. 57-58.
82 Levy (1987), pp. 111-119.
83 Levy (1987), p. 117.
84 U. S. Bureau of the Census, *Statistical Abstract of the United States, 1990* (Washington, DC: U. S. Department of Commerce, 1991), table 4.
85 Wilson (1987), p. 143.
86 Gregory D. Squires, William Velez, and Karl E. Taeuber, "Insurance Redlining, Agency Location, and the Process of Urban Disinvestment," *Urban Affairs Quarterly* (1991) 26: 567-588; Margery A. Turner, John G. Edwards, and Maris Mikelsons, *Housing Discrimination Study: Analyzing Racial and Ethnic Steering* (Washington, DC: U. S. Department of Housing and Urban Development, 1991).
87 Douglas S. Massey, Andrew B. Gross, and Kumiko Shibuya, "Migration, Segregation, and the Geographic Concentration of Poverty," *American Sociological Review* (1994) 59: 425-445.
88 Levy (1987), p. 117.
89 Levy (1987), p. 117.
90 Larry H. Long and Donald C. Dahmann, *The City Suburb Income Gap: Is It Being Narrowed by a Back-to-the-City Movement?* U.S. Bureau of the Census, Special Demographic Analyses, CDS-80-1 (Washington, DC: Government Printing Office, 1980).
91 こうした議論の動向については、Jack P. Gibbs, "Review of *Crime and Human Nature*, by James Q. Wilson and Richard J. Herrnstein," *Criminology* (1985) 23: 381-388 を参照のこと。

第8章　犯罪とアメリカの家族の変貌

　　絶え間なく侵入してくる異邦人を、どうにかして文明的に生活させ、社会で生き残るために必要な役割を遂行できるようにしなければならない。
　　　（ノーマン・B・ライダー）[1]

　　小さな子どもたちは……小さな汚い畜生どもである。
　　　（ジョン・ウェイン）[2]

　家族という要因で犯罪と非行を説明することには説得力があり、これは理解しやすい。人々が意図的につくりあげる政治制度や経済制度とは違って、家族制度は出生や血縁を通じて発達した関係に直接依存している[3]。したがって、家族制度には人間の社会化と行動を統制する特別な役割がある。家族は個人を最も早くから、最も長期にわたって、最も集中的にコントロールする典型的な制度である。

　家族に関する変数は、今まで述べてきた犯罪動向を説明するにも有効である。なぜなら、家族構造は、犯罪と同様、戦後のアメリカにおいて非常に変化しているからである。社会学者のフランセス・ゴールドシャイダとリンダ・ウェイトによれば、20世紀後半におけるアメリカの家族には、革命的な変化が同時に2つ起こっている。1つは内在的で、もう1つは外在的な変化である[4]。内在的な変化とは、男女間の経済的関係についてである。産業社会では女性の仕事は、家族の世話や事務や販売員といった低賃金の仕事に限定されていたが、知識や情報やサービス技能に支えられた脱産業化経済に変化してゆくにつれて、女性はしだいにあらゆる経済レベルの地位に就くようにな

る[5]。家族制度のもう1つの変化である外在的変化とは、戦後、若者の非婚や離婚、やもめ暮らしの成人など、家族形態をとらない人々が異常に増えたことである[6]。

家族と犯罪の関係も、アフリカ系アメリカ人と白人の相違を説明するのに有効である。家族組織のどの尺度をとってみても、アフリカ系アメリカ人の家族構造は、戦後、白人よりバリエーションの大きな家族構造から出発し、白人よりも速いペースで異質性を高めてきた。白人女性と比べると、黒人女性には婚外子が多く、母子世帯が多く、結婚や再婚をしない傾向にある。つまり、実の両親と生活している黒人の子どもは、白人の子どもよりも少ない[7]。そのため、家族組織は、戦後アメリカの黒人の犯罪率と白人の犯罪率のあいだに見出される相違をある程度論理的に説明できると思われる。

1　家族組織と正統性

家族制度はどのように犯罪を規制するのか

先へ進む前に、特に家族制度が犯罪を規制するメカニズムについて考察しておくことは有用であろう。これらの関係を扱った文献は多くあるが、そのほとんどは、犯罪の動機を減らすことや社会的コントロールや保護という点で、家族の役割を強調している。家族は、世代を通じて制度的ルールを伝達する主な代行者として、犯罪の動機に最もはっきりとした影響を与える[8]。第5章で論じたように、人間の本能は不完全であるので、子どもの社会的ルールの習得は社会化に依存する。人間の社会では、ほとんど例外なく、家族成員と頻繁かつ長期間にわたって接触し、一般に家族の接触は家族以外の者よりも優先され、その他の社会的接触よりも情緒的に強いつながりを持つ。人類の歴史を通じて常に家族は、子どもたちに善悪の区別や道徳的価値を教え、適切な長期的目標を強調する主要な制度であった。

家族は、成員の行動を直接規制することによっても、犯罪と逸脱をコントロールする。特に、家族は子どもの活動を制限し、物理的に監視を続け、外出

先を把握することによって、犯罪率の減少に寄与している[9]。こうした家族の社会的コントロールの及ぶ範囲はきわめて広く、このことへの認識は重要である。家族は、子どもの活動を物理的に監視することによって、子どもの犯罪行為を減少させるが、おそらくより重要なのは、家族の愛情と尊敬が子どもの社会的行為をコントロールできるということである。多くの研究によって確認されているように、家族のことを心配する子どもは、家族成員にとって恥となったり、当惑となったり、不都合になると思われる行為を避けようとする[10]。

　こうした社会的コントロールの機能は、子どもの場合きわめて明白であるが、家族は成人に達している家族成員の行為も規制する。今世紀の半ばにシェルドン・グリュックとエレノア・グリュックによって、非行少年500人と普通の少年500人についての子ども期から成年期までの研究がなされたが、その研究を再検討した社会学者のロバート・サンプソンとジョン・ラウブは、前科の有無とは無関係に、青年期における家族の愛情の強さが、ずっと成人期まで犯罪をおかすか否かの決め手になることを明らかにした[11]。

　最後に、家族はしばしばその成員を保護することによって、犯罪を減少させる。家族は、強盗や窃盗などの財産犯罪だけでなく、潜在的な痴漢、路上強盗、強姦から成員を保護することによって、家族成員の犯罪被害を減少させる[12]。

家族の正統性と犯罪

　家族制度の正統性は、少なくとも4つの方法で犯罪を規制する。第1に、家族制度の正統性がより広い一般社会の正統性と一致している社会では、家族は社会化の代行者として効果的にはたらく。なぜなら、家族成員に対して、社会の容認できる行為と容認できない行為について、より普遍的で適合的な像を示すことができるからである。正統性の高い家族が与える社会化のメッセージは、自分たちだけでなく家族成員が接触している他の制度の成員によっても支持されやすい。ある研究によれば、子どもが様々な情報源のなか

から、類似性と一貫性のあるメッセージを受け取れば受け取るほど、そのようなメッセージが最終的に内面化される可能性は高まる[13]。

　第2に、家族制度の正統性が高いと、社会は家族成員の行為をすぐに規制できる。社会学者トラビス・ハーシが指摘するように、「両親による監督は、適切な社会化にとっては不可欠であり、たとえそれが行動に長期間影響を及ぼさなくとも、効果的に非行を防止することになる」[14]。つまり、家族は子どもにある特定の行為の正しさを確信させることができなくても、子どもの活動をただ制限したり、できるだけ監視したり、子どもの外出中の行動を把握することによって、その重要な社会的コントロールの役割を果すことができる。正統性の高い家族の両親は、自分たちの子どもの活動を監視する際に、家族のほかの成員やコミュニティの成員から、より一貫した支持を得やすい。そのような家族は、子どもの活動に目を配ったり、門限を決めたり、子どもが外出する際その行き先や同行者について子どもに情報の提供を要請しやすいからである。

　第3に、家族制度の正統性が高い社会は、家族成員が万一法律を破った場合に、さらなる犯罪行動を減少させるのに効果的に作用する[15]。犯罪学でよく知られているように、家族成員は、司法制度との相互作用において、本質的に、子どもの善行を保証しようとするインフォーマルな保護観察官として振舞い、子どもを導く[16]。ギャング団の非行少年が警察官と遭遇する場面を研究したカール・ワースマンとアービング・ピリアビンによれば、警察官が少年を逮捕するか否かには、両親が子どもをコントロールできるかどうか、という警察官の評価が大いに関係してくるという[17]。正統性の高い家族制度は、そうでない家族に比べて、子どもに対してより好ましい処遇を施すために、子どもの効果的な擁護者としてはたらき、法的機関や社会福祉機関のスタッフから敬意を払われるのに必要な内的秩序を持っている。

　最後に、家族の正統性が高い社会では、そうでない社会よりも、他者の犯罪行為から効果的に家族成員を保護できる。さらに、正統性の高い家族は、内的秩序を強化することによって、他者や制度と関わる際に大きな権威を持

つので、保護の有効性を高める。社会学者のローレンス・コーエンとマーカス・フェルソンによれば、ある地域で財産犯罪の発生を最もよく説明する要因は、家族が一日中在宅している比率である[18]。家庭を中心とする活動の比率の高い家族では、概して不法目的侵入発生率が低い。さらに、家族の正統性が高い社会では、家族成員を攻撃や暴力などの物理的危害から保護することができる[19]。要するに、正統性の高い家族は、そうでない家族と比べて、家族の社会化、コントロール、保護がうまくはたらくのである。

　ここで論じているのは、戦後アメリカにおける伝統的な家族制度の正統性の減退が、1960年代から1970年代にかけての犯罪急増の原因になっているということである。加えて、戦後の黒人家族制度の正統性が、白人家族より低い状態で始まり、後に急速に減退していることである。しかし、戦後後期では、家族制度の変化は減速している。社会は、実の両親で構成される核家族に代わって出現してきた別の形態を制度化するようになり、家族制度の正統性の水準は、いくらか安定し始めている。

　ここで付け加えておくべきであろうが、実の両親から構成され、男性が収入を得て女性が主婦業をするという戦後初期のアメリカ社会を支配していた家族モデルが、犯罪減少に寄与していると論じているわけではない。明らかに、他の様々な家族形態の場合でも犯罪率は低く安定していた[20]。むしろ私の議論は、戦後中期のアメリカの家族は犯罪をうまく防止することができなくなってきた、ということである。なぜなら、平均的にいって、伝統的な家族形態は正統性を失ったが、それと同じくらい効果的にはたらく新たな形態とすぐ交替することができなかったためである。事実、この一般的傾向の例外が、これを裏付けてくれる。

　文化人類学者キャロル・スタックは、戦後中期のインナーシティの黒人地区を丹念に調査して、両親から成る核家族がまれな社会システムでも、比較的安定しえたのは、コミュニティと親族ネットワークのおかげであることを明らかにした[21]。同様に、フランク・ファーステンバーグがフィラデルフィアの貧しい白人地区のギャリソン・ハイツで行ったより最近の研究では、

「地区の子どもたちは地区全体を象徴し」また「皆が子どもたちの行為に関わるもの」[22]として、単身の親の子育を支援するコミュニティの様子が示されている。すなわち、これらのコミュニティが子どもたちの行為を効果的に規制できたのは、正統性の高い、伝統的家族に代わる社会的形態を発展させてきたからである。

犯罪と家族の正統性に関する研究

　第5章で述べたように、正統性とは、広く受け入れられ、制度的に規定された径路の範囲内に、制度が人々の行為をどの程度うまく収めておけるのか、ということである。したがって、伝統的家族の代替的な理念型を研究することによって、伝統的家族の正統性の変化を測定することができる。伝統的家族に代替する制度と犯罪との関係を長期にわたって時系列的に研究したものはほとんどない。しかし、コーエンとフェルソンは、母子世帯総数に、妻が賃金労働に従事している既婚世帯総数を加えることによって、「世帯活動比率」という縦断的尺度をつくった[23]。彼らは、この尺度を用いて、世帯外の活動量の変化を測定している。しかし、この尺度は、伝統的な核家族の外で費やしている時間の合計も測定していることを記しておかなければならない。コーエンとフェルソンは、1947年から1974年にかけて殺人、強姦、加重暴行、強盗、不法目的侵入を長期的に分析し、伝統的家族の外で過ごす個人の時間の割合が増えるにつれて、こうした犯罪も増加していることを確認している。同様な結果は、1948年から1985年にかけて合衆国の殺人、強盗、不法目的侵入の縦断的な研究においても大部分確認されている[24]。

　縦断的研究がほとんど実施されてこなかったこととは対照的に、伝統的な家族組織に代わる新しい形態と犯罪の関係に関しては、大規模な横断的研究が行われている。先行研究では、離婚率や母子世帯の割合、婚外子数などの家族崩壊を示す尺度は、全て、非行と犯罪への高い相関を示している[25]。シェルドン・グリュックとエレノア・グリュックが1950年代に実施した古典的研究では、非行で有罪となった少年500人と、有罪とならなかった500人の少

年について、それぞれの家族経験を比較している。グリュック夫妻によれば、前者の60パーセント以上、後者の32パーセントの家族が崩壊していた。グリュック夫妻の結論によると、幼年期から、少年非行は5つの家族的背景の変数を検討することによって予測できる。すなわち、父親によるしつけ、母による監督、父からの愛情、母からの愛情、家族の凝集度である[26]。

より最近の研究では、ロバート・サンプソンが合衆国150都市における強盗率と殺人率を調査している。それによると、離婚率と母子世帯比率は、貧困や年齢構成、都市化を含む広範な変数よりも犯罪と密接に関連している[27]。同様に、ロンドンの犯罪を研究したデビッド・ファーリントンによれば、ある少年が10歳以前に両親から離別することは、少年期と成人期の犯罪の予測要因となり、違反者が中年に達するまで、有罪率の上昇に持続的に寄与するという[28]。

家族の正統性のレベルは、親の養育形態にも表われるといえるだろう。とくに、正統性の高い家族は、そうでない家族と比べて、よりうまく子どもを一貫して監督・支援する。ロルフ・レーバーとマグダ・スタウサマー・レーバーは、養育に関連する変数と少年非行の関係について、数十もの先行研究を分析している[29]。横断的調査を検討して、少年非行の予測における最も重要な変数は、両親のしつけと監督の量や、子どもに対する両親の関与の程度、両親が子どもを拒絶するかどうかであると結論づけている。同様に、少年期全般を測定した研究でも、少年非行を最もよく予測するのは、両親の監督や両親による子どもの拒絶、子どもに対する関与であった[30]。

2 家族の変貌と犯罪動向

以上から、戦後の犯罪動向の一般的な輪郭は明らかになったといえよう。ここでの中心的な問いは、戦後アメリカにおける伝統的家族の正統性の変化が、先述の街頭犯罪にどれくらい対応しているのかということである。そしてさらに、先の章で述べたように、白人と黒人の経験した家族構造の相違が、

犯罪動向にどのような影響をもたらしたのかについても考察したい。

　戦後アメリカの家族制度の衰退が犯罪に及ぼす影響は、明らかに、子育ての責任をしだいに両親のそろった家族に集中させてきた長期的な傾向によって増幅された。社会史家によると、20世紀初期の親は、20世紀末の親よりも子育ての責任を教会組織、拡張親族ネットワーク、その他のコミュニティ成員と共有していた[31]。20世紀のあいだに、家族が私的で特別なものになるにつれて、個々の親たちはしだいに、子育てにおける「単独の専門家」になることを強いられた[32]。実際、主婦がその他のコミュニティ支援ネットワークから孤立していくということは、伝統的な家族に対して1960年代のフェミニストが提起した主要な批判の一つであった[33]。言い換えれば、子育てにおいて伝統的な核家族が特に重要になってきたのと同時期に、伝統的家族の構造の解体が明らかになってきたのである。

　次の2節では、戦後アメリカの伝統的家族の正統性に対する2つの大きな異議申し立てについて考察する。第1のそれはイデオロギー的なもので、男性支配の制度としての伝統的家族に直接照準を定めたものである。これは、かなり多様な家族形態を速やかに生み出す結果となった。第2の異議申し立ては、第1と複雑に関わっているが、おおむね経済的なものである。経済的変化は、戦後合衆国において、家族のなかで過ごす個人の大半の時間に深い影響を及ぼした。

ニュー・ファミリーとノー・ファミリー

　戦後アメリカでは、家族と世帯の形態は際立った変化を示した。主な変化は、実の両親、収入を得る夫、家事を担う妻という戦後直後には支配的だった家族に代わる新しい形態の浸透である。おそらく、こうした変化の最も大きな影響は、1960年代に始まったフェミニスト運動に由来する。

　伝統的家族に対するフェミニスト側の決定的な批判は、それまで不問に付されていた夫と父による支配を拒絶することである。ケイト・ミレットは、1969年に出されたフェミニスト・イデオロギーの影響力ある言明のなかで、

家父長制が、二つの単刀直入な原則のうえに成り立っていると主張している。すなわち、「男が女を支配し、また年長の男が若い男を支配する」という原則である[34]。ミレットは、全ての主要な社会制度において、家父長的構造は存在すると主張しているが、なかでも「家父長制の最たる制度は家族である」と結論づけている[35]。

　適切な社会的ルールや価値を若者に教えることが、家族制度の主要な役割であるという点について、ミレットは他の理論家に同意している。しかし、この社会化は、「子どもと母親の地位が、主にあるいは根本的に男性に依存する」という家父長制的システムを普及させるものとなっていると指摘する[36]。この批判は、1950年代に人気を博したテレビのホームコメディー「オジーとハリエット」のような典型的な中産階級の家族形態に向けられた。このドラマの家族は、実の両親と2人の子どもがおり、夫は外で働き、妻は賃金の得られない家事に従事していた。ミレットは、この「変化のない伝統的な役割分担をともなった現代の核家族は、男性優位を必要とする。人類の努力は特に男性だけのためにとっておかれ、女性を召使いのような労働と強制義務的な子育てに従事させる。必然的に、性別による地位の相違が生じてしまう」と結論づける[37]。

　伝統的な家族形態は、フェミニズムによる核家族批判だけでなく、戦後強調されるようになった個人主義とも多くの点で摩擦を生んだ[38]。社会評論家フランシス・フクヤマによれば、権利に基づく個人主義は、長いあいだアメリカ社会に深く埋め込まれてきたが、20世紀後半に特に成長し始めた[39]。法律学者ローレンス・フリードマンは、戦後の家族法の変化がこの個人主義の増大を反映していると主張している[40]。

　フリードマンの指摘によると、合衆国では、結婚が長いあいだ道徳的かつ宗教的に特別な地位を占めており、またしばしば離婚は道徳に反すると考えられてきたため、法律は離婚を困難なものにしてきた。したがって、特定の生活様式を選択する個人の自由などは、伝統的な家族形態の神聖さに隷属させられてきた。第二次世界大戦終結時には法律がいくぶん緩和され始めたも

のの、離婚は「無過失の被害者」にのみ認められるもので、ほとんどが配偶者の失踪や姦通や常習的な酒浸りを理由とするケースにだけ適用された[41]。しかし、1970年に合衆国で初めてカリフォルニア州が配偶者の過失を要件としない離婚を法制化したことにより、家族形態は大きく変容した。その基本的な変容の一つは、非家族という生活形態の急増である。

　非家族世帯とは、同居する個人がみな出自や婚姻、養子などの関係を持っていないというものである。1950年、家族関係を持たずに一緒に生活する同居人を含むケースは、アメリカ世帯の11パーセントにも満たなかった[42]。1995年にその数は約3倍の30パーセントになっている[43]。1970年から1980年にかけてだけで、アメリカの非家族世帯数は19パーセント弱から26パーセント強に跳ね上がった[44]。この時期、全世帯数の増加が13パーセントであるのに対して、非家族世帯数は73パーセント増加した。非家族世帯数の増加には2つの主要な原因があげられる。そのうち小さいほうの原因は、単身生活を選んだ(あるいは余儀なくされた)人たちの増加である。1950年以前、65歳以上で配偶者を失った大多数の人は、既婚の子どもと同居していたが、1980年ではその数はほぼ4分の1に減少した[45]。

　犯罪率を考える場合、おそらくより重要であるもう一つの大きな変化は、成人した若者の非家族生活が爆発的に増えたことである。第二次世界大戦以前は、未婚のアメリカ人のほとんどが両親と同居し、(子どもがいれば)結婚した子ども、あるいは結婚している兄弟姉妹と同居していた[46]。家族との交流のない人たちのほとんどは、他の家族のところで下宿していた。しかし、1960年代初めには、この状態は劇的に変化した。例えば、18歳から24歳までの未婚男性が一人暮らしまたは親戚ではない者と同居している比率は、1950年では1パーセントであったのが1980年では13パーセント強にまで跳ね上がった[47]。社会学者フランセス・ゴールドシャイダとリンダ・ウェイトによれば、こうした変化は、アメリカ史上においてはじめて「プライバシーや自立や自分自身の家を持つことの権限」が、もはや結婚を必要としないことを意味しているという[48]。

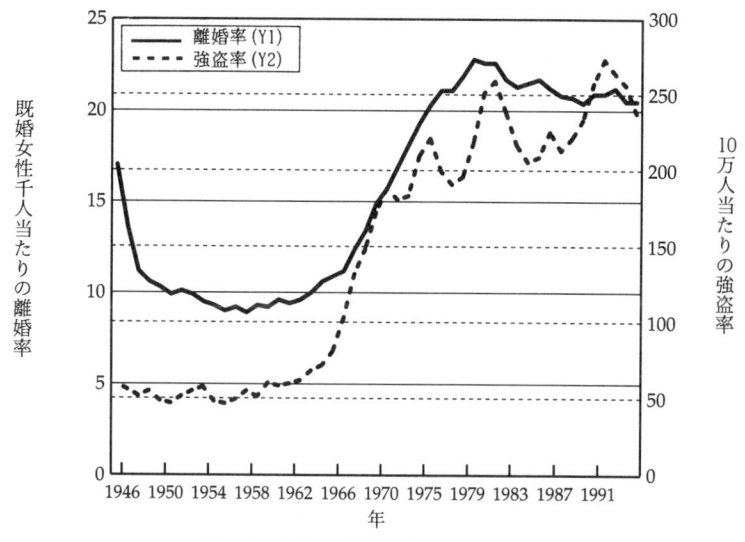

図8-1 離婚と強盗率（1946－1994年）

注：15歳以上の女性についての離婚率。
出典：U.S. Bureau of the Census, *Statistical Abstract of the Unites States* (Washington, DC: Government Printing Office, 1996), p.104; U.S. Bureau of the Census, *Historical Statistics of the United States: Colonial Times to 1970* (Washington, DC: Government Printing Office, 1975), p.64.

　実際、非家族生活の爆発的増加は、全体に占める未婚男性と未婚女性の割合の急増と一致している。1960年から1980年にかけて、20歳代の未婚女性比率は28パーセントから58パーセントと2倍以上になっている[49]。20歳代半ばから後半では、結婚経験のない者の比率は10パーセントから26パーセントに増加している[50]。90パーセント以上と事実上すべての独身者が最終的には結婚するとしても[51]、彼らの婚姻は、かつてのどの世代よりもはるかに安定性を欠いている。

　離婚率の急増も、家族の構造を大きく変えた。**図8-1**は、1946年から1994年までのアメリカの既婚女性1,000人当たりの離婚率を示している。ここでは、比較を容易にするため、強盗率を加えている。1946年の女性の離婚率は、第二次世界大戦による混乱によって比較的高い。その後、離婚率は戦後急速に低下し、1958年には最低水準になっている。離婚率は1960年代半ばから急速

に上昇する。1964年から1975年のあいだだけで離婚率は10パーセントから20パーセント強と2倍以上になっている。1979年に戦後のピークに達したあと、離婚率は比較的高い水準で安定している。初婚者のほぼ3人に2人は、離婚か別居をしている[52]。そして、離婚者はしだいに、再婚せず同棲するようになる[53]。

　図8-1では離婚率と強盗率が密接に関わっていることが目を引く。いずれも第二次大戦後に減少し、1950年代に最低となっている。いずれも1960年代から1970年代にかけて急増した。もっとも、離婚率は強盗率の後を追って数年でピークに達する急増を示している。1990年代には、強盗率も離婚率も比較的高い水準のまま安定している。

　戦後の家族形態の変化は、子どもがどう育てられるのかということと密接に関連している。社会学者サンドラ・ホーファースの指摘によれば、1950年代前半に生まれた子どもの84パーセントは、14歳になるまで実の両親と暮らしていたのに、1980年代初頭に生まれた子どもが14歳になった時に実の両親と同居していたのはその3分の1にすぎない[54]。あとの4分の1は継父母と暮らしている。実際、20世紀末までに継父母は双親家族の約半分を占めている。再婚の減少と結婚にとらわれない親の増加とが合わさって、1990年代出生コホートの最大の割合（40パーセント以上）を占めているアメリカの子どもたちは、単親の家族で育つ子どもたちである。

アメリカ家庭の少人数化

　戦後のアメリカ家族における正統性の変化が、すべて男性支配的な形態へのイデオロギー的な挑戦によって生み出されたわけではない。戦後の基本的な経済的変化もまた、家族制度の正統性と組織に大きな意味を持っていた。実際、20世紀における家族生活の変革が起こる前に、19世紀の都市化と産業化によって、多くの財やサービスが家庭外で生産され、男性が農場を離れて工場や事務所で働くようになるという変革があった[55]。このような傾向は明らかに合衆国に独特なものというわけではなく、事実上、世界中で起こって

いる[56]。こうした流れのなかで、戦後の経済的変化は、アメリカ家族の「少人数化」を促した。

　こうした経済的発展の重要性を証明する最も効果的な方法は、おそらく、家族成員の日常的な活動がいかに戦後の世帯形態から離れるようになっていったかを考察することである。こうした変化は、男性、女性、子どもに対する制度化された役割の大きな変化と相互に関わっている。この問題を包括的に検討すれば本数冊分になってしまうが、ここでは、経済的変化の3つの重要な結果のみを扱う。すなわち、農業から非農業労働への男性の移行、家事から賃金労働力への女性の移行、子どもや青年や若い成人層の教育への参加水準の向上である。

　産業革命に続いて、アメリカの男性は他の西洋諸国と同様、我が家での農業従事から家庭外での賃金労働へと着実に移行した。アメリカの全被雇用者の約40パーセントが農業関係の仕事に従事していたのは、つい1900年のことである[57]。1947年には農業に従事する全男性の割合はたった13パーセントに下落した[58]。しかし、男性の農業関係の雇用は、戦後期、組織的に減少し続けた。1950代には10パーセントを、1960年代後半には5パーセントを、1980年代には3パーセントを下回った。1995年になると、農業に従事するアメリカ人男性の被雇用者は2パーセントに満たない[59]。こうした変化は、1947年から1995年にかけて男性の農業雇用が約85パーセント低下したことを表している。

　男性が着実に非農業労働に移って行くにつれ、女性の側にも家族や仕事とのつながりの面で劇的な変化が生じた。1940年、賃金労働に従事している女性は、16歳以上の全女性の25パーセントに満たなかった[60]。しかし、1995年には、その数字は59パーセントと2倍以上に増加した[61]。1960年代から1970年代にかけてはとくに増加が激しく、1965年から1980年だけで女性の労働人口は31パーセント近く増加した。いくらか伸びが鈍ったのはつい最近のことで、1990年から1995年にかけての増加は約1.5パーセントである。

　アメリカの家族のこうした変化が持つ重要性をいくら強調してもしすぎる

ことはない。1990年代では、24歳から54歳までの働き盛りの女性の3分の2以上が、賃金労働に従事している[62]。職業経歴上最も働きにくい1歳未満の子どもを持つ母親でさえも、50パーセント以上が賃金労働に従事している。一世代のあいだに、アメリカにおいて就労年齢にある多くの女性にとって、賃金労働は誰にでも選択できる身近なものとなった[63]。

戦後アメリカの世帯の少人数化を進めたもう一つの展開は、驚くほどの就学機会の拡大である。これには2通りの経緯がある。第1に、6歳から17歳までの就学率が高まり続けたことである。第2に、学校へ通うことが伝統的な就学年齢を超えて、しだいに低年齢化および高年齢化してきていることである。

1900－1901年度の学期に、5歳から17歳までのアメリカの子どもの78パーセントが学校の学籍簿に登録されていた[64]。第二次世界大戦末期にこの割合は91パーセントに増加した[65]。就学者数は戦後全体を通じて体系的に増え続けた。1995年に5歳から6歳までの就学率は96パーセントに達し、7歳から13歳では99パーセント、14歳から17歳では96パーセントとなっている。

より大きな変化は6歳から17歳までの伝統的な就学世代から外れた子どもと若い成人世代の就学である。1965年には、すでにアメリカの3歳から4歳の子どもたちのうちの11パーセントが就学していた[66]。1995年に、その割合は49パーセントと約5倍になった。同様に、1945年には、18歳と19歳のアメリカ人の就学者はわずか21パーセントほどであったが、1995年には、59パーセントを超えて約3倍になった。就学率のなかには、かなりの割合で成人が含まれている。1995年には、20歳ないし21歳の45パーセント、22歳から24歳の23パーセント、25歳から29歳の12パーセント、30歳から34歳の6パーセントが、学校に在籍している[67]。

男性の農業雇用者、女性の労働力参入、就学における大幅な変化が、完全にアメリカの家族を組み替えた。どうみても、戦後後期のアメリカの平均的な男性、女性、子どもたちは、戦後初期よりも、家族成員と過ごす家庭の時間がかなり少なくなっている。これらの基本的変化にもかかわらず、家族は時

には英雄的に強い組織を維持することができたが、しかし双親から構成され、夫が収入を得て、妻が家事をするという伝統的家族の強靭さは、戦後大きく減少していったことは明らかである。

アフリカ系アメリカ人家族と白人家族

　私の議論に基づいて、ここで黒人の家族制度の正統性は戦後を通じて一貫して低かったこと、さらに1960年代と1970年代の犯罪の急増期では、白人家族に比べて急速に正統性が失われていったということを裏付けてみたい。伝統的な家族形態の強さによって正統性を測定すればするほど、第1の主張は議論の余地なく正しくなる。アフリカ系アメリカ人は、どんな尺度によっても、白人より戦後の伝統的な家族形態に執着してこなかったことを示している。白人と比べると、黒人は離婚率が高く、未婚の母から生まれた子どもが多く、さらに婚姻率が低い[68]。さらに、こうしたパターンが戦後期に限らないことを示す証拠がある。

　社会学者スティーブン・ラグレスによれば、1880年から1960年にかけて、実の両親と同居する15歳未満の黒人の子どもの比率は一貫して約70パーセントである[69]。これとは対照的に、同時期の白人の子どもの90パーセントが実の両親と同居している。国勢調査の実施年(1880－1980年)ごとに検討したラグレスの結論によれば、実の親と暮らしていない15歳未満の黒人の子どもは、白人の場合の少なくとも2倍である。家族組織に関するその他の尺度でも、ほぼ同じことがいえる。アフリカ系アメリカ人は、白人と比べると、戦後期を通じて、離婚率が高く、婚姻率が低く、再婚率が低い。

　すでにみてきたように、伝統的な家族形態の変化は、特に1960年代から1970年代にかけて急速であった。しかし、その変化はそれ以前に始まったものであり、その速度は黒人の家族が白人を上回っていたことを示す証拠がある。こうしたパターンは、黒人の母子世帯と白人の母子世帯の割合を比較すれば明らかである。**図8-2**は1957年から1995年にかけての黒人と白人それぞれの母子世帯の割合を示している[70]。

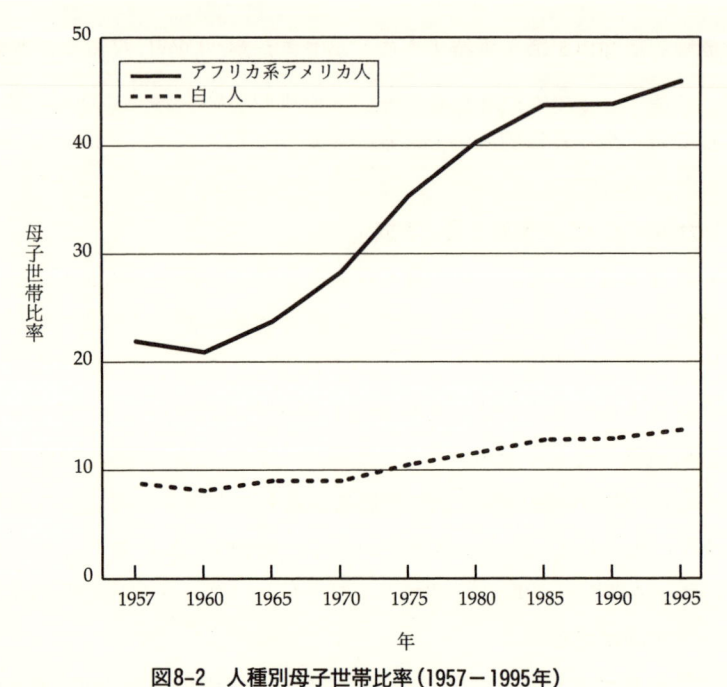

```
                 ―― アフリカ系アメリカ人
                 ----  白　人
```

図8-2　人種別母子世帯比率(1957－1995年)

出典：U.S. Bureau of the Census, *Statistical Abstract of the Unites States 1990-1996* (Washington, DC: Government Printing Office, 1990-1996の各年より).

　図8-2は、1950年代後半の黒人の母子世帯が白人の2倍以上であることを示している。どちらも、1960年代から1970年代にかけて急増している。しかし、その速度は黒人女性のほうが白人女性よりも急激である。1960年から1980年にかけて、黒人母子世帯は21パーセントから40パーセント以上と約2倍になっている。白人の場合、同時期の割合の増加はもっと緩やかで、8パーセントから12パーセントである。

　未婚女性から生まれた子どもについては、黒人家族と白人家族の間には、上記と同様に大きな差異がある。未婚女性から生まれた黒人の子どもの割合は、第二次世界大戦後数年間にいくぶん上昇し、1946年には17パーセントであったが、1960年には22パーセントになった[71]。しかし、1960年代以降、その増加はさらに急速である。黒人の未婚女性から生まれた子どもの割合は、

1968年に初めて30パーセントを超え、1971年には40パーセントと、1976年には50パーセント、1985年には60パーセントを超え、1990年代初頭には68パーセントに達した。犯罪が高まった1963年から1975年には、黒人の未婚女性による私生児は2倍以上になった。

白人未婚女性による出生率は、黒人女性からかなり遅れて上昇しているものの、戦後期に急増している。白人の未婚女性の出生率は、1952年と1953年に戦後最低の1.6パーセントにまで低下した。1960年には2パーセントを上回っただけであったが、1960年代に突入すると急増し、1966年には4パーセント、1977年には8パーセント、1987年には16パーセントに達した。

先述の政治制度と経済制度の変化と同様、家族制度の変化は、なぜ戦後のアフリカ系アメリカ人が他の人種集団よりも一貫して犯罪率が高いのかを、部分的に説明できよう。アフリカ系アメリカ人が、白人よりも、長期的に伝統的な家族を構成してこなかったことは明らかである。犯罪の急増した1960年代と1970年代の20年間に、白人と比べて伝統的家族形態で暮らしているアフリカ系アメリカ人の割合が、急速に低下したことも明らかである。

3　家族と他の制度との関係

もちろん、家族制度は社会的な真空状態のなかにあるわけではなく、他の制度と複雑に関わっている。例えば、政治制度に対する態度は、何よりも家族によって形成されやすい[72]。家族は、幼児期における社会化によって、正統性や公平性を含む政治制度についての信念を引き継ぎ、強化すると考えられる。家族は、子どもの成長にともなって、政治制度に対する態度を形成し続ける。

家族は、経済制度にも複雑に関わっている。経済制度の正統性が衰退すると、家族の安定性と機能は大きな影響を受ける。それと同時に、家族制度が強固であれば、経済的変化によって生じる緊張や不満に対して家族制度はその緩衝帯となる[73]。

家族制度とその他の制度との関係は、戦後の男性、とりわけアフリカ系アメリカ人男性による犯罪率が殊に高いことをも説明できる。1960年代、男性は政治制度と経済制度から疎外されるにつれて、伝統的家族の変化は特に脅威となった。つまり、戦後初期において、政治制度と経済制度の周縁に位置していた男性は、家族内では女性や子どもより優位に立つことがまだ可能だった[74]。しかし、男性支配を支える伝統的家族の正統性も戦後中期に減退し、それにともなって多くの男性は数少ない権力の制度的な源泉を失った[75]。

この説明は、特に戦後のアフリカ系アメリカ人男性にあてはまる。社会学者カレン・ハイマーの指摘によれば、特に若いマイノリティ男性はジェンダー・アイデンティティの獲得交渉において脆さを持っている。なぜなら、白人男性と比べて、彼らは学校や職場で自分のアイデンティティに対する否定的なメッセージを受容しやすいからである[76]。1960年代後半には、フェミニストはこの問題の重要性を認識し、人種的平等のためには、アフリカ系アメリカ人男性が家族のなかで中心的な人物としての権威を回復することも必要である、と仮定する自由主義派を批判し始めた[77]。戦後期において、白人男性と比較すると、アフリカ系アメリカ人男性は、おそらく政治制度や経済制度との結び付きが完全に崩壊したため、家父長制的な核家族の正統性の減退によって特に脅かされたのである。こうした文脈の中で、アフリカ系アメリカ人は、男性的な態度や男らしさを示そうとするあまり、頻繁に街頭犯罪に走ったのである。

本章で述べた家族の変化は、もちろん、社会政策立案者にきわめて真剣に受け止められた。戦後、アメリカの家族がますます急速に変化するにともなって、以前は家族が遂行していた機能を他の社会制度によって補う努力がかなり多くなされた。ここでの最も明白な例が教育である。研究者は長いあいだ、家族と教育制度の密接な関係に注目し続けてきた[78]。学校は、家族と同様、一般に基本的な文化的価値を子どもに伝え、少なからず子どもの行為をコントロールし、子どもが犯罪の犠牲にならないように保護してきた。戦後、伝統的な家族の正統性が減退するにつれて、アメリカ社会はしだいに、以前

は家族だけが担っていた機能を学校に期待するようになった。

　学校との関係ほどには明白なものではないが、合衆国は、家族機能の代替として、刑事司法と社会福祉に依存するようになった。家族と同様、刑事司法システムは、直接的に少年犯罪を規制し子どもを犯罪の犠牲にしない責任を負う。刑事司法によって管理される教育プログラム、すなわち、ドラッグ対策教育プログラム (the Drug Abuse Resistance Education = DARE Program) や様々なギャング対策教育プログラム (例えば、Gang Resistance Education and Training = GREAT) は、子どもを適切に社会化するため、伝統的家族の役割を補うことを目的としている[79]。福祉プログラム、とりわけ児童世帯扶養扶助 (AFDC) も単親世帯への経済的困窮を軽減しようとするものであった。

　家族制度とその他の制度のこうした関係は、家族の変化という独立要因が犯罪動向に及ぼす影響を解釈しにくくしている。一般に、経済的格差と政治制度の不信が増大すれば、家族制度は犯罪を減らすことができないと考えられよう。他方で、教育や刑事司法や福祉制度への投資を増やせば、家族は概して犯罪をうまく減らすことができる。

4　結論と含意

　戦後、アメリカの犯罪率が伝統的家族の正統性の減退にともなって増加したという結論は、かなり裏付けられている。伝統的な家族にとって最大の脅威は、家父長制的形態に対するイデオロギー的攻撃と経済的変化の浸透である。イデオロギー的な異議申し立ては、従来の家族に代わる生活様式をかなり増大させた。経済的変化によって男性は農業従事をやめ、女性はかつてないほど賃金労働に参入し、子どもや若い成人層はもっと教育機会を求めた。その結果、個人が家庭のなかで過ごす時間は大幅に減少した。以上から総合的に考えると、こうしたプロセスが意味しているのは、20世紀末のアメリカ人は第二次世界大戦以降、最も多くの時間を、家族の監督・保護の及ばないところで過ごしていたということである。

興味深いことに、家族構造の安定化は、1990年代に始まった犯罪率の緩やかな低下を説明するのに役立つ。既婚女性1,000人当たりの離婚率は、1979年にピークを迎えた後、1990年代にはわずかに減少している[80]。婚外出生率は、1990年代はまだ増加していたが、この20年間で落ち着きを示している[81]。20世紀末にはいくつかの経済指標も安定ないし好転している。例えば、1990年代に入ると、女性の労働参加率や就学率や非家族世帯数の動向は、基本的に横ばい状態である[82]。

さらに、家族組織が最も激しく変化し始めてから30年以上経った20世紀末には、複合家族や共働き、男性の家事従事者、単身親、さらにゲイ家族もしだいに制度化されつつある。伝統的家族に代わるこうした形態が一般的なものになれば、それらが犯罪と逸脱を防止する可能性は高まる。これが制度化の特性である。

☆　☆　☆

以上、政治・経済・家族制度における変化を考察してきたので、次は、犯罪率に直接関わる、戦後アメリカの正統性の危機に対する主要な制度的対応をいくつか検討しよう。程度は様々だが、刑事司法・教育・福祉制度は、すべて戦後期において、犯罪を撲滅する施策として正当化された。次章では、戦後期にこれら3つの社会制度がどのように変化したのか、そしてそれらの変化はどのくらい犯罪動向に関わっているかを考察する。

注

1　James Q. Wilson, *Thinking About Crime* (New York: Basic Books, 1975), pp. 13-14より引用。

2　俳優ジョン・ウェインの引用は、Marsden Wagner and Mary Wagner, *The Danish National Child-Care System: A Successful System as a Model for the Reconstruction of American Child Care* (Boulder: Westview Press, 1976), p.3による。

3　James S. Coleman, "The Rational Reconstruction of Society," *American Sociological Review* (1993), 58: 1-15, 2.

4　Frances K. Goldscheider and Linda J. Waite, *New Families, No Families? The Transformation of the American Home* (Berkeley: University of California Press,

1991), p.3.
5 Shirley P. Burggraf, *The Feminine Economy and Economic Man: Reviving the Role of Family in the Post Industrial Age* (Reading, MA: Addison-Wesley, 1997), p.18.
6 Goldscheider and Waite (1991), pp.2-18.
7 Gary LaFree, Kriss Drass, and Patrick O'Day, "Race and Crime in Postwar America: Determinants of African — American and White Rates, 1957-1988," *Criminology* (1992) 30:157-188, 163-165 の要約を参照のこと。
8 Kingsley Davis, *Human Society* (New York: Macmillan, 1948), p.395. (＝1985, 西岡健夫訳『人間社会論』晃洋書房.)
9 Travis Hirschi (1995), "The Family", in J.Q. Wilson and J. Petersilia, eds., *Crime* (San Francisco: Institute for Contemporary Studies Press,1995), p.128.
10 Hirshi (1995), p.128; John Braithwaite, *Crime, Shame, and Reintegration* (Cambridge.UK: Cambridge University Press,1989), p.48 を参照のこと。
11 Robert J. *Sampson and John H. Laub, Crime in the Making: Pathways and Turning Points Through Life* (Cambridge, MA: Harvard University Press,1993), pp.160-162.
12 Hirschi (1995), p.18.
13 一般的には、Rolf Loeber and Magda Stouthamer-Loeber, "Family Factors as Correlates and Predictors of Juvenile Conduct Problems and Delinquency," in M.H. Tonry and N.Morris, eds., *Crime and Justice: A Review of Research* (Chicago: University of Chicago Press, 1986); Michael R. Gottfredson and Travis Hirschi, *A General Theory of Crime* (Stanford University Press,1990), pp.97-105. (＝1996, 松本忠久訳『犯罪の一般理論』文憲堂.)；効果的な内面化については、Peter L. Berger and Thomas Luckmann, *The Social Construction of Reality: A Treatise in the Sociology of Knowledge* (Garden City. NY: Anchor Books, 1967), pp.163-173. (＝1977, 山口節郎訳『日常世界の構成―アイデンティティと社会の弁証法』新曜社.)を参照のこと。
14 Hirschi (1995), p.128.
15 Frank F. Furstenberg, Jr., "How Families Manage Risk and Opportunity in Dangerous Neighborhoods," in W. J. Wilson, ed., *Sociology and the Public Agenda* (Newbury Park, CA: Sage, 1993).
16 Hirschi (1995), p.129.
17 Carl Werthman and Irving Piliavin, "Gang Members and the Police," in D. Bordua, ed., *The Police: Six Sociological Essays* (New York: John Wiley, 1967).
18 Lawrence E. Cohen and Marcus Felson, "Social Change and Crime Rate Trends: A Routine Activity Approach," *American Sociological Review* (1979) 44:588-608.

19 Hirschi (1995), p. 129.
20 これらの形態の概観については、William J. Goode, *World Revolution and Family Patterns* (New York: Free Press, 1963) を参照のこと。
21 Carol Stack, *All Our Kin: Strategies for Survival in a Black Community* (New York: Harper & Row, 1974).
22 Furstenberg (1993), p. 246.
23 この合計は、次に、比率を求めるために全世帯数で割った。Cohen and Felson (1979), p. 600 を参照のこと。
24 Joel A. Devine, Joseph F. Sheley, and M. Dwayne Smith, "Macroeconomic and Social — Control Policy Influence on Crime Rate Changes, 1948-1985," *American Sociological Review* (1988) 53:407-420.
25 概観するには、Gwynn Nettler, *Explaining Crime,* third edition (New York: McGraw-Hill,1984), pp. 308-311; Hirschi (1995) を参照のこと。
26 Sheldon Glueck and Eleanor Glueck, *Unravelling Juvenile Delinquency* (Cambridge, MA: Harvard University Press, 1950). (= 1953, 中央青少年問題協議会訳『少年非行の解明』大蔵省印刷局.)
27 Robert Sampson, "Urban Black Violence: The Effect of Male Joblessness and Family Disruption," *American Journal of Sociology* (1987) 93:348-382.
28 David Farrington, *Psychological Explanations of Crime* (Aldershot, UK: Dartmouth, 1994), p. xxiii.
29 Rolf Loeber and Magda Stouthamer-Loeber, "Family Factors as Correlates and Predispositions of Juvenile Conduct Problems and Delinquency," in M. Tonry and N. Morris, eds., *Crime and Justice: An Annual Review* (Chicago: University of Chicago Press, 1986).
30 しかし、家族変数と犯罪率の関係について全ての研究者が同意しているわけではない。例えば、Lawrence Rosen and Kathleen Neilsonによるレビュー論文では、「家庭崩壊(broken homes)という概念は、どのように定義され、どのように測定されようと、非行についてはほとんど説明力を持っていない」と結論づけている ("The Broken Homes and Delinquency," in L. D. Savitz and N. Johnston, eds., *Crime in Society* [New York: John Wiley,1978], p.414.)。その他の研究者は、家庭崩壊の影響が、底辺層の家族の子どもたちや、ある種の非行や、特定のタイプの家族に限定されるとしている (例えば、Joseph H. Rankin, "The Family Context of Delinquency," *Social Problems* [1983] 30:466-479.を参照のこと)。実際、Hirschi (1995, p.123) によれば、多くの犯罪学者は、特に戦後中期において、家族構造が犯罪率の予測

にはほとんど無関係であると単純に仮定しているという。
31　Christopher Lasch, *Haven in a Heartless World* (New York: Basic Books,1977); Viviana Zelizer, *Pricing the Priceless Child* (New York: Basic Books,1985).
32　Furstenberg (1993), p.233.
33　Betty Friedan, *The Feminine Mystique* (New York: W.W. Norton,1963). (＝1986, 三浦富美子訳『新しい女性の創造』大和書房.)
34　Kate Millet, *Sexual Politics* (Garden City, NY: Doubleday,1969), p.25. (＝1973, 藤枝澪子ほか訳『性の政治学』自由国民社.).
35　Millet (1969), p.33.
36　Millet (1969), p.35.
37　Millet (1969), p.159.
38　Mary Ann Glendon, *Rights Talk: The Impoverishment of Political Discourse* (New York: Free Press,1991).
39　Francis Fukuyama, *Trust: The Social Virtues and the Creation of Prosperity* (New York: Free Press,1995), p.313. (＝1996, 加藤寛訳『「信」無くば立たず』三笠書房.)
40　Lawrence M. Friedman, *The Republic of Choice: Law, Authority, and Culture* (Cambridge, MA: Harvard University Press,1990), p.178.
41　Friedman (1990), p.177.
42　U.S. Bureau of the Census, *Statistical Abstracts of the Unites States, 1996* (Washington, DC: Government Printing Office,1996), p.6.
43　Goldscheider and Waite (1991), p.18.
44　U.S. Bureau of the Census, "Household and family Characteristics: March 1980," *Current Population Reports,* Series P-20, n.366 (Washington, DC: Government Printing Office, 1980).
45　Goldscheider and Waite (1991), p.17.
46　Goldscheider and Waite (1991), p.2.
47　Goldscheider and Waite (1991), p.17.
48　Goldscheider and Waite (1991), p.2.
49　Goldscheider and Waite (1991), p.14.
50　Charles F. Westoff, "Perspective on Nuptiality and Fertility," *Population and Development Review,* supplement to 12 (1986): 155-170.
51　Robert Schoen, William Urton, Karen Woodrow, and John Baj, "Marriage and Divorce in Twentieth Century American Cohorts," *Demography* (1985) 22:101-114.
52　Theresa Castro Martin and Larry L. Bumpass, "Recent Trends in Marital

Disruption," *Demography* (1989) 26:37-51.
53 Goldscheider and Waite (1991), p. 15.
54 Sandra Hofferth, "Updating Children's Life Course," *Journal of Marriage and the Family* (1985) 47:93-115.
55 Goldscheider and Waite (1991), p. 3.
56 David Popenoe, *Disturbing the Nest: Family Change and Decline in Modern Societies* (New York: Aldine de Gruyter, 1988); Goode (1963).
57 U.S. Bureau of the Census, *Historical Statistics of the United States: Colonial Times to 1970,* part1 (Washington, DC: Government Printing Office, 1975), p. 127.
58 U.S. Bureau of the Census (1975), p. 127.
59 U.S. Bureau of the Census, *Statistical Abstracts of the United States, 1996* (Washington, DC: Government Printing Office, 1996), p. 410.
60 1970年以前の女性労働参加率統計は、U.S. Bureau of the Census (1975), p. 128.に基づいている。
61 1971年以後の女性労働参加率統計は、U.S. Bureau of the Census (1991), p. 394.に基づいている。
62 Goldscheider and Waite (1991), p. 9.
63 Goldscheider and Waite (1991), p. 9 はこの期間を用いている。
64 U.S. Bureau of the Census (1975), p. 368.
65 U.S. Bureau of the Census (1975), p. 368.
66 U.S. Department of Education, *Digest of Education Statistics 1996* (Washington, DC: Center for Education Statistics,1996), p. 15.
67 これらの統計は全てU.S. Department of Education (1996), p. 15 による。
68 LaFree et al. (1992).
69 Steven Ruggles, "The Origins of African-American Family Structure," *American Sociological Review* (1994) 59: 136-151, 141.
70 人種別母子世帯についてのデータはU. S. Bureau of the Census, *Statistical Abstract of the Unites States* (Washington, DC: Government Printing Office, 1990-1996 の各年) 1957年より前の、アフリカ系アメリカ人と白人の別々の統計は入手できなかった。
71 未婚の母についての統計は U.S. Department of Health and Human Services, *Vital Statistics of the United States, 1977* (Washington, DC: Government Printing Office,1977), pp.1-53; U.S. Bureau of the Census, *Statistical Abstract of the Unites States* (Washington, DC: Government Printing Office, 1978-1995の各年) による。本

書の準備時点では、1991年のデータが入手可能な最新のものであった。
72 Lois B. DeFleur, *Delinquency in Argentina: A Study of Cordoba's Youth* (Pullman: Washington State University Press, 1970), pp. 15-18.
73 Hirschi (1995), p. 127; Robert J. Sampson, "Family Management and Child Development: Insights from Social Disorganization Theory," in J. McCord, ed., *Facts, Frameworks and Forecasts* (Brunswick, NJ: Transaction Press, 1992).
74 James W. Messerschmidt, *Capitalism, Patriarchy, and Crime: Toward a Socialist Feminist Criminology* (Totowa, NJ: Rowman & Littlefield, 1986), p. 58.
75 Karen Heimer, "Gender, Race, and the Pathways to Delinquency," in J. Hagan and R. D. Peterson, eds., *Crime and Inequality* (Stanford: Stanford University Press, 1995), p. 149.
76 Heimer (1995), p. 149.
77 Millet (1969), p. 39.
78 例えば、Steven F. Messner and Richard Rosenfeld, *Crime and the American Dream* (Belmont, CA: Wadsworth, 1994), p. 73 を参照のこと。
79 Rick Aniskiewicz and E. Wysong, "Evaluating DARE: Drug Education and the Multiple Meaning of Success, " *Policy Studies Review* (1990) 9:727-747.
80 U.S. Bureau of the Census (1996), p. 104.
81 U.S. Bureau of the Census, *Statistical Abstract of the Unites States, 1995* (Washington, DC: Government Printing Office, 1995)
82 U.S. Bureau of the Census (1996) pp. 6, 157, 394.

第9章　正統性の危機への制度的対応
——刑事司法・教育・福祉——

いかなる政治的コミュニティにおいても充たさなければならない最も重要な要求は、保護の要求である。
（マーティン・ヴァン・クレヴェルト,『戦争の変質』, 1991）[1]

死ぬときは、それが断頭台であっても、すべてのことが郷愁のオーラによって照らし出される。
（ミラン・クンデラ,『存在の耐えられない軽さ』, 1984）[2]

　政治・経済・家族制度の正統性が1960年代に減退するにつれて、アメリカの政策立案者は社会システムに対する人々の信用を回復させるために新しい制度にますます注意を向けた。これらの新しい対応はすでに検討した3つの制度の減退に対処するためのものであった。アメリカ社会は政治制度を強化するために刑事司法支出を大幅に増額し、急速に変化する経済の有害な結果を減らすために福祉への投資を増やし、衰退する家族制度を補強するために教育への投資を増やした。しかし、制度のこうした対応が、それぞれの制度の減退に対処するためだけになされたとみなすのは単純すぎる。例えば、福祉への支出は経済的圧迫を減らす観点だけでなく、家族の扶養と政治制度の信頼を増大させる観点からも正当化された。同様に、教育への支出は家族がかつて果たしていた支援機能としてだけでなく、経済的機会を改善し、政治制度の信頼を増大させることができるとして正当化された。
　刑事司法・教育・福祉制度がますます充実することによって、犯罪率は様々な影響を受けた。最も明らかな影響は犯罪と刑事司法制度の関係である。

しかし、教育制度と福祉制度の動向も犯罪率に影響を及ぼしている。福祉制度と教育制度は、戦後中期に最も急速に拡大し、戦後後期に緩やかに成長した。事実、本書執筆中にも福祉制度の規模と範囲について大幅な計画変更が実施されている。刑事司法は戦後期を通じて一貫して一般的な犯罪対策であったが、犯罪に費やされる刑事司法の財政支出の主な形態は戦後期のあいだに変化している。戦後中期には、取り締まりと予防を重視して財政支援を割り当てたのに対して、戦後後期には、投獄やその他の処罰を目的とする施策への財政支援が増加した。

　前の諸章で3つの制度を考察してわかったように、戦後新たに現れてきた3つの制度とアフリカ系アメリカ人の関係は、白人の場合と根本的に異なっていた。アフリカ系アメリカ人のほうが、刑事司法システムから長期間、大きな影響を受けてきた。20世紀を通じて、アフリカ系アメリカ人は、白人に比べてより多くが逮捕され、有罪判決を受け、矯正システムに収監されてきた。特に矯正システムに関して、人種による刑事司法過程上の差異が戦後期にいっそう拡大した。

　そのうえ、アフリカ系アメリカ人は教育へのアクセスの点で大きな不利を負ったまま戦後期を迎えた。そのような不利は現在も残っているけれども、戦後中期・後期の教育制度へのアクセスの改良は、白人よりアフリカ系アメリカ人に対して大きな影響を及ぼした[3]。その結果、戦後を通じて白人よりアフリカ系アメリカ人のほうが、過度に多い公共福祉を享受した。1960年代から1970年代にかけて増大した福祉支出は、白人よりアフリカ系アメリカ人に対して大きい影響を及ぼした。

　おそらくアフリカ系アメリカ人と急速に拡大した3つの社会制度の関係をそれぞれ考察することによって明らかになった問題点は、三つの制度全てにおける成長が、犯罪率を低下させたというよりもむしろ増加させたと思われる点である。例えば、アフリカ系アメリカ人は白人に比べて戦後期に教育達成をより急速に実現し、不均衡に多くの公共福祉を享受し、刑事司法システムの監視下に多数置かれていた。もし、これら3つの制度が犯罪の減少に効

果的であるとするならば、なぜアフリカ系アメリカ人の犯罪率は高水準のままであったのか？

一見矛盾しているようであるが、このことは教育・福祉・刑事司法制度が、これまでの諸章で論じた政治・経済・家族制度と根本的に異なる影響を、犯罪動向に及ぼしていることを示している。政治・経済・家族制度の正統性の減退によって、1960年代から1970年代にかけて犯罪は急増したが、教育・福祉・刑事司法制度は、主にこうした正統性の減退に社会的に対処するために成長した。第5章ですでに論じたように、犯罪動向とこれら六つの社会制度の関係は時期によってパターンがある。まず、政治・経済・家族制度の正統性が減退する。つぎに、犯罪率が大きく上昇する。その後、アメリカ社会は教育・福祉・刑事司法制度への支援を強化することによって、正統性の減退と犯罪の増加に対応したのである。

1　刑事司法・教育・福祉制度の戦後の動向

本章では戦後の刑事司法・教育・福祉制度の動向を検討し、これらの動向と犯罪率の関係を考察しよう。まずこれら3つの制度と犯罪の関係を考察し、その後、個々の制度における変化の時期を考察しよう。

刑事司法制度

法制度と犯罪の関係についてこれまで数多く論じられてきたが、基本的にはフォーマルな刑事司法制度が犯罪を減らし得る方法は、予防、抑止、社会復帰、無害化の四つである。予防(prevention)とは、コミュニティの治安維持や薬物・アルコール治療プログラムといった犯罪の事前防止を目的とするプログラムなどである。抑止(deterrence)とは、処罰そのものや処罰への恐怖を喚起させ、犯罪者や犯罪をおかそうとする人に犯罪行動は割に合わないと思わせることによって、犯罪を減らすことである。社会復帰(rehabilitation)とは、犯罪者に訓練や治療を施すことによって、犯罪を減らそうとするプログラム

などである。無害化 (incapacitation) とは、犯罪者を収監し世間から隔離することによって、犯罪を減らすことである。

　ほとんどの人々は、街頭犯罪への対応といえばまず法制度——特に警察や裁判所や矯正施設——を思いつく。犯罪をコントロールするという政治的公約は、明らかにたいてい多くの場合、フォーマルな法機構が変化すれば、犯罪率が低下するという仮定に基づいている。実際、政府は犯罪の予防と抑止、逮捕と処遇、有罪判決を受けた犯罪者の拘禁に対してかなりの資源を投入することができる。これらの資源が犯罪統制に投入されるときに、違いが生じてくる。

　しかし、刑事司法制度の権力は明らかなものであっても、犯罪をおかそうとする者の動機が強く、インフォーマルな社会的コントロールが弱い場合、刑事司法サンクションだけではあまりうまくいかないことは明白である。要するに、まず人々を法律に従うよう社会化し、つぎに法を遵守させ続けるインフォーマルな社会的コントロールの網の目に絡ませるといった具合に、社会制度によって支えられてこそ、フォーマルな刑事司法システムは最も効果的にはたらく。刑事司法システムが効果的にはたらくか否かは、常に人々のインフォーマルな支持に依存する。

　こうした依存は、市民と警察の協力から始まる。研究によれば、犯罪のほとんどはまず市民の通報によって、刑事司法システムの注意が喚起される[4]。もし市民が犯罪を警察に通報しなければ、ほとんどの事件が法的過程に取り上げられない。市民は犯罪が通報されたあとで目撃者として証言や証拠や情報を与えることによって、警察捜査のその後を大きく左右する。警察はコミュニティから捜査を妨害されたり、協力を得られなければ、その効力を発揮できない。

　事件が裁判に持ち込まれたあとも、市民の協力は重要である。検察は証人の協力に大きく依存しており、証人の協力がなければ事件を有罪にすることはできない。合衆国の陪審制度は、おそらく市民と法的意思決定を最もはっきりと結び付けるものである。陪審の決定は最終的なもので，再審の可能性

はない。極端な場合、陪審は該当する法律をその事件に適用しないことによって、その法律を「無効にする」ことができる[5]。

　コミュニティは矯正システムにも影響を及ぼす。研究によれば、処罰によってうまく犯罪者の行動を変えるには、コミュニティからしっかりした協力を得なければならない[6]。政治制度と法制度の正統性がほとんどない社会では、刑罰は犯罪者やコミュニティの人々の行動にほとんど影響を及ぼさない。法システムが終始効果的にはたらくためには、規制対象になる人々の信頼と協力が必要である。市民が法システムを信頼しなければ、警察は成果を上げられないし、裁判所は有罪判決を下さなくなるし、矯正施設は犯罪者の社会復帰や犯罪抑止に役立たなくなる。

教育制度

　教育機会が増加すれば犯罪率は低下するという考え方は、戦後期の大半において合衆国政策の基本であった[7]。法システムと比べると、学校とフォーマルな社会的コントロールの関係は密接でないものの、子どもや若者の社会化やインフォーマルな社会的コントロールとの関係は、より直接的である。合衆国では、子どもや若者が家族から離れて学校で過ごすようになるにつれて、彼らを適切に社会化する役割を、学校に託すようになってきた。学校が社会化の点で重要であることは明らかである。教育の正統性を受け入れ、学業に対して高い向上心と長期的目標を持っている青少年は、あまり非行に走らないようである[8]。より一般的にいえば、犯罪者は教育水準の低い人々から輩出される傾向が強いことを、研究結果は一貫して示している[9]。

　家族と同様に学校の潜在的な社会的コントロール機能は広範に及ぶ。学校は、その保護下にある子どもの行動をうまく監視・監督することによって、犯罪を減らす[10]。いっそう重要なこととして、学校は、子どもが勉強や学内活動に関心を持つようになる環境を創り出すことによって、非行を減らし得るということである。研究によれば、学校に対する愛着が弱く、学校を嫌う子どもは非行に走りやすい[11]。また、学内活動にあまり関心を持たない子ども

が非行に走りやすいことは、ほぼ例外なく支持されている[12]。そして、少なくとも理論的には、学校は、家族と同様に、子どもを他者の犯罪行動から保護する役目も果たしている[13]。

とはいえ、教育達成が犯罪に及ぼす影響は複雑である。教育を追い求めれば、人々の生活機会が改善できるという事実は、教育を追い求めない人々には、その生活機会を減少させることである。なぜならば、教育達成は、教育ヒエラルキーにおける地位の相対的な上昇と下降をもたらすからである[14]。したがって、教育達成の拡大は、大学卒業者の将来を明るくするかもしれないが、逆に大学を卒業していない者の将来を暗くするかもしれない。主観的な側面からいえば、これは犯罪学者が犯罪の増加の原因であるとみなす剥奪や不満といった様々な感情の増大ということかもしれない[15]。客観的な側面からいえば、教育達成は、実際には教育の「インフレーション」を生じさせることによって、未就学者や学業不振者の経済状態を悪化させる。教育達成が上がるにつれて、仕事はより上級学校の卒業証書を持つ人々によって占められるようになる。つまり、「教育の拡張は機会を拡張するのでなく、かつて低学歴者が従事していた職を単に高学歴者で置き換えるだけである」[16]。

実際、戦後期のアメリカのインナーシティでは、こうした進展が特に顕著であった。社会学者ウィリアム・ジュリアス・ウィルソンによれば、調査対象すべての北部主要都市では、1970年から1984年にかけて高校卒業未満の労働力に頼る職が一貫して失われ、高校卒業以上の学歴を持つ人を求める職種において一貫した雇用成長があった。こうした変化は、インナーシティのアフリカ系アメリカ人に特に打撃を与えた。社会学者ジョン・カサドラは、戦後、大学卒業未満の学歴しか持たないインナーシティのマイノリティ住民向けの安定雇用機会が減少することによって、教育水準と仕事の「深刻な不一致」がもたらされたと結論付けた[17]。

より一般的にいえば、教育達成によってより平等な社会が実現されるか否かは、最終的に経済に依存することを意味する。画期的な「ブラウン対教育委員会」判決［公立学校において、白人と黒人の別学を定めた州法は、不平等で違法

であるとした判決]を分析した法学者ジェームズ・リープマンは、1954年のこの判決において具体的に示された教育移動に関する見解は「どれも単純で楽観的で無邪気なものだ」と指摘するが、「経済の好調な時期であれば」、それは受け容れられただろうと記している[18]。しかしもちろん実際には、戦後期において教育達成が常に「好景気」によって急速に拡大したというわけではない。戦後における教育機会の改善の多くは、収入格差と経済的圧迫が増大している時期に行われている。教育機会の拡張によって犯罪を減少させることができるのは、収入格差が拡大しているか、経済が停滞している状況に厳しく制約されている。

福祉制度

　福祉制度と犯罪の関係はいっそう間接的である。両者の関係が最も明白にみられるのは、福祉が期待通りに経済的圧迫を改善し、それによって潜在的な犯罪の動機を減らし、さらに一般的にはインフォーマルな社会的コントロールの仕組みの有効性を高めることができる時である。福祉制度と犯罪の関係は、強盗や不法目的侵入といったただちに金銭を得ようとする犯罪に、おそらく最もよくあてはまる。犯罪に及ぼす福祉支出の影響に関する最も包括的な縦断的研究を行った社会学者ジョエル・デヴァインとその同僚の知見によれば、AFDCや他の公的救済への支出全ては、戦後期を通じて不法目的侵入率の低下と一貫して関わっており、強盗率の低下ともかろうじてではあるが関連が認められる[19]。合衆国における殺人率に対しては、福祉支出の効果は全くなかった。いくつかの国際比較研究は、公的扶助に多く投資する国において、子どもの殺害率が低いという結論を裏付けている[20]。

2　新しい制度的対応の影響——時期ごとに考察——

　本章では犯罪に対する刑事司法・教育・福祉制度の影響を考察しているのであるが、戦後期にそれぞれの制度が最大の影響を及ぼす時期は異なる。こ

うした変化は、戦後初期(1946年－1960年)、戦後中期(1961年－1973年)、戦後後期(1974年以降)において、個々の制度の相対的な重要性を考察することによって明白なものとなる。

　犯罪への制度の対応について、戦後初期は「陽気なネルソン家の時代(the age of Ozzie and Harriet)」と名づけることができるだろう。郊外に住むオージとハリエット夫婦が抱える日常的な問題は、こぎれいに着飾った自分たちの子どもが放課後にアイスクリーム店に行くのを許してやるかどうかという程度にすぎなかった。もちろん、1950年代にはネルソン家のようなアフリカ系アメリカ人のテレビ番組は全くなかった。さらに、全てのアメリカ人が、「ハリエット家の人たち」のように、伝統的な核家族のなかで割り当てられた自分の地位に等しく魅了されていたわけではないことは、その後の進展のなかで明らかになっていった。それにもかかわらず、結束の強い家族や好況な経済、政治制度への高い信頼があったため、社会制度への多額の新規の投資が正当化されることはほとんどなかった。1950年代の刑事司法・教育・福祉制度への支出総額は、物価上昇を補正してもなお、その後の支出額に比べれば少なかった。

　しかし、戦後中期に社会制度の正統性が減退し始め、犯罪の急増を引き起こすにつれて、このような満足感は急速に消散した。社会政策の専門家は、制度の正統性の減退と犯罪率の上昇に対して、「アメ(carrot)」と「ムチ(stick)」の対応を主張し始めた。教育機会の増大と福祉支援の増大が、アメによる対応の主なものであった。第1章で指摘したように、教育制度や福祉制度と犯罪の関係は、法執行と司法運営に関するリンドン・ジョンソン大統領委員会の1967年報告のなかで、明確に述べられている。そこでは、「貧困や住宅不足や失業との闘いは、犯罪との闘いである」とか、「就学費用は犯罪防止費用である」と結論づけている[21]。ムチによる対応としては、主に刑事司法、とりわけ刑務所と矯正施設を中心とした取り組みへの支出増大があげられる。

　おおむね戦後期の自由主義者はアメによる対応を、保守主義者はムチによる対応を支持した。これら2つの立場のうちどちらが政策課題により影響を

及ぼすかは、時代とともに変化した。制度の正統性が危機にさらされた1960年代は、アメによる対応が優位であった。それに対してムチによる対応、とりわけ拘禁は、後の1980年代から1990年代にかけて最も影響を及ぼした。

明確に示すのは難しいが、アメリカにおいてアメとムチの対応が採用された時期区分に関していえば、公民権運動が最も影響を及ぼしているようである。採用されるほとんど全ての犯罪統制戦略に、アフリカ系アメリカ人が過度に影響を受けているということは、犯罪率をみれば誰の目にも明らかであった。公民権運動が人種差別という不正義の蔓延を説得的に伝え始めると、ムチによる対応を重視する犯罪対策は、しだいに不当なものであると思われるようになった[22]。刑事司法への支出は戦後中期に大幅に増大したが、それは刑務所や矯正施設ではなく、警察（主たる職務は犯罪防止と市民の保護）に投入された。実際、戦後中期の多くの犯罪学者は、有罪判決を受けた犯罪者が実際には「政治的投獄者」であるとまで、論じるようになった[23]。しかし、1970年代になっても犯罪率が低下せず、社会改革への支出が継続されると、ムチ志向の解決策が人々や政策立案者、研究者のあいだで受け容れられるようになっていった。

次節では、アメリカの教育制度と福祉制度の拡充が、どのように戦後の犯罪率と関わっているかを考察しよう。その際これまでの諸章と同様に、アフリカ系アメリカ人と白人の経験の違いに着目することで、基本的な動向をよりよく理解できるようにしたい。

3　教育・福祉・犯罪

すでに述べたように、教育参加の急速な増大は、戦後期全般の合衆国を特徴づけていた。第二次世界大戦終結時の就学年齢層は、ほぼ7歳から13歳までであった（就学率98パーセント）[24]。1995年には、この従来の就学年齢層に加えて5歳から6歳まで（96パーセント）と14歳から17歳まで（96パーセント）のほぼ全員が、教育機関に就学するようになった。幼少の子どもや若者にとって、

生活に占める教育参加の比重が増大し、生活の重要事項になった。そして、1995年には3歳から4歳までの子どもの49パーセントが、18歳から19歳までの若者の59パーセントが、20歳から24歳までの若成年の32パーセントが学校に在籍している。

犯罪の波が始まる1960年代以前に、すでに5歳から17歳までの子どもの就学がほぼ一般的なものであったとするならば、戦後期の初めには就学していなかったような幼少の子どもが、就学するようになった点について考察することはさらに有効である。幼少期のうちに社会化しておくことが、後の犯罪行動を防止するうえで特に決定的に重要である、と主張する人たちにとって、幼少の子どもは興味深い集団でもある[25]。図9-1は、アメリカの1965年から1993年までの、3歳から4歳までの子どもの年次別就学率を示している[26]。比較のために強盗率も示しておいた。

図9-1に示されるように、幼少の子どもの就学割合が1960年代を通じて、さらに1970年代に入って劇的に増大した。就学率は1970年に20パーセントを、

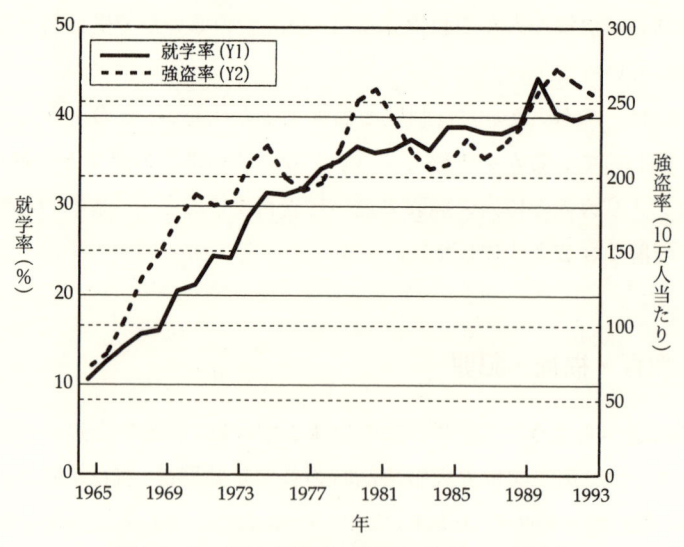

図9-1　3-4歳の就学率と強盗率（1965-1993年）

出典：U.S. Department of Education, National Center for Education Statistics, *Digest of Education Statistics, 1996* (Washington, DC: Government Printing Office, 1996), p.15.

1975年に30パーセントを、1990年に40パーセントを超えた。特に、1970年代は急速に上昇した。1980年代初め以降、この上昇は緩やかになっている。

　図9-1についてまず注目すべき点は、就学率の上昇が強盗率と明白に類似していることである。3歳から4歳までの就学割合の増大が、戦後の街頭犯罪の波を引き起こしたなどと論じているのではないことを、まず断っておきたい。むしろ、私の主張したいことは、犯罪率の上昇に強く象徴される社会制度の正統性の減退が、教育支出の増加に重要な正当化を与えたことである。制度の正統性危機の深刻化に対して、アメリカ社会は、教育へのアクセスを大幅に拡張することによって対応した。1980年代には、教育制度の拡張が犯罪の増加を上回った。

　資金投入は、その制度に対する社会の関わり方を示す尺度でもある。合衆国での連邦・州・地方政府における教育支出総額は、第二次世界大戦終結以後増加した——支出総額を人口で割って物価上昇率を補正すると、1948年から1956年まででほぼ2倍となる[27]。教育支出は2つの時期の例外——1973年から1974年までの2年間における減少と1977年から1986年までの9年間における減少——を除くと、戦後を通じて毎年増加し続けた。1992年の合衆国では、毎年1人当たり1,484ドルを教育に支出していたことになる。

　教育参加率と同様に教育支出も、犯罪動向に類似している。犯罪率が急増した1960年代から1970年代初めにかけて、教育支出も急増し始めた。1963年から1976年までに1人当たりの教育支出は、年間576ドルから年間1,253ドルに増加、つまり2倍以上になった。教育支出は、1980年代半ばに再び上向きに転じるまで、1970年代半ば以降はほぼ変化がなかった。

アフリカ系アメリカ人と教育

　合衆国の奴隷制度が残した負の遺産の一つとして、アフリカ系アメリカ人と白人の教育格差の違いがあげられる。1958年の黒人男性の平均就学年数は、7.4年——白人男性の平均より丸3年も少ない——であった[28]。とはいえ、この格差は戦後大幅に縮まった。図9-2は、1957年から1990年までの、黒人男性

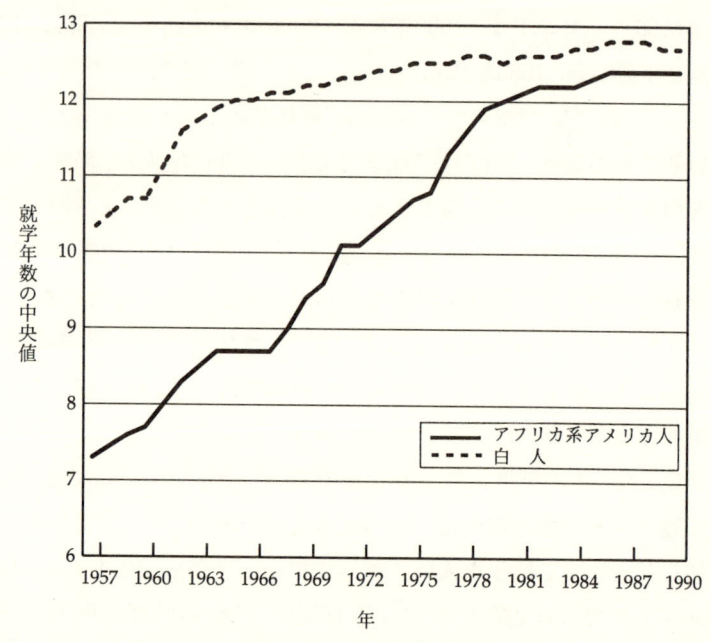

図9-2　アフリカ系アメリカ人男性と白人男性の就学年数の中央値（1957－1990年）

出典：U.S. Bureau of Census, "Educational Attainment in the United States, March 1990 and 1991," *Current Population Reports*, Series P-20, No.462 (Washington, DC: Government Printing Office, 1991); U.S. Bureau of the Census, Statistical *Abstract of the United States, 1989* (Washington, DC: Government Printing Ofiice, 1989).

と白人男性の就学年数の中央値を比較している[29]。

　図9-2を見てわかることは、就学年数は戦後期に白人とアフリカ系アメリカ人ともに増加したが、全体的にみるとアフリカ系アメリカ人が、白人の2倍以上増大したことを示している。つまり図9-2から、34年間で白人の平均就学年数が約2.5年、アフリカ系アメリカ人のそれが約5.5年増加したことがわかる。平均的黒人男性の教育水準が、1960年には中学校教育以下の水準であったのに対して、1990年には高校教育以上である。1990年の白人男性の就学年数の中央値は、黒人男性の中央値より1.5年弱多いにすぎない。こうした変化のなかで注目すべきことは、1995年において、3歳から34歳までのアフリカ系アメリカ人が、白人よりも多く合衆国の学校に在籍しているという

事実である[30]。

　もちろん、アフリカ系アメリカ人と白人の在学者総数の格差が縮まったからといって、必ずしも教育の質において両者の格差が縮まったわけではない。社会学者ウィリアム・ジュリアス・ウィルソンによれば、戦後期に白人と中流階級の黒人はしだいにインナーシティを見限って、「教育水準の低い」学校を去っていった[31]。ウィルソンは人種的に隔離されたシカゴのインナーシティの高校を調査し、卒業生の42パーセントの識字能力は、小学校レベルかそれ以下であることを見出した[32]。また、チャールズ・マリーは、最も経済的に不利な生徒の通学するインナーシティの学校が、戦後中期に最も悪化したと論じている[33]。

　アフリカ系アメリカ人と白人における教育の全体としての質の変化を測定することは今後の課題である。しかし、教育の質は教育への支出額と単純に関わっているわけではないという証拠がある。1979年の合衆国教育省の統計によれば、合衆国の20の大都市おける小・中学校への1人当たり支出は、合衆国全体の1人当たり支出を超えている[34]。事実、小・中学校への1人当たり支出は、深刻な街頭犯罪問題に日々悩まされているいくつかの都市(ニューヨーク、ワシントンD.C.、シカゴ、クリーブランド、ミルウォーキー、フィラデルフィア、セントルイスなど)において、合衆国全体平均より25パーセント以上も高い。さらに、教育で会得することの質は、これまでの諸章で検討してきた社会制度の正統性と緊密な関係にあることは間違いない。ひどい政治不信、収入格差、家族解体を背景に持つ生徒は、そうでない生徒より教育制度の効果が低いと予想される。

公共の福祉と犯罪

　図9-3は、戦後期における福祉支出総額と強盗率の関係を示している[35]。1948年には、福祉支出総額が1人当たり約83ドルであった。福祉支出額は、戦後初期にわずかに上昇し、1960年に1人当たり116ドルに達した。しかし、1960年代から1970年代初めにかけての変化は急速であった。1人当たりの福

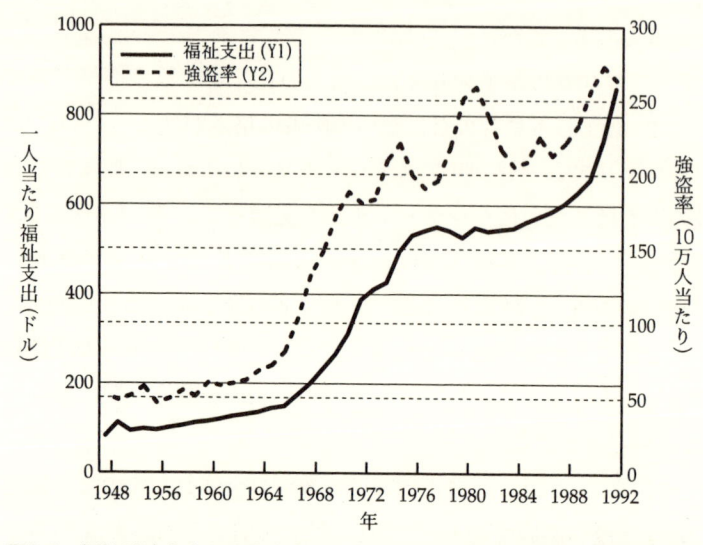

図9-3　福祉財政支出と強盗率（1948－1992年）（1995年ドルを基準に換算）

出典：U.S. Bureau of the Census, *Government Finances: 1984-1992*, Series GF/92-5 (Washington, DC: Government Printing Office, 1996), p.1; U.S. Bureau of the Census, *Historical Statistics on Governmental Finance and Employment* (Washington, DC: Government Printing Office, 1985), pp.26-28.

祉支出総額は、1964年に年間121ドルであったのが、1978年には年間551ドルに増加し、4倍以上になった。

　政治学者チャールズ・マリーは、1980年代半ばに出版された影響力のある著書のなかで同様のデータを考察して、戦後合衆国の福祉支出は、犯罪などの社会問題の増大に影響を及ぼしたと主張した[36]。事実、図9-3は、福祉支出と強盗率の明らかな正の相関を示している。しかし、強盗率と福祉支出の時系列的変化を注意深くみてみよう。強盗率は、1960年代初めに急上昇し始めた。福祉支出は、その約5年後に急増し始め、1960年代終わりまで続いた。こうした関係から判断すると、福祉支出は教育支出や刑事司法支出と同様に、マリー教授が示唆するような犯罪の原因ではなく、むしろそのときまでにすでに急増し始めていた犯罪率に対する制度的対応の一部であった、という私の論点を明確なものにする。

さらに、教育支出の増大と同様に福祉支出の増大は、アフリカ系アメリカ人に過度に多くの影響を及ぼした。1994年の合衆国人口に占めるアフリカ系アメリカ人の割合は、12パーセントであったにもかかわらず、何らかの公的扶助を受ける全世帯の38パーセントがアフリカ系アメリカ人であった[37]。同様に1994年のAFDCを受ける母子家庭全体の39パーセントが、また食糧切符(food stamps)［1964年に開始された、政府が貧困家庭に食料引き換え切符を支給する社会保障事業］を受ける母子家庭全体の36パーセントが、黒人であった[38]。

4　戦後アメリカにおける犯罪と刑事司法システム

すでに論じたように、戦後中期の犯罪対策は、ムチによる対応でなく、アメによる対応によって特徴づけられる。しかし、犯罪が急増する初めの数年のあいだ、刑事司法制度が無視されていたというわけではない。そうではなく、1960年代には犯罪に対して2つの異なる刑事司法の対応が出現したのである。この2つの対応の並存は、1960年代終わりの犯罪に関わる連邦政府による最も重要な2つの意欲的な制度的対応を考察することによって、的確に例証される。その2つの試みとは、犯罪は、貧困と不平等を救済するために計画的に努力することによって、防止されなければならないと主張する「法執行と司法運営に関する大統領委員会」(the President's Commission on Law Enforcement and the Administration of Justice)と、既存の法執行の強化に努める「犯罪および街頭の安全性に関する包括法」(the Omnibus Crime Control and Safe Streets Act)である[39]。さらに、1960年代の市民の不安は、それ以降常設されることになる犯罪担当の連邦官吏を大量に生み出す正当化の理由として使われた[40]。

しかし、刑事司法制度への支出は戦後中期・後期に増加していたものの、増加の仕方は2つの時期でそれぞれ異なる。これらの変化を理解するために、犯罪に対する刑事司法の対応を、「後衛型」と「前衛型」に区別することが有益である[41]。後衛型対応(back-end approach)は、応報のためにあるいは抑止や

無害化の効果を高めるために刑罰を重視し、刑事司法過程の終局における事態に焦点を合わせる。後衛型の支持者は、概して死刑や長期刑に賛成し、また拘禁刑宣告を減刑する裁判官や仮釈放審査委員会の裁量を制限することにも賛成している。それに対して、前衛型 (front-end approach) の支持者は、犯罪防止のために巡回や銃規制、ドラッグ治療、拘禁に代わる施策といった対応を重視し、刑事司法システムの初期段階において成果を求める。後衛型の支持者は概して犯罪者を厳しく罰し、前衛型の支持者は何よりも犯罪防止に取り組もうとする。

戦後の合衆国における矯正システムは、基本的に犯罪に対する刑事司法の後衛型対応であった。それに対して、警察は後衛型戦略（逮捕しなければ有罪判決も刑の宣告も不可能である）において、決定的に重要な役割を果たしているものの、犯罪防止としての警察の役割は、前衛型の考え方の中心に位置するものである。戦後中期の刑事司法は、犯罪に対して後衛型の対応を採ることにあまり熱心でなかった。それに対して、戦後後期の刑事司法政策は、後衛型戦略に大きく傾いた。

戦後中期の合衆国は、まさに犯罪急増を経験していたにもかかわらず、後衛型戦略の使用を控えていたことは特に重要である。犯罪が急増したにもかかわらず、後衛型戦略は戦後中期の刑事司法全体の犯罪対策において二次的なものであった。後衛型犯罪対策に最も特徴的である死刑執行を考察してみよう。1961年から1973年にかけて合衆国で行われた死刑執行は、合計でわずか135件であった[42]。さらに、これらのうち89件（66パーセント）は戦後中期の初頭1961年と1962年に執行されたものである。死刑執行をめぐる「ファーマン対ジョージア州」の論争に対する最高裁判判決［1972年に死刑は合衆国憲法で定める「残酷で異常な刑罰」の禁止に反するとされた判決］を受けて、合衆国では1968年から1976年にかけて、死刑は全く執行されなかった[43]。犯罪率の上昇に呼応するはずの後衛型対応の採用が同じように控えられたことは、刑務所政策においても明らかであった。犯罪が激増したにもかかわらず、アメリカ人10万人当たりの拘禁率は1960年から1973年にかけて落ち込み、1972年には戦後

最低になった[44]。

　刑事司法支出は戦後中期に大幅に増加したけれども、前衛型対応に関わる警察支出は矯正支出を上回った。1961年から1973年にかけて、警察への1人当たり支出総額は2.3倍に増加したが、矯正への1人当たり支出総額はわずか1.9倍に増加したにすぎない[45]。

　しかし、犯罪率が一貫して高いまま戦後後期にさしかかると、刑事司法において後衛型の見解が受け容れられるようになった。後衛型の見解は、ロナルド・レーガンの1980年の大統領選出によって、戦後最大のその支持者を得た。あらゆる後衛型戦略はレーガン政権下において激増した。1980年から1988年にかけて、死刑執行を待つ収監者数は3倍以上——691人から2,124人——に増加した[46]。1970年代半ばの合衆国は、年間約5万人を連邦刑務所と州刑務所に新規に収監していたが、その10年後の数は年間20万人へと4倍に増加した。レーガンの第2期政権が終わる1988年の合衆国は、世界最高の拘禁率を誇る国になった[47]。人口の多い州、特にカリフォルニアやフロリダ、テキサスなどは数十億ドルにものぼる刑務所建設計画を引き受けた。しかし、人口の多い州や連邦が刑務所建設計画を実施したにもかかわらず、1995年に35の州と合衆国連邦監獄局 (U.S. Federal Bureau of Prisons) は収監定員を超える収監者を抱えていた[48]。実際、1995年には平均的な州刑務所や連邦刑務所では収監定員数を15パーセント上回っていた。

　1995年には、刑務所の110万人、拘置所の49万9,000人、仮釈放中の70万人、保護観察下の310万人、計540万人のアメリカ人が矯正システムの監視下にいた[49]。これは合衆国成人男性の4.7パーセントに相当する[50]。経済学者リチャード・フリーマンは、1995年に矯正システムの監視下に置かれていたアメリカ人男性の数が、失業男性総数を上回っていたという驚くべき結論を出している[51]。さらに、この率は若年男性になるとずっと高くなる。18歳から34歳までの若年男性についていえば、矯正システムの監視下にいた人数は労働力全体の11パーセントに相当していた。

　刑罰の動向は、戦後の拘禁率——強盗率とともに図9-4で示している——

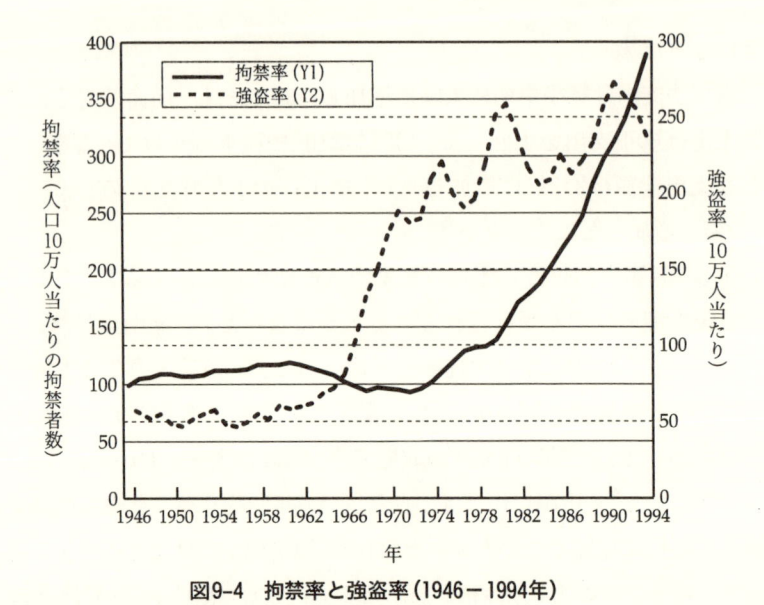

図9-4　拘禁率と強盗率（1946－1994年）

出典　：U.S. Bureau of Justice Statistics, Sourcebook of Criminal Justice Statistics, 1995 (Washington, DC: Government Printing Office, 1996), p.556.

を考察することによって、おそらく最もはっきりと例証される。図9-4に示されるように、第二次世界大戦終結時から1970年代半ばにかけて、合衆国の拘禁率（人口10万人当たりの刑務所入所者数）は100人程度で推移していた。実際1973年の拘禁率は、1946年とほぼ同じであった。しかし、拘禁率はその後急速に変化し、1981年に150人、1989年に250人、1993年に350人に達した。全体的にみて、合衆国の拘禁率は1974年から1994年にかけて3倍以上になった。1996年の終わりには、拘禁率が427人——20世紀の新記録——に達した[52]。

図9-4で示された刑務所拘禁率と強盗率の関係について再び述べよう。強盗率は1960年代に急激に上昇し始めたけれども、拘禁率は1980年代までさほど上昇しなかった。刑事司法制度への大きな補強は、教育制度と福祉制度と同様にすでに犯罪率が急増してからのことである。入所という後衛型の制度的対応は、実際には30年以上前から進行していた正統性の減退と犯罪問題に対して、ごく最近とられた対応なのである。

刑事司法戦略が後衛型へと移行していることは、戦後後期の警察支出と矯正支出を比較・考察することによっても例証される。1974年から1992年にかけて警察への1人当たり支出は1.5倍に増加した。それに対して矯正への1人当たり支出は3倍になった[53]。

アフリカ系アメリカ人と刑罰

戦後後期に後衛型戦略がますます重視されることによって、アフリカ系アメリカ人は特に重大な影響を受けた。手許の資料によると、アフリカ系アメリカ人は20世紀を通じて国の刑務所に不釣合いに多く収監されている。例えば、合衆国司法統計局調査官パトリック・ランガンの報告によれば、1926年には州刑務所や連邦刑務所の収監者4万4,328人のうち、アフリカ系アメリカ人は21パーセントを占めていた[54]。しかし、収監者総数に占めるアフリカ系アメリカ人の割合は戦後中期・後期にさらに不均衡になった。特に1970代終わりに刑務所への入所が急増し始めると、新たに収監されるアフリカ系アメリカ人の割合は急上昇した。新規収監者に占めるアフリカ系アメリカ人の割合は1970年に35パーセント、1978年に40パーセント、1989年に50パーセントを突破した。1993年には、合衆国全人口のうち12パーセントを占めるにすぎないこの人種的マイノリティは、州刑務所と連邦刑務所の新規収監者の52パーセントを占めていた。1990年代半ばの合衆国司法統計局調査官の推計によると、合衆国で産まれたアフリカ系アメリカ人男性が一生涯のある時期に刑務所に収監される確率は約29パーセントである。ちなみにこの推計は拘置所や保護観察期間を含んでいない[55]。

こうした厳然たる統計結果は刑務所への収監に限らない。考察対象となった刑事司法の様々な刑罰いずれにおいても、アフリカ系アメリカ人はかなり多くの刑罰を受ける傾向にある。このような不均衡は、全ての刑事司法サンクションのうち最も深刻な死刑執行にもみられる。1930年から1994年にかけて、合衆国において死刑執行された4,116人のうち53パーセントは、アフリカ系アメリカ人であった[56]。手許の最近の資料だけをみても、1990年から

1994年にかけて、死刑執行された137人のうち36パーセントが、アフリカ系アメリカ人であった。

　同様の格差は、拘置所や保護観察や仮釈放の宣告においても見出される。20世紀末の時点で、アフリカ系アメリカ人は、各地域の拘置所で刑期中の囚人の47パーセント[57]、仮釈放中の成人の46パーセント[58]、保護観察下の成人の33パーセント[59]を占める。保護観察や仮釈放に関する統計数値と拘禁率を合わせると、20歳から29歳までのアフリカ系アメリカ人男性総数の約25パーセントが、矯正システムの監視下に置かれているといった驚くべき結論が出される[60]。経済学者リチャード・フリーマンは、1990年代には、18歳から34歳までのアフリカ系アメリカ人男性労働力の37パーセントが、矯正システムの監視下に置かれていると推計している[61]。

刑事司法制度の犯罪への影響の評価

　戦後後期における矯正支出の増大は、犯罪率を低下させたのか？　これは非常に意見の分かれる問題であるが、研究結果から判断すると——少なくとも合衆国全体を縦断的に考察した場合——犯罪率は低下したことが示される[62]。研究者トーマス・マーベルとカーライル・ムーディは、1930年から1994年までの拘禁率の変化と合衆国の殺人率や強盗率、暴行率の関係を考察した[63]。彼らの得た知見は、同期間の刑務所人口が10パーセント増加すると、殺人が約13パーセント低下しているというものであった。拘禁率の上昇は強盗率と暴行率を顕著に低下させたのである。合衆国のその他の縦断的研究においても同様の結論が得られている[64]。

　拘禁が街頭犯罪率に効果を及ぼすという議論は、収監者による自己申告調査の結果によっても支持されてきた。例えば、1980年代終わりに司法省調査官エドワード・ゼドレフスキは、収監者に自らのおかした犯罪の総数——逮捕されなかったものも含めて——を尋ねた調査結果を公表した[65]。ゼドレフスキはこの調査結果をもとに、犯罪者を収監することによって、ドラッグを除く街頭犯罪が年間187件回避されたと推計した。しかし、ゼドレフスキの

この方法の大きな難点は、膨大な数の犯罪（ときに1日当たり1件以上）をおかしたと称するごく一部の収監者が、結果的に平均の算出に多大な影響を及ぼすことである。

この批判に応えて、自己申告調査方法を用いる研究者のなかには、極端に外れた値を除いたり中央値を使ったりする者もいる[66]。こうした方法を使えば、収監者が拘禁されなければおかしたであろう年間犯罪数は、ゼドレフスキによる推計値の約10分の1となる。とはいうものの、犯罪者を拘禁するという方法は、犯罪防止にかなりの効果がある。元ドラッグ問題担当長官ウィリアム・ベネットとその同僚は著書のなかで、刑務所収監者はそれぞれ投獄される前に、ドラッグ犯罪を除く平均12件の財産犯罪や暴力犯罪をおかしていたと結論づけている[67]。

これらの推計を単純に考察してみると、かなり印象的な結果を得ることができる。1994年の連邦刑務所や州刑務所への新規収監者は54万1,000人であった[68]。ベネットとその共著者による推計に基づくと、自己申告調査における誤りと誇張があったとしても、1994年にこれら54万1,000人を新規収監することによって、ドラッグ犯罪を除く凶悪犯罪がなんと500万件以上防止されたことになる。

このように多くの街頭犯罪が拘禁によって防がれていたのだとすると、1980年代以降の犯罪率は実際には驚くほどわずかしか減少しなかったとみなければならない。合衆国において、拘禁が犯罪率を低下させたかどうかを問うよりも、「なぜ刑罰における大きな変化はさほど効果を及ぼさなかったのか？」と問うことのほうがより適切かもしれない。

その問いに対する一つの答えは刑事司法の「網」の目の細かさと関係がある。警察に通報されるのは、凶悪な街頭犯罪で、全体の約40パーセントだといわれている[69]。これらのうち、逮捕されるのが約5分の1である[70]。有罪判決を受けるのがその約3分の1であり、有罪判決を受けた人のうち州刑務所か連邦刑務所に収監されるのはさらに少ない[71]。これらをまとめて考えると、アメリカにおいて年間2,000万件の凶悪犯罪は年間約55万人の収監者を生む。

ただし、その約3分の1は非暴力的なドラッグ犯罪と飲酒運転である[72]。これは犯罪と拘禁の関係が極端に弱いことを意味する。1960年代以降の研究は、犯罪をおかせば確実に刑罰を受けると了解されている場合に限って、抑止は効果的であることを一貫して明らかにしてきた[73]。無害化(incapacitation)の処置は効果的かもしれないが、有罪宣告された重罪人の一人ひとりが複数の犯罪で責任を問われるとしても、凶悪犯罪者全体のごく一部を収監するだけでは、犯罪全体に及ぼす効果はあまり多くは望めないことを意味している。

　刑罰の数が着実に増加しているにもかかわらず思ったほどの効果が上がらないのは、社会制度の正統性がほとんどない環境下での、フォーマルな社会的コントロール・システムが、概して人々の行動を変えられないこととも関係があるのかもしれない。約1世紀前のフランスの社会学者エミール・デュルケムは、「罰するということは、他者の心身に苦痛を与えることではない。それは犯罪をものともせず、犯罪によって否定された規則を再確認することである」と述べた[74]。特にアフリカ系アメリカ人のあいだで、戦後に社会制度の正統性が減退したということは、犯罪者の逮捕や有罪宣告、刑罰の遂行が困難になるというだけでなく、再犯の防止やコミュニティの成員に対する刑罰の抑止効果が低くなることを意味している。

　様々な資料から得られる多くの証拠は、制度の正統性が低ければフォーマルな刑事司法による刑罰はほとんど効果がない——むしろ逆効果でさえある——という結論を明確にしている。第1に、犯罪学者ジョン・ブレイスウェイトは、刑事的サンクションを「再統合的(reintegrative)」と「スティグマ化(stigmatizing)」サンクションに分け、前者は犯罪行為を社会的に恥ずべきものとするのに対して、後者は行為者を侮辱し拒絶すると論じている[75]。ブレイスウェイトは、スティグマ化による恥の付与は犯罪を増やしてしまうが、再統合的な恥は犯罪を統制すると論じている。第2に、心理学者トム・タイラーは、サンクションを人々が公平であると認知するか、不公平であると認知するか、によって区別している[76]。タイラーによれば、人々がサンクションを公平であると認知しているとき、人々は法執行の正統性を支持し、法を遵

守する。しかし、サンクションを不公平であると認知しているとき、法執行の正統性は減退し、人々は法を遵守しなくなる。第3に、犯罪学者ローレンス・シャーマンの「反抗（defiance）」理論によれば、刑罰の正統性の認知は抑止に欠かせない[77]。シャーマンによれば、公正であると認知されている刑罰は将来の犯罪を減らすが、公正でないと認知されている刑罰は将来の犯罪を増やす。

　アフリカ系アメリカ人は、こうしたプロセスがどのように作用するかの、最も明白な実例を示している。アフリカ系アメリカ人は、かつて経験しなかったほどに多いフォーマルな刑罰を戦後期に受けたが、おそらく政治・経済・家族制度に寄せていた正統性の水準が長期にわたって低かったため、彼らの犯罪率にわずかな効果しか及ぼさなかった。

　そのようなプロセスを裏付ける証拠はあまりないけれども、最近の研究のなかには示唆的なものも少しある。234人の黒人と白人の刑務所収監者を研究した社会学者アンソニー・ハリスによると、犯罪で逮捕されたとき、白人は自尊心を大きく傷つけられるのに対して、アフリカ系アメリカ人はそれほど自尊心を傷つけられない[78]。ハリスによれば、おそらく最も憂慮すべきことは、研究対象となったアフリカ系アメリカ人収監者の場合には、犯罪行動に深く関わるほどかえって自尊心は高まるということである[79]。ハリスの研究は刑務所収監者に限ったものであるが、施設に収監されていない人々を対象とする研究のうち少なくとも一つが、これに類似した結果を出している。犯罪学者スーザン・エイジトンとデルバート・エリオットは、白人より黒人の高校生のほうがそれまで警察の世話になったことがなくても、自分のことを非行者であると強く感じていることを見出した[80]。

　20世紀終わりになっても、白人よりアフリカ系アメリカ人のほうが、政治制度に対して強い不信を抱き、経済格差が大きく、家族がかなり解体した状態のままである。もし本書の議論が正しければ、こうした状態がさらに悪化することによって、アフリカ系アメリカ人は犯罪の動機を増やし、彼らの犯罪行動を防止すべきインフォーマルな社会的コントロールの有効性を低下さ

せ、少なくとも家族制度に対しては、その保護の有効性を低下させることになる。フォーマルな刑罰だけに頼る制度的対応はある程度の効果を及ぼすけれども、それに関連した他の制度の正統性が低ければ、わずかな効果しか得られない。実際いくつかの研究によれば、まさにそうした状況下では、フォーマルな刑罰は今後の犯罪行動を事実上増やすかもしれないのである。

前衛型戦略への新しい関心

　アメリカの刑務所収監者数が1990年代に増加し続けるにつれて、前衛型の犯罪対策アプローチがあらためて見直され、関心を引くようになった。このような関心が最近になって最も具体化したのが「コミュニティの治安維持 (community policing)」ないし「コミュニティ中心の取り締まり (community-oriented policing)」などと呼ばれる治安維持方式の採用——または復活——であった[81]。また、街頭犯罪に対する前衛型戦略への新たな関心を支えているものとして、暴力犯罪を公衆衛生問題と定義する政策専門家の動きもあげられる[82]。現在新しい前衛型の考え方を、街頭犯罪に適用している好例として、ニューヨーク市がある。

　1990年代初めにニューヨーク市は、警察官を2万5,000人強から3万2,000人以上へと増員した[83]。そして警察はニューヨーク市警察本部長ウィリアム・ブラトンの下で、特定のコミュニティ問題にもっと集中的に対処するために再編された。所轄レベルの警察官は、近隣住民に関する情報を定期的に報告し、住民問題への対策法を改善するよう求められた。警察は市をあげて「生活の質」に関わる犯罪——公前の飲酒や立ち小便、過度な騒音、その他の迷惑行為——撲滅キャンペーンを始めた[84]。警察は近隣住民を特に脅かすケンカ好きの不良をたびたび取り締まった。

　こうした取り組みの結果はすでに広く知られるところである。1996年にニューヨーク市で起きた殺人は、わずか985件——ピークを迎えた1990年の2,262件から57パーセントの減少——であった[85]。同様の成果が現在ボストンやボルチモア、ダラス、ヒューストン、サンディエゴ、サンフランシスコ、シ

アトルで生じている[86]。それにもかかわらず、元ニューヨーク警察本部長レイモンド・ケリーは、こうした犯罪の減少を警察本部長ブラトンの手柄とすることは、「月の満ち欠けの手柄を認めるようなものだ」と嘲った[87]。コミュニティ中心の取り締まりは今のところ有効な戦略であるものの、コミュニティの治安維持を実施していなかった多くの都市を含め、20世紀終わりに合衆国全体で犯罪率が低下した理由を説明する必要がある。もし本書の議論が正しいならば、コミュニティの治安維持のような政策が成功するかどうかは、最終的にその政策を実施しているコミュニティ内の社会制度の根本的な正統性に依存する。私の直感では、1990年代半ばにニューヨーク市だけでなく他の地域でも犯罪が減少した理由は、コミュニティの取り締まりそのものというよりも、社会制度の正統性の増大と大きく関わっている。

5　要約と結論

伝染病と闘う生物のように、アメリカ社会は戦後様々な制度的「抗体 (antibodies)」を生成することによって、正統性の減退と犯罪率の上昇に応戦した。教育制度と福祉制度は、政府への不信の増大、収入格差の拡大、家族構造の大きな変化を食い止めるために発展した。刑事司法制度も実質的に強化された。戦後中期の刑事司法支出は警察に重点を置くものであった。しかし、戦後後期に入っても犯罪率は高いままだったので、より懲罰的な後衛型対応が施策の中心を占めるようになった。

これらの新しい制度的対応のどれが、どの程度、犯罪に影響を及ぼしたかを解き明かすのは難しい。それらの全体的効果は、大きい網に向けて撃たれる砲弾に似ている。まず、網は砲弾の速度を落とすために伸びるが、もし網が充分に強ければ、最終的に砲弾の力を吸収してしまう。本書は20世紀の末に執筆されたので、1960年代に始まった犯罪急増が最終的に速度を弱めていったという徴候を見ることができた。すでに論じたように、これは制度の変化が組み合わさったこと——政府への信頼の安定化、収入格差の改善、新

しい家族形態の制度化が進むまで急速な家族の変化の速度を弱めること——に起因するようである。これらの変化がなければ、教育・福祉・刑事司法制度が犯罪率に及ぼした影響がどのようなものあったかを軽々しくは語れない。それでも、次のことだけは確実にいえるだろう。戦後期に教育・福祉・刑事司法制度への関与があまり増大しなかったならば、犯罪率はもっと急速に上昇しただろうし、相変わらず高い水準のまま続いたであろう。

☆　☆　☆

戦後の犯罪動向と、犯罪と伝統的に緊密な関係にあった3つの社会制度、正統性の減退と犯罪率の上昇に対する3つの戦後制度の対応との関係を検討してきた。最終章ではこれまでの議論を要約し、研究と政策のためのいくつかの示唆を考察しよう。

注

1　Martin van Creveld, *The Transformation of War* (New York: Free Press, 1991), p.198.
2　Milan Kundera, *The Unbearable Lightness of Being* (New York: Harper & Row, 1984), p. 4. (=1998, 千野栄一訳『存在の耐えられない軽さ』集英社.)
3　Gary LaFree and Kriss A. Drass, "The Effect of Changes in Intraracial Income Inequality and Educational Attainment on Changes in Arrest Rates for African Americans and Whites, 1957 to 1990," *American Sociological Review* (1996) 61: 614-634を参照のこと。
4　Wesley G. Skogan, "Citizen Reporting of Crime: Some National Panel Data," *Criminology* (1976) 13: 535-549.
5　Harry Kalven, Jr., and Hans Zeisel's classic, *The American Jury* (New York: Little, Brown, 1966), pp. 310-312を参照のこと。
6　例えば、再統合的恥について論じているブレイスウェイトの議論は、*Crime, Shame and Reintegration* (Cambridge, UK: Cambridge University Press, 1989), ch.5を参照のこと。
7　Peter Marris and Martin Rein, *Dilemmas of Social Reform* (Chicago: Aldine, 1973); National Advisory Commission on Civil Disorders, *U.S. Riot Commission Report* (New York: Bantam Books, 1968), pp. 424-456.
8　例えば、Allen E. Liska, "Aspirations, Expectations and Delinquency: Stress and

Additive Models," *Sociological Quarterly* (1971) 12: 99-107; Josefina Figueira-McDonough, "Feminism and Delinquency," *British Journal of Criminology* (1984) 24: 325-342を参照のこと。

9   Delbert S. Elliott and Harwin L. Voss, *Delinquency and Dropout* (Lexington, MA: D. C. Heath, 1974); Gary D. Gottfredson, "Schooling and Delinquency," in S. E. Martin, L. B. Sechrest, and R. Redner, eds., *New Directions in the Rehabilitation of Criminal Offenders*, Report of the Panel on Research on Rehabilitative Techniques (Washington, DC: National Academy Press, 1981).

10   Jackson Toby, "The Schools," in J. Q. Wilson and J. Petersilia, eds., *Crime* (San Francisco: Institute for Contemporary Studies Press, 1995), pp. 152-158.

11   これを概観したものとして、Braithwaite (1989), pp. 28-29を参照のこと。

12   例えば、Robert Agnew, "A Revised Strain Theory of Delinquency," *Social Forces* (1985) 64:151-167; H. B. Kaplan and C. Robbins, "Testing a General Theory of Deviant Behavior in Longitudinal Perspective," in K. T. Van Dusen and S. A. Mednick, eds., *Prospective Studies of Crime and Delinquency* (Hingham, MA: Kluwer Nijhoff, 1983) を参照のこと。

13   学校に通うことによって、子どもが実際に犯罪の被害者になる機会が増えることを、ほとんどの調査研究が提示していることから考えて、この最後の可能性はかなり理論的なものとみなしておかねばならない。例えば、U. S. Department of Health, Education and Welfare, *Violent Schools—Safe Schools: The Safe School Study Report to Congress* (Washington, DC: Government Printing Office, 1978) を参照のこと。

14   この指摘は、マーチン・カーノイが編集した、*Schooling in a Corporate Society* (New York: McKay, 1972) のなかで述べられたものである。

15   Richard Cloward and Lloyd Ohlin, *Delinquency and Opportunity: A Theory of Delinquent Gangs* (New York: Free Press, 1960).

16   John Meyer and Rick Rubinson, "Education and Political Development," *Review of Research in Education* (1975) 3:134-162, 142.

17   John Kasarda, "The Regional and Urban Redistribution of People and Jobs in the U.S.," Paper prepared for the National Research Council Committee on National Urban Policy, National Academy of Science, Washington, DC, 1986, pp. 26-27.

18   James Liebman, "Implementing Brown in the Nineties: Political Reconstruction, Liberal Recollection, and Litigatively Enforced Legislative Reform," *Virginia Law Review* (1990) 76:349-435, 353; *Brown v. Board of Education of Topeka, Shawnee*

County, Kansas, 347 U.S. 483 (1954) を参照のこと。
19 Joel A. Devine, Joseph F. Sheley, and M. Dwayne Smith, "Macroeconomic and Social-Control Policy Influences in Crime Rates, 1948-1985," *American Sociological Review* (1988) 53:407-421.
20 Robert Fiala and Gary LaFree, "Cross-National Determinants of Child Homicide," *American Sociological Review* (1988) 53:432-445; Sheila B. Kamerman, *Parenting in an Unresponsive Society: Managing Work and Family Life* (New York: Free Press, 1980) を参照のこと。
21 President's Commission on Law Enforcement and the Administration of Justice, *The Challenge of Crime in a Free Society* (Washington, DC: Government Printing Office, 1967), p.66.
22 1950年代終わりの福祉改革について、チャールズ・マリーが同様の議論をしている。*Losing Ground: American Social Policy, 1950-1980* (New York: Basic Books, 1984), pp.20-21を参照のこと。
23 例えば、Barry Krisberg, *Crime and Privilege: Toward a New Criminology* (Englewood Cliffs, NJ: Prentice-Hall, 1975); Ian Taylor, Paul Walton, and Jock Young, *The New Criminology: For a Social Theory of Deviance* (London: Routledge & Kegan Paul, 1973) を参照のこと。
24 本節の統計は全て、U.S. Department of Education, National Center for Education Statistics, *Digest of Education Statistics, 1996* (Washington, DC: Government Printing Office, 1996), p.15から引用している。統計には、公立学校や教区学校や私立学校の各学年の就学率を含む。また看護学校や幼稚園、小学校、高等学校、カレッジ (colleges)、ユニバーシティ (universities)、大学院 (professional schools) も含む。就学率は、全日制または夜間制の、フルタイムまたはパートタイムに基づく。職業学校 (trade schools) や実業学校 (business colleges)、通信教育学校 (correspondence schools) などの「特殊学校 (special schools)」は就学率に含まない。
25 例えば、Michael R. Gottfredson and Travis Hirschi, *A General Theory of Crime* (Stanford: Stanford University Press, 1990), pp.272-273. (= 1996, 松本忠久『犯罪の一般理論』文憲堂.) を参照のこと。
26 1965年以前の比較可能な年齢データを見つけることはできなかった。1993年以降教育省がこのデータ収集方法を刷新したため、報告された割合(1995年には48.7パーセント)は大幅に上昇した。U.S. Department of Education, National Center for Education Statistics (1996), p.15を参照のこと。
27 教育への政府支出総額に関するデータは、U. S. Bureau of the Census, *Govern-*

ment Finances: 1984-1992, Series GF/92-5 (Washington, DC: Government Printing Office, 1996), p.1; and U.S. Bureau of the Census, *Historical Statistics on Governmental Finance and Employment* (Washington, DC: Government Printing Office, 1985), pp.26-28から引用している。支出総額を人口で割り、1995年のドルを基準に換算した。
28　Reynolds Parley, *Blacks and Whites: Narrowing the Gap?* (Cambridge, MA: Harvard University Press, 1984), p.17.
29　人種別教育水準の中央値は、1957年から1990年までに限り入手できた。LaFree and Drass (1996), p.623を参照のこと。
30　総計は、白人が53.8パーセント、非ヒスパニック系黒人が56.3パーセントであった。U. S. Department of Education, National Center for Education Statistics (1996), p.16を参照のこと。
31　William Julius Wilson, *The Truly Disadvantaged: The Inner City, the Underclass, and Public Policy* (Chicago: University of Chicago Press, 1987), p.58.
32　Wilson (1987), pp.57-58.
33　Murray (1984), p.108.
34　U.S. Department of Education, National Center for Education Statistics, *Digest of Education Statistics 1981* (Washington, DC: Government Printing Office, 1982), p.46.
35　福祉支出に関するデータは、U.S. Bureau of the Census, *Government Finances* (1996), p.1; and U.S. Bureau of the Census (1985), pp.26-28から引用している。福祉支出総額は、1995年のドルを基準に換算した。
36　Murray (1984), ch.8.
37　U.S. Department of Commerce, Bureau of the Census, *Statistical Abstract of the United States, 1996* (Washington, DC: Government Printing Office, 1996), p.370.
38　U.S. Bureau of the Census, *Statistical Abstract* (1996), p.383.
39　U.S. Omnibus Crime Control and Safe Streets Act (Washington, DC: Government Printing Office, 1968)。また、Devine et al. (1988), pp.408-409も参照のこと。
40　James W. Button, *Black Violence: Political Impact of the 1960s Riots* (Princeton: Princeton University Press, 1978).
41　この区別は、David C. Anderson, "The Mystery of the Falling Crime Rate," *The American Prospect* (1997) 32:49-57によるものである。
42　本節で用いた合衆国の死刑執行に関する統計は、U.S. Bureau of Justice Statistics, *Sourcebook of Criminal Justice Statistics 1995* (Washington, DC: Government Printing Office, 1996), p.615から引用している。

43 *Furman v. Georgia*, 408 U.S. 238 (1972) のなかで、合衆国最高裁判所は憲法修正第8条(残酷で異常な刑罰を禁じる)に基づき、死刑(death penalty)の適用に非常に多くの裁量を許していた州と連邦の死刑の法律(capital punishment laws)を取り消した。ファーマン判決以降いくつかの州は法令を改訂し、死刑囚収容率は上昇し始めた。U.S. Bureau of Justice Statistics, *Sourcebook* (1996), p. 615を参照のこと。

44 U.S. Bureau of Justice Statistics, *Sourcebook* (1996), p. 556.

45 これらの推計は、U.S. Bureau of the Census, *Government Finances* (1996), p. 1にある支出データに基づく。

46 U.S. Bureau of Justice Statistics, *Sourcebook* (1996), p. 609.

47 James Lynch, "Crime in International Perspective," in J.Q. Wilson and J. Petersilia, eds., *Crime* (San Francisco: Institute for Contemporary Studies Press, 1995) を参照のこと。

48 刑務所収容定員の統計は、U.S. Bureau of Justice Statistics, *Sourcebook* (1996), p. 94から引用している。

49 U.S. Bureau of Justice Statistics, *Correctional Populations in the United Status, 1995* (Washington, DC: Government Printing Office, 1997), p. 5.

50 U.S. Bureau of Justice Statistics, *Correctional Populations in the United States, 1994* (Washington, DC: Government Printing Office, 1996), p. 6.

51 Richard B. Freeman, "The Labor Market," in J. Q. Wilson and J. Petersilia, eds., *Crime* (San Francisco: Institute for Contemporary Studies Press, 1995), p. 172.

52 U.S. Bureau of Justice Statistics, *Prisoners in 1996* (Washington, DC: U.S. Department of Justice, June 1997), p. 1.

53 U.S. Bureau of the Census, *Government Finances* (1996), p. 1; and U.S. Bureau of the Census (1985), pp. 26-28.

54 1926年から1986年までの統計は、Patrick A. Langan, *Race of Prisoners Admitted to State and Federal Institutions, 1926-86* (Washington, DC: Government Printing Office, 1991), p. 5から引用している。1986年以降の統計は、U.S. Bureau of Justice Statistics, *Correctional Populations* (1996), p. 15から引用している。

55 Thomas Bonczar and Allen J. Beck, "Lifetime Likelihood of Going to State or Federal Prison," *Bureau of Justice Statistics Special Report* (Washington, DC: Government Printing Off ice, March 1997).

56 死刑執行に関する統計は、U.S. Bureau of Justice Statistics, *Sourcebook* (1996), p. 615から引用している。

57 U.S. Bureau of Justice Statistics, *Sourcebook* (1996), p. 549.

58 U.S. Bureau of Justice Statistics, *Correctional Populations* (1996), p.106.
59 この最後の推計は、1994年に保護観察を受けたアフリカ系アメリカ人と白人の総数比較に基づく。U.S. Bureau of Justice Statistics, *Correctional Populations* (1996), p.39.
60 Marc Mauer, *Young Black Men and the Criminal Justice System: A Growing National Problem* (Washington, DC: The Sentencing Project, 1990), p.8を参照のこと。
61 Freeman (1995), p.172.
62 例えば、Alfred Blumstein, "Making Rationality Relevant," *Criminology* (1993) 31:1-16; David P. Farrington and Patrick Langan, "Changes in Crime and Punishment in England and America in the 1980s," *Justice Quarterly* (1992) 9:5-46; Devine et al. (1988); William Bennett, John DiIulio, and John Walters, *Body Count* (New York: Simon & Schuster, 1996)を参照のこと。
63 Thomas B. Marvell and Carlisle E. Moody, "The Impact of Prison Growth on Homicide," *Homicide Studies* (1997) 1:205-233.
64 Devine et al. (1988); Lawrence E. Cohen and Kenneth C. Land, "Age Structure and Crime: Symmetry Versus Asymmetry and the Projection of Crime Rates Through the 1990s," *American Sociological Review* (1987) 52:170-183.
65 Edward Zedlewski, *Making Confinement Decisions* (Washington, DC: U.S. Department of Justice, 1987).
66 W. Spelman, *Criminal Incapacitation* (New York: Plenum, 1994); Anne M. Piehl and John J. DiIulio, "Does Prison Pay? Revisited," *The Brookings Review* (1995) 13:21-25.
67 Bennett, DiIulio, and Walters (1996).
68 U.S. Bureau of Justice Statistics, *Sourcebook* (1996), p.560.
69 全米犯罪被害調査によると、1994年に警察に通報された被害は、人的犯罪が41.2パーセント、財産犯罪が33.9パーセントであった。U.S. Bureau of Justice Statistics, *Sourcebook* (1996), p.250を参照のこと。
70 FBI統一犯罪報告(UCR)によれば、1994年には指標犯罪の21.4パーセントが逮捕され、処理されている(were cleared by an arrest)と報告している。U.S. Bureau of Justice Statistics, *Sourcebook* (1996), p.426を参照のこと。
71 Brian Forst, "Prosecution and Sentencing," in J. Q. Wilson and J. Petersilia, eds., *Crime* (San Francisco: Institute for Contemporary Studies Press, 1995), p.364.
72 Anderson (1997), pp.50-51.
73 Alfred Blumstein, Jacqueline Cohen, and Daniel Nagin, eds., *Deterrence and*

Incapacitation: Estimating the Effects of Criminal Sanctions on Crime Rates, Panel on Research on Deterrent and Incapacitative Effects, National Research Council (Washington, DC: National Academy of Sciences, 1978); H. Laurence Ross and Gary LaFree, "Deterrence in Criminology and Social Policy," in N. J. Smelser and D. R. Gerstein, eds., *Behavioral and Social Science: Fifty Years of Discovery* (Washington, DC: National Academy Press, 1986).

74 Emile Durkheim, *Moral Education: A Study of the Theory and Application of the Sociology of Education* (New York: Free Press, 1961), p.176. (=1964, 麻生誠・山村健訳区『道徳教育論』1・2, 明治図書.)

75 Braithwaite (1989).

76 Tom R. Tyler, *Why People Obey the Law* (New Haven: Yale University Press, 1990).

77 Lawrence W. Sherman, "Defiance, Deterrence, and Irrelevance: A Theory of the Criminal Sanction," *Journal of Research in Crime and Delinquency* (1993) 30:445-473.

78 Anthony Harris, "Race, Commitment to Deviance, and Spoiled Identity," *American Sociological Review* (1976) 41:432-441,440.

79 Hams (1976), p.440.

80 Susan Ageton and Delbert Elliott, "The Effects of Legal Processing on Self Concept," *Social Problems* (1974) 22:87-100.

81 George L. Kelling and Catherine M. Coles, *Fixing Broken Windows: Restoring Order and Reducing Crime in Our Communities* (New York: Free Press, 1996) を参照のこと。

82 Jeffrey A. Roth and Mark H. Moore, "Reducing Violent Crimes and Intentional Injuries," *National Institute of Justice: Research in Action* (Washington, DC: Government Printing Office, October 1995).

83 Andersen (1997), p.52.

84 Anderson (1997), p.52.

85 Anderson (1997), p.53.

86 Kelling and Coles (1996); Anderson (1997), p.54.

87 Eric Pooley, "One Good Apple," *Time* (1996) January 15:55.

第10章 戦後アメリカにおける犯罪と制度的正統性

　未来が不確定であるかに見えるのは、単に私たちが無知だからである。
　　（バートランド・ラッセル，「哲学における科学的方法の一領域としての外的世界に関する私たちの知識」, 1914）[1]

　……社会のあらゆる存在は信義を破る要素を備えている。
　　（ピーター・L・バーガー，『社会学への招待——人間主義的パースペクティブ』, 1963）[2]

　探究対象に深く入り込むほど一体化する。常套的な方法に頼ることが少なくなればなるほど、対象はよく理解できる。
　　（ウォーカー・パーシー，『映画ファン』, 1960）[3]

　戦後アメリカにおける犯罪と制度の正統性との関係についてすでに示したデータを評価することから本章を始めよう。犯罪と各々の制度の関係に焦点を合わせてきたので、本章ではすでに検討した諸制度間の関係も考察する。こうした探究のあと、制度の正統性を強化し犯罪を減らすうえで有益な戦略を考察する。そして、さらなる研究と社会政策に向けて、戦後の犯罪と制度の正統性の動向から得られる示唆を探究する。最後に結論として、犯罪と制度、社会変動に関する概括的知見を若干述べよう。
　本書の論証の仕方は、まず戦後犯罪率の変化を述べ、次にこうした変化に適した説明を一つずつ評価することであった。この論証の成否は、示されたデータの精度だけでなく著者自身の犯罪論の妥当性にも関係してくる。
　要約していえば、戦後期初めの合衆国は街頭犯罪率が低く、政治制度は強

い信頼を受け、収入格差は小さく、家族組織は堅固であった。刑事司法・教育・福祉制度への支出は歴史的にみて低い水準にあった。また、戦後後期の合衆国は街頭犯罪率が高く、政治制度は信頼されず、収入格差は拡大し、家族は解体した。戦後後期の刑事司法・教育・福祉制度への支出は歴史的に見て高い水準にあった。さらに付け加えていえば、街頭犯罪率の上昇と伝統的な社会制度の正統性の減退が、1960年代初めに急速に始まった。こうした説明を裏付ける証拠はどれほど適切なものといえるだろうか？

戦後の街頭犯罪率は、1940年から1950年代にかけて最も低く、1980年代から1990年代にかけて戦後最も高かった。犯罪の波がこれら２つの時期のあいだに生じたことは明白である。これは小さな変動ではなかった。街頭犯罪率全体でみると、20世紀後半までに約8倍に上昇した。この期間の多種多様な街頭犯罪が非常に類似した変化を示したということは、手許の資料によっても明らかである。

制度の変化は何に基づいて測定すればよいのだろうか？ 政治制度の正統性は測定しにくい複雑な概念であるが、政府の信頼性に対する態度調査や行動調査によると、犯罪率が急上昇した1960年代から1970年代の10年間に、政府への信頼は明らかに減退している。現在の合衆国では、公民権運動やベトナム戦争反対運動のような広く強い組織的運動がほとんどないけれども、ここで検討された調査結果によると、信頼の水準は1940年代半ばの水準に比べてはるかに低い水準に留まっている。1960年代初めに始まる政治不信の増大と街頭犯罪の増加は明らかに関係している。同様に、現在では政治制度に対する不信は高い水準で安定しており、これは街頭犯罪率が高い水準で安定しているのと類似している。

貧困や失業といった経済的圧迫を測る絶対尺度では、戦後の犯罪率、特に1960年代の犯罪の波をうまく説明できない。しかしながら、収入格差と物価上昇のような相対尺度ならばうまく説明できる。戦後の合衆国において高い街頭犯罪率・物価上昇・収入格差が関係していることを示す明白な証拠がある。さらに、1990年代の収入格差と物価上昇のわずかな低下は最近の犯罪の

減少と一致している。

　多くの点で家族の正統性と犯罪の関係は測定困難である。家族の役割は社会化と社会的コントロールなので、家族が変化しても犯罪に影響が表れてくるには何年もかかるかもしれないからである。ただし、過去50年間に伝統的なアメリカ家族が大変革を遂げたことはわかっている。戦後初期には夫が稼ぎ妻が家事を担う双親家族の姿が、たいていのアメリカ人にとって規範であり目標であった。戦後期後期になると、もはや現状は異なっている。爆発的に増大した新たな家族形態や非婚姻関係の生活形態が特に叫ばれた同時期に、戦後の犯罪の急増に見舞われた。

　ほとんどの研究者は、刑事司法・教育・福祉制度への支援を、犯罪の原因とされる貧困率や離婚率といった要素などと同様に扱った。しかし私の考えでは、こうした新しい制度的対応は、貧困率や離婚率と異なる時期に作用した。資料によると、刑事司法支出や教育・福祉支出は、犯罪率がすでに急騰した後に最も増加した。つまり刑事司法・教育・福祉への支出は、犯罪の原因ではなく犯罪への対応として生じたとみなすべきである。

　アフリカ系アメリカ人の戦後の犯罪経験を考察すると、犯罪動向の特徴についてさらなる貴重な情報を得られることを本書は論じてきた。アフリカ系アメリカ人の悲惨な歴史を考慮するならば、客観的な視点が特に重要である。以下のことは十分裏付けられた事実である。つまり、戦後期を通じて、アフリカ系アメリカ人は他の人種集団よりより多くの街頭犯罪を経験し、政治へのより低い信頼感を示し、より大きな収入格差や家族形態の急速な変化を経験してきた。資料によれば、戦後犯罪が特に急増した時期に、アフリカ系アメリカ人と社会制度の関係はかなり急変した。驚くまでもないが、アフリカ系アメリカ人は、犯罪に対する制度的対応によって、過度に多くの影響を受けた。つまり、アフリカ系アメリカ人は他の人種集団の成員よりも逮捕され、有罪宣告を受け、刑務所に入所させられる傾向にあっただけでなく、教育水準も劇的に変わり、福祉支援も過度に多く受けた。

　本書で焦点を合わせた6つの社会制度以外の要因が、戦後合衆国の犯罪動

向に影響を及ぼしたのは確かである。すでにそれらのなかで最も重要な視点のいくつかを検討した。戦後の犯罪が急速に変化した事実をうまく説明できない点で、既存の説明の多くが棄却される。犯罪動向はあまりに急速だったので、一般的な生物学的・心理学的説明は受け容れられない。最近の生物学的・心理学的説明のなかには、急速に変化する社会的変数との直接的関係を仮定する適切なものもあるようだが、その説明能力は社会的変数に依存している。犯罪率は、世代を越えて受け継がれる深く根ざした文化的な価値によって決まる、といった類の受けのよい見解は、ゆっくりした社会の変化ならば説明できても、戦後みられた急激な犯罪率の変化は説明できない。

戦後の犯罪動向の時期を考察すれば、多くの既存の犯罪理論もあまり妥当ではない。犯罪が急増した時期に貧困率や失業率は低く、個人収入や世帯収入が増加していたことからして、絶対的経済尺度に基づいた説明には問題がある。それと同様に、アフリカ系アメリカ人が公然と差別されていた時期に、犯罪率が低く、拘禁率や刑罰率も低かったことからして、差別や抑止力による一般的説明にも問題がある。

戦後の犯罪急増期は、若者の特に大きなコーホートが若年成人期に達した時期と一致しているという単純な事実が、戦後の犯罪動向を最もうまく説明している。しかし、戦後アメリカの犯罪急増を説明する際、年齢の重要性がしばしば誇張されている。年齢が犯罪を説明するうえで重要な要素であるにしても、なぜ年齢がそれほど重要なのかを説明する必要がある。本書において展開した制度に関する議論は、年輩者より若者の犯罪率のほうが高いという結論と全く矛盾しない。それと比べれば、かなり低い割合ではあるが、女性の犯罪増加も戦後犯罪の波の一部を成している。しかし繰り返しになるが、男性に比べて女性の行動は、社会制度によってより拘束されており、またその度合いが戦後期にいくらか解消されたという考え方は、私が示した制度に関する議論とおおむね合致する。

これまでの章では政治・経済・家族制度の影響をそれぞれ別個に考察してきたので、これら制度間の相互関係はあまり検討しなかった。次節では、こ

れら3つの制度の関係を考察し、犯罪を説明するうえで3つの制度のうちどれが最も重要かを考えよう。

1 3つの制度の関係

　政治・経済・家族制度が犯罪に与える影響を比較して考えるときにおそらく最も一般的な議論は、経済制度が残り2つの制度の発展を決定するというものである。この議論はカール・マルクスとマルクス主義犯罪学者に最もよくみられる[4]。同様の議論は現在のアノミー論と緊張理論にもみられる。社会学者スティーブン・メスナーとリチャード・ローゼンフェルドは、合衆国の高い犯罪率を説明する際に、経済的目標がアメリカ社会の他の制度的目標にしだいに取って代わりつつあると論じている[5]。彼らによれば、アメリカにおける経済制度は経済以外の制度の機能と役割の価値を低下させ、それら制度を経済的要件へと適応させ、経済規範を他の制度領域へ浸透させることによって支配的位置を占めている[6]。それゆえ、合衆国の経済政策は、家族とコミュニティに破壊的な影響を与えても支持され、教育水準は裕福になるための手段としてのみ価値があると考えられ、アメリカの政治家の能力は、人々の経済的豊かさに役立つか否かによってのみ、判断されるようになる[7]。

　恰好のケースは、経済制度が政治制度と家族制度の双方に影響を及ぼすことに示される。収入格差と経済的圧迫の増大は、明らかに政治不信の増大と関係する[8]。同様に、戦後アメリカ家族の並外れた変化の多くは、特に労働力に参加する女性の増加、農業に従事する男性の減少、学校教育への欲求の増大といった経済的な要求の変化に直接関わる。

　しかし、経済的説明によって戦後合衆国の犯罪予測をもっぱら行うことは、縦断的にみた場合には、それほど的確とはいえない。収入格差と物価上昇、すなわち戦後の犯罪率と最も一貫して関わる2つの経済尺度からみると、経済が明らかに政治や家族より先に犯罪に影響を及ぼしたようにはみえない。収入格差（図7-2）と物価上昇（図7-3）の双方が最も急増し始めたのは、ベトナ

ム戦争が加熱した1960年代中期——調査結果によると、政治不信(図6-1)と家族の変化(図8-1)はそのときすでに急増していた——以降であった。

　さらに、政治制度と家族制度の変化が経済に影響を及ぼしたという証拠もある。一般に政治不信が増大すると、社会のなかでビジネスをおこなうコストが増大する。評論家フランシス・フクヤマが述べているように、信頼が低下すると、首尾よく経済的取引をするために入念な注意を払わなければならなくなり、これは一種の税金を取引に課せることになる[9]。また、少なくともある程度、政治制度への信頼が低下すると、経済制度にも不信が広がる。実際1960年代から1970年代にかけて、合衆国の大きな政府に対して表明された反感の多くが大企業にも向けられた[10]。

　戦後期の家族構造の変化も、経済状態、特に収入格差に大きな影響を及ぼした。その理由は所得分配が家族編成によって大いに変わるからである。ここで最も重要なことは、母子家庭であることが多い単親家族の激増であった。経済学者フランク・レヴィが1980年代中期以降の平均収入から推計したところによると、45歳から54歳までの共働き双親家族の平均収入は、25歳以下の母子家庭の8倍以上である[11]。

　家族は、労働力参入者の新しい世代を育てる最たる制度であるので、経済にも直接影響を及ぼす。大半の国民は、より良い職をより多く創り出すことに関心を向けているが、こうした職の担い手を送り出すのは家族であるという事実を見落としている。経済学者シャーリー・バーグラフが指摘するように、良い職が創り出されても、社会がその職を埋める良い労働者を生み出さない限り、経済はうまくいかない[12]。

　同様に、戦後の政治と家族制度における変化は、重要な点で互いに関係していたと思われる。すでにみたように、1960年代の政治制度への不信の増大は、伝統的な家長制家族に対する不信の増大と付合する。多くの場合、政治制度の不正義についてなされた議論は、男性優位家族の不正義についてなされた議論とほぼ同じである[13]。逆にいえば、家族は社会化と社会的コントロールを担うので、人々が政治制度と経済制度にどれだけ正統性を感じるか

は、家族の機能次第である。結局のところ、政治制度と経済制度に対する態度を最も促し補強するのは家族なのである[14]。

1960年代に政治不信が増大し、収入格差が拡大し、伝統的家族が執拗に異議を突きつけられた結果、戦後アメリカでは犯罪の波が生じた。すでにみたように、これら3つの制度はそれぞれ組織や範囲や歴史において非常に異なっている。しかし、3つの制度の正統性の減退は、犯罪に対していずれもおなじ意味を有している。すなわち、政治不信の増大は人々が政治を尊重しなくなり、そのルールに従った行動をとらなくなることを意味する。収入格差の拡大は、経済活動を誰が行うにしても法に従って行動するに値するものとは、人々がみなさなくなることを意味する。伝統的家族制度の正統性の減退は、ルール厳守の重要性を子どもに教え、この厳守を監視し、犯罪から子どもを保護する家族の動機づけと能力が低下したことを意味する。政治・経済・家族制度において行動を抑制するルールは、ロバート・マートンの記述の通り、「その持ち味と効力」の多くを失った[15]。

2 犯罪を減らすために何をなし得るか？

犯罪を減らすための本書の示唆は単純明快である。伝統的制度の犯罪統制を強化するか、新しい制度の犯罪対策にもっと支出するか、双方の戦略の組み合わせを探るかである。伝統的制度の強化には、政治制度への信頼の増大、収入格差と経済的圧迫の縮小、家族の再建などがある。街頭犯罪率の違いを考えると、アフリカ系アメリカ人による制度への正統性を増やすことは特に急務である。もちろん、戦後期が十分示しているように、制度の正統性を築くのは簡単なことではない。本節では、本書で検討された主要な制度それぞれについてなし得る試みの方向を、いくつか考察する。

政治制度

ある社会において政治制度の正統性を増やすことの問題は、社会資本

(social capital) の観点から一般に把握することができる。すでに論じたように、社会資本は人々のあいだの信頼関係に蓄積する。政治制度を固く信頼する社会は多くの社会資本を蓄えており、それは人々の目標達成を促進する。戦後期の合衆国で生じた社会の激変は社会資本を激減させた。公民権運動やその後の権利獲得運動が勢いを増すにつれて、政治制度の信頼は大幅に減退した。

ここに明らかなアイロニーがある。公民権運動によって諸集団が平等になるほど、社会資本は減るのではなくて、増大することが期待された。しかし、すでにみたように、[公民権運動に]抵抗したり不本意に思う人々に対して、外部からルールを課すことによって正統性を形成しようとしても、コミュニティ内部において自ずと生じる正統性ほどには効果的でない。戦後期の教訓の一つは、制度の正統性を自明視することはできないということであろう。特に戦後中期の自由主義的な政策立案者は、法による強制命令がコミュニティの凝集性にしばしば悪影響を及ぼすことを考慮せずに、法を用いて平等性を確保しようとした[16]。

ウィリアム・ジュリアス・ウィルソンの著書は、アフリカ系アメリカ人の都市部コミュニティにおける人種差別撤廃の意図せざる結果をいくつか例証している[17]。ウィルソンの指摘が正しいとすれば、合衆国における差別の緩和が富裕な黒人家族をインナーシティ地域から遠ざけ、真に不利益を被っている黒人底辺層を放置することになった。このジレンマは、主に白人で占められるフィラデルフィアの貧困地域で、かなり不利益を被っているにもかかわらず、低い犯罪率を維持したギャリソン・ハイツ (Garrison Heights) に関するフランク・ファスティンバーグの研究でも、よく例証されている[18]。

ファスティンバーグは、ギャリソン・ハイツがどのように社会資本の維持に取り組んだか、どれだけ多くの支援を子どもに与えたかを明らかにしている。子どもの養育責任を皆で分担することによって、これらの多くは成功した。しかし、ファスティンバーグは一方でこの団結力が「強烈な人種差別主義」に根ざしており、絶えざる内輪もめと軋轢にもかかわらずその人種差別主義によって、コミュニティの結束が強まっていることを明らかにしている

[19]。この事例研究が提起する一般的な問題は、いかにしてコミュニティを結合させる制度の網を破壊せずに、コミュニティから人種隔離と人種差別主義を取り除くかである。

　平等を求める運動が、コミュニティのまとまりに及ぼす影響を予測できなかったからといって、自由主義者を非難できるかもしれないけれども、少なくとも公民権運動に関しては、選択の余地はなかったのである。専制政治と不正義に立ち向かって世界大戦に参戦しておきながら、人種的マイノリティを差別し続けるというアイロニーは、あまりに露骨すぎて無視できなかったからである。

　戦後中期の自由主義者は、法制化による平等の確保がコミュニティの凝集性に及ぼす犠牲を過小評価する誤りをおかしたけれども、戦後後期の保守主義者は国家の援助がなくても問題を解決できる市民社会の力を過大評価している。本書の執筆中、家族とコミュニティの資源があまりに少なすぎて国家の支援がなければ最低限度の生活水準にも充たない人々に対してさえも、AFDCプログラムが廃止され始めた。こうした変化が犯罪率にいかなる影響を及ぼすかはまだわからない。さらに、1990年代後半の福祉支援は比較的好況な経済につれて上向きつつあるが、経済が低迷した時期の影響がどうなるかは今のところわからない。

　アフリカ系アメリカ人の街頭犯罪がきわめて多いことを考えると、アフリカ系アメリカ人のコミュニティにおいて、政治への信頼を築くことは特に重要である。刑罰をたとえ厳しくしても、政治システムの基本的公平性を信頼しない集団には、ほとんど影響を及ぼさない。ジョン・ブレイスウェイトが重視する「再統合可能な恥の意識 (reintegrative shaming)」、トム・タイラーが論じる犯罪のサンクションについて感じる公平性、ローレンス・シャーマンが最近発展させた「反抗 (defiance)」理論、これら全てに共通する考えは、政治制度の正統性が幅広い確信によって支持されない場合、法的な犯罪対策は将来の犯罪を減らすのでなく逆に増やすということである。アフリカ系アメリカ人が政治制度の公正性を信じるまで、法システムはアフリカ系アメリカ人

のコミュニティに驚くほどの犠牲を強い続けるだろうし、これらの方策を支持する人々から要求されている市民の安全性は今なお達成されそうもない[20]。実際に政治不信に関して、アフリカ系アメリカ人と白人の大きな格差を示す証拠がいくつもある。O・J・シンプソン裁判の後に行われた全米世論調査の結果によると、シンプソンは有罪であると回答したのは、白人が48パーセントであるのに対してアフリカ系アメリカ人はわずか13パーセントであった[21]。5つの都市で教会所属の黒人1,000人に対して行われた1990年の調査によると、3分の1以上の人々が、エイズは黒人を大量虐殺する方法として細菌戦研究所 (germ warfare laboratory) でつくられたと信じていた[22]。他の3分の1は、黒人を殺すためにエイズがつくられたかどうかについてどちらともいえないと答えた。この結論は高等教育を受けた回答者にさえみられた。これと類似した態度は、合衆国の主要都市において黒人たちの指導者が、その大多数が黒人である静脈注射によるドラッグ使用者のための注射針交換プログラムに反対したことにも表れている。例えば、ハーレムに住む元ニューヨーク市会議員ヒルトン・B・クラークは、彼が居住するニューヨーク市の注射針の配布を大量虐殺と呼び、注射針交換プログラムの考案者を「殺害と薬物配布の罪で逮捕すべきである」と主張した[23]。

　他方では、最近の全米世論調査によると、アフリカ系アメリカ人と白人は同じ社会問題を心配している。その社会問題とは、犯罪や教育の欠如、家族の崩壊である[24]。さらに別の最近の世論調査によると、かなり大多数の黒人と白人が合衆国は過去10年で黒人と白人の緊張が大いに緩和され、人種統合は社会のためになるという意見に同意していた[25]。20世紀の残る数年間に、人種優遇政策 (affirmative action programs) を後退させようとする運動が、アフリカ系アメリカ人による政治制度への信頼に何らかの影響を及ぼすとしても、それがどのようなものかはまだわからない。

経済制度

　1世紀以上前のフランスの社会学者エミール・デュルケムは、もし「社会的

不平等が自然的不平等を正確にあらわす」ように労働が分化すれば、職業構造は連帯を生み出すと述べた[26]。言い換えると、収入格差は個々の才能の違いによって保証されているものであることを認めることによって、社会連帯は成り立っているということである。デュルケムが思い描いた社会とは違って、合衆国では収入格差が広がり、高度に序列化された社会になりつつある。例えば、合衆国の大企業経営者上位350人を対象とする1997年の調査によると、管理職報酬の中央値は240万ドル——合衆国の世帯収入の中央値4万ドルの約60倍——であった[27]。数百万ドルの報酬は、アメリカのプロスポーツ界と芸能界では普通になった。雑誌フォーブスの記事によると、プロスポーツ界の5年間の報酬でみると、ヘビー級ボクサーのイベンダー・ホリフィールドは1億7,780万ドル、アーノルド・パーマーは8,240万ドル、シャギレ・オニールは7,820万ドル、アンドレ・アガシは7,480万ドル、ジャック・ニクラウスは7,460万ドルである。芸能界の2年間の報酬で見ると、スティーブン・スピルバーグは1億5,000万ドル、ビートルズは1億3,000万ドル、マイケル・ジャクソンは9,000万ドル、ローリング・ストーンズは7,700万ドル、アーノルド・シュワルツェネッガーは7,400万ドル、ジム・キャリーは6,300万ドルである[28]。

　社会評論家チャールズ・ハンディによると、「資本主義は不平等[格差]という根本原理のうえに成り立つ」[29]。事実、西欧民主主義諸国の市民の大多数は、ある程度の収入格差を公平であると認めている。オーストラリアの社会学者ジョナサン・ケリーとM・D・R・エバンスは、合衆国を含む先進9ヵ国において収入格差に関する意識調査を行い、全く格差のないあるいはそれに近い状態であると信じている回答者は、ほとんどいないことを見出した[30]。いかなる職業にもっと多くの報酬を払い、どの職業をもっと少なくすべきかに関しても、幅広い合意があった。しかしながら、どれだけの収入格差なら正当化され得るかについては、9ヵ国のあいだで大きな違いが出た。驚くべきことではないが、旧共産圏(ハンガリー、ポーランド)は資本主義諸国に比べて小さい収入格差に賛成した。資本主義諸国のなかではオーストリアが最も大

きい格差に賛成し、これに合衆国や英国、ドイツ、オランダ、スイスが続き、オーストラリアが最も小さい格差に賛成した。

　結局、ほとんどの市民はある程度の収入格差を正当なものとして受け容れるけれども、どの程度の格差なら公平であるかに関しては、目下論議の最中である。合衆国の収入格差の度合いが大きすぎると回答するアメリカ人の割合が、戦後中期・後期に大幅に増大したとみるのが妥当なところだろう。さらに、そのシステムにおいて成功する機会が等しいと感じられるときにのみ、人々は格差のあるシステムを受け容れるようである。チャールズ・ハンディの言葉を用いれば、「たいていの人は格差を切望する機会が平等に確保されている」ときにのみ収入格差は受け容れるのである[31]。そして、政治に対する信頼の水準と同様に、収入格差の公正の水準と収入格差を切望する平等な機会の問題は、アフリカ系アメリカ人にとって特に決定的に重要である。

家族制度

　第二次世界大戦終結時、ほとんどのアメリカの家族を形成する中核的特徴は、経済学者が「二重の一致モデル (a double coincidence model)」と呼ぶものであった[32]。すなわち、男女の社会的に構成された要望がほぼ一致していたので、性役割の特定化と家庭内で女性に不払い労働を課す分業を維持することが可能であった。しかし、この伝統的な形態は戦後中期に激しい非難を受けた。こうした異議申し立ては、仕事の性質が根本的に変化したことによって支持を広げていった。

　アメリカ家族に関する最近の政治論争から判断すると、多くの評論家は、仕事の変化によって生じた問題を解決する方法として、第二次世界大戦終結時に支配的であった家族形態の復活を考えているようである[33]。しかし、こうした見解が一部の人々にとってどれほど魅力的なものであっても、20世紀末の多くの女性が賃労働から離れることを期待するのは、19世紀末の男性に賃労働の仕事をやめて農業労働へ戻ることを期待するようなものだ。離婚率と婚外出産率は時を経るにつれて相当変化したが、これらの率が近いうちに

大幅に低下することを示す証拠はほとんどない。実際、戦後期の家族の変化に関して興味深い特徴は、離婚率と婚外出産率が経済の好不況を問わず一貫して上昇し続けたことである。

家族に生じた多くの変化は現時点にとどまるものではなくて、21世紀には戦後初期に支配的であった伝統的家族形態から大きく異なる生活形態が生み出されそうである。したがって、犯罪統制に関していえば、社会に突きつけられている課題は、かつてはもっぱら伝統的な核家族によって果たされていた社会化や社会的コントロールや保護機能を、いかにして代替することが可能かということにあると思われる。最近の様々な研究は、いくつかの有望な手掛かりを提供している。

有望な改革の一つとして、現代家族の経済構造を再考するというものがある。家族が戦後期に大変革を遂げたとき、経済論争の多くは女性の機会均等に関する議論に集中した。概して保守主義者は女性を賃労働力の圏外に留めておく側に立って抵抗した。自由主義者は、女性の職業的地位と報酬への機会均等を確保する側に立って論じた[34]。保守主義的な見解は、西欧民主主義諸国や合衆国の女性がどのみち賃労働力であり続けるという確実な点を無視しているので問題がある。自由主義的な見解も、重要でないわけではないが、不完全である点で問題がある。まぎれもなく自由主義的な見解は伝統的な雇用障壁を乗り越えようと励む女性に役立った。しかし、雇用の平等は得たとしても、家族構造と雇用条件の変化が子どもに及ぼす影響を緩和することはできなかった。

要するに、経済システムは賃労働力に参加する女性の急増に対応し得なかったのである。経済学者シャーリー・バーグラフが述べるように、「弁護士として時給200ドルの価値があるが、親としては何の価値もないような経済システム……は、健全な経済システムとは言えない」[35]。働いて賃金を受け取るか、家庭にいて何も受け取らないかの選択を突きつけられる両親に、現実的な選択肢は全くない。もし社会が子育てに高い価値を置くならば、その社会は育児に賃金を支払う用意がなければならない。家族が、家族としての職

責を果たすうえで必要な資源を求めて、賃労働と競争し得るためには、経済システムを再設計する必要がある[36]。これには、子育てに励む人々への税制優遇措置や寛大な家族休暇政策、保育職従事者賃金の引き上げ、職場関係の保育施設への投資などといった多種多様な政策変化を必要とする。

このように経済を変化させることの他に、子どもを社会化し教育する家族を支援する多数のプログラムがある。これらのプログラムはかなり広範囲にわたるので、ここでは適切に要約し尽くせない。これらのプログラムのなかで本稿の目的に最も関係するものとして、青少年の常習的な非行や反社会的行動を減らそうとするものがある。ヒロオ・ヨシカワの批評論文は、よく知られた多くの先駆的な試みを検討している[37]。ヨシカワは、特に家族への社会的支援と幼年期の早期教育プログラムを提供する4つのプログラムに注目している。低収入のアフリカ系アメリカ人家族を対象とするペリー幼稚園 (The Perry Preschool) のプロジェクト、子どもを持つ低収入のメキシコ系アメリカ人家族を対象とするヒューストン親子開発センター (Houston Parent-Child Development Center)、高校教育を受けてない低収入の母を対象とするシラキュース大学家族開発調査プロジェクト (the Syracuse University Family Development Research Project)、子どもを持つ低収入の母を対象とするエール児童福祉プロジェクト (Yale Child Welfare Project) がある。これら四つのプロジェクトのサンプル数と実験処理の仕方は大いに異なるが、訓練された専門職員が家庭訪問して子どもと両親を支援する点は共通していた。さらに、四つのプロジェクトのうち三つが情緒的支援を提供し、三つが子育てに関する助言を提供し、エールのプロジェクトだけが医学的支援を提供した。

ペリー幼稚園のプロジェクトの2年間追跡評価によると、実験群 (experimental group) の子どもは統制群 (control group) の子どもよりかなり高いIQスコアを示すことがわかった[38]。14年間の追跡評価 (対象者が17歳から19歳のとき) によると、5つ以上の犯罪をおかした子どもは統制群では17パーセントだが、実験群ではわずか7パーセントであることがわかった。さらに、統制群より実験群のほうが中途退学者は20パーセント少なく、10代の妊娠率は半分で、

有職率は2倍であった。

　ヒューストンの子育てに関する研究によると、統制群の母に比べて実験群の母は子どもに対して優しく、応答しやすく、叱らないことが結論として示されている[39]。1年間の追跡評価によると、実験群の子どもは高いIQスコアを示していた。5年から8年間の追跡評価によると、実験群の子どもは教師の評価によればケンカや破壊的行動、衝動的行動、落ち着かない行動をとらないことがわかった。

　シラキュースプロジェクトの3年間の追跡評価によると、統制群の子どもより実験群の子どものほうがIQスコアと社会的感情スコアが高かった[40]。10年間の追跡評価によると、少年犯罪の前科を持つ子どもは統制群では22パーセントだが、実験群ではわずか6パーセントであった。エールのプロジェクトの終了後、実験群の子どもは言語能力の点できわめて高いスコアを示し、対象となった家族は福祉受給から自立し、第2子出産を延期する傾向がある。またプロジェクト期間中に進学した母親もいた[41]。これら四つの研究は、子どもを犯罪に走らせないよう苦悩している家族に対していかに必要な支援を提供し得るかに関する価値ある知見を提示した。

刑事司法制度・教育制度・福祉制度
　これまでの諸章では、戦後アメリカの正統性の減退と犯罪率の上昇に対する3つの主要な刑事司法・教育・福祉制度の対応について論じてきた。これら3つの対応は政治的な立場と緩やかに関連しており、概して保守主義者は刑事司法的対応に賛成し、自由主義者は教育と福祉的対応に賛成する。自由主義の政策提言が優勢であった1960年代から1970年代に、保守主義者は自由主義の政策立案者が刑事司法に投資せず、さらにとりわけ犯罪者を厳しく罰しないから犯罪率が上昇したと激しく批判した。逆に、保守主義者の提言により刑務所が急増し始めた戦後後期に、自由主義者は犯罪者の「収容化(warehousing)」を目指す対応の報復的な精神を厳しく批判した[42]。以下、刑事司法・教育・福祉制度への支援が犯罪率にいかなる影響を及ぼしたかを順次

簡潔に考察しよう。

刑事司法と刑罰　1990年代の犯罪に対する拘禁率上昇の影響に関する論争は特に苛烈であった。一方で、最近の拘禁率の上昇は犯罪を減らすのに特にアフリカ系アメリカ人には有効であり、いっそう多くの刑務所が必要であると論じる研究者がいる[43]。他方で、拘禁は犯罪への効果がほとんどないしは全くなく、拘禁率の上昇によって犯罪者の社会復帰を目指すプログラムや、家族、学校、コミュニティの強化を目指すプログラムから資源を奪い取ってしまうと論じる研究者もいる[44]。拘禁率の急増を批判する者は、拘禁がアフリカ系アメリカ人に過度に多くの悪影響を及ぼしたと論じる。

　おそらくこの袋小路から脱出する方法は、拘禁が犯罪を減らすか否かでなく、被告人や犯罪被害者や国民全体にとって、それが犯罪を減らす最も望ましい方法であるか否かを集中的に検討することである。これまでの多くの研究によれば、アメリカにおいて拘禁は犯罪を減らすことが示されている。しかし、その費用はどれくらいかかるのだろうか？　明らかに、保守主義者であろうと自由主義者であろうと、国家最大の人種的マイノリティの若年男性の約25パーセントを目下拘束している社会政策に神経質にならざるを得ない。また、目下の論争のいずれの側に立とうと、研究者や政策立案者は、刑務所は十分に正当化されたときでさえ、慎重に使われるべききわめて費用のかかるものであることに同意するに違いない。さらに、刑務所のような後衛型の戦略を用いても、すでに起きてしまった犯罪被害をもとに戻すことはできないということに双方とも同意するに違いない。

教育　犯罪を減らす手段として教育を用いることの問題は、警察や刑務所に支出するのに比べて犯罪への影響がずっと間接的かつ長期的であるという点である。しかしながら、すでに要約したように、危険な状況にある子どもに早期教育や支援を施すと、長期的にみて目を見張るような効果があることを示す報告が増えている。あいにく現在までのところこれらの対応は試行段

階にあり、対象者の数も非常に限られている[45]。ヘッドスタート (Head Start) のプロジェクトは、現在全米規模の唯一の早期介入プログラムである。しかし、多くの研究者が指摘したように、ヘッドスタートの家族支援活動は、家族を支援するソーシャルワーカーの担当件数が推奨件数の2倍であるという事実によって、深刻な足止めをくらった[46]。

　賃労働の男性と同等に競うよう女性をけしかけておきながら子育て支援を提供しない経済システム内部の不具合が見出されるのとまさに同様に、家族とともに費やす時間がますます減っている社会から子育てのための支援システムに代わって過大な期待を負わされ、それに汲々としている教育制度を私たちは目の当たりにしている。現在のアメリカでは3歳から19歳の子どもの大半が公立学校や教区学校、私立学校に在籍しているが、子どもに対する教育制度の責任はきわめて限られた期間に限定されている[47]。公平にいえば、学校はもともと家族が果たすのに比べれば、かなり限られた範囲の特定の目的を果たす組織としてつくられた[48]。けれども、学校をこのようにみることは現実離れしたものになってきた。学校の役割をデイケアやコミュニティ支援と見る柔軟な考えが、多くの共働き家族によって強く要求されている。

　ともあれ、学校と教師の役割を拡張することは明らかに経済的にも意味がある。より良い教師をより多く雇う費用は、女性を家事から教師の労働市場に引き出すその流動性によってきまってくる。かつて最良で聡明な女性は、男性支配の専門職に就きにくかったので、しばしば教職に押しやられていたが、女性にも専門職の道が開かれるようになり、教育は「頭脳流出」に直面している[49]。経済学者シャーリー・バーグラフがこの問題に対して出した解決策は、子育てに対する社会的な価値を再び高めることとほぼ同じ──教師にもっと多くの報酬を与えること──である。女性であれ男性であれ、弁護士や医師の収入が教師より10倍も多いなら、最良で聡明な人が教職を避ける傾向が続くのは明らかであろう。

福祉システム　　戦後の犯罪に対応する主要な制度として刑事司法・教育・

福祉制度の3つがあるが、そのなかで明らかに最も不安的なのがアメリカにおける公共福祉である。1990年代には、所得税を除き、AFDCはアメリカで極度に支持されない政府プログラムになっていた[50]。そうした声に後押しされるように、議会は1996年にAFDCを実質的に大幅に再点検することになった。その年のうちにTANF[貧窮家族一時支援(the Temporary Assistance for Needy Families)]プログラムが、AFDCや各州への政府補助金システムなど既存の福祉プログラムに取って代わった。その新法の規定によると、TANFプログラムに充当する連邦基金は2002年まで年間164億ドルを上限に、TANF給付金受給は最大5年を限度とすることになった。さらに、TANF給付金の有資格者であるためには、未婚で未成年の親は実家に住むか成人の監督者と同居し、学校に通わなければならない。今のところこうした変化が今後の犯罪動向に及ぼす影響が(もしあるとすれば)どれほどのものかはわからない。しかし、1997年の国民福祉取扱件数はピーク時の1994年から23パーセント減少した[51]。

　福祉の変化がメディアの注目を集めるようになったのは最近のことであるが、福祉をそれほど金銭的に魅力のないものにする努力は、実際のところ、連邦政府内に保守主義が躍進した1970年代中期に始まっていた。1976年から1988年にかけて、福祉受給者の平均購買力は約16パーセント低下した[52]。

　キャサリン・エディンとクリストファー・ジェンクスによる福祉改革に関する思慮深い評論によると、AFDCの主たる欠陥は、受給者の立場からすると道義的な正統性が全くないという事実である[53]。彼らが調査対象としたシカゴに住むAFDCの対象となった母親は、AFDCの支給だけでは生活できず、それゆえ他からの収入を得ていたが、そのことについてはAFDCのケースワーカーに嘘を言っていた。また、エディンとジェンクスによると、福祉依存は心理学的・文化的な特徴ではなく、単なる経済的に得だということから起きる。つまり、福祉支給は劣悪だが、それ以上に低賃金労働は劣悪だということである[54]。エディンとジェンクスは、合衆国の福祉システムが、子育てをしているすべての低賃金労働者を対象とするシステムに、代替されるべきであると論じる。彼らは勤労所得税控除や養育費の税控除、低所得者用の医療保

険の適用、住居費の税控除、貧困労働者への抵当助成金を提案している[55]。

シャーリー・バーグラフの指摘によると、福祉システムに求められる最も根本的な改革は、子育てが経済に役立つことを無条件に認めることにある[56]。バーグラフによると、所得配分下位3分の1の人々にとっては、子育ての経済的負担が大きい[57]。バーグラフの主張は、将来を担う市民を頑張って育てている貧困家族への支援は慈善でなく、投資とみなすべきであるということである[58]。政策立案者の課題は、家族が家族としての役割をよく果たすために、現実的な誘因を与える支援システムを設計することである。

その問題の一部は、戦後になって家族に不利になってきた税法を元に戻すことで解決できるかもしれない。バーグラフによると、所得税の扶養家族控除は1960年以降、実額で約30パーセント減された[59]。扶養家族控除を容赦なく削減することによって、婚姻夫婦は実質的に納税というペナルティを受けた。バーグラフの推計によると、現在の社会保障システムは家族から年間3,000億ドル、一生涯あたりに換算すると16兆ドル強(合衆国経済の総有形資産とほぼ等しい金額)を徴収している[60]。

3 研究・理論・社会政策への示唆

縦断的研究の重要性

本書執筆時の関心として、戦後犯罪率の動向を理解するためには縦断的データが重要であることがあげられる。縦断的アプローチの貴重な利点は、横断的データでは困難であったり不可能な変数間の因果関係を順序立てて示すことができる点である。社会学者スタンレー・リーバーソンは「すべての因果命題は経時的に変化する」と述べている[61]。言い換えると、ある変数Xがある結果Yをもたらすという場合、Xにおける時間の経過にともなう変化がYにおける時間の経過をともなう変化を引き起こすということを暗黙のうちに論じている。

この知見にはいくらか重要な示唆が含まれている。例えば、戦後合衆国の

福祉支給と犯罪率の関係に関する横断的研究では、福祉支給の高い都市や州は犯罪率が高いことを示しやすいと思われる。しかし、そのような横断的データに基づいて、福祉支給が増えると犯罪が増えると結論づけるのは誤っている。すでに示したように、合衆国の福祉支出のほとんどは犯罪の波が始まった後に生じていた。縦断的分析が重要であるにもかかわらず、今なお横断的データに基づく行動科学の研究が非常に多い[62]。

諸外国への示唆

合衆国内外の社会研究者には、合衆国を――よかれあしかれ――例外的な社会とみなす長い伝統がある。おそらくその最たる例が150年以上前のフランス貴族政治家アレクシス・ド・トクヴィルの見解である。彼はフランスをはじめとするヨーロッパ諸国よりも合衆国で民主主義設立の努力が成就したのはなぜか、を見極めるために合衆国を訪れた[63]。しかし、こうした見解は決して過去に限られるものではない。社会学者シーモア・マーティン・リプセットは1996年に『アメリカ例外主義』という題名の著書を出版し、そのなかで他の西欧民主主義諸国とは異なるアメリカの特異性を述べている[64]。

すでにみてきたように、政策立案者と研究者はしばしば合衆国の犯罪率の高さを例外的であるとみなしてきた。違いを誇張するのは容易であり、確かに現在の合衆国の暴力犯罪――特に銃による犯罪――の多さは例外的である[65]。これまでの諸章において考察した社会制度に関しても、合衆国と他の先進諸国には大きな違いがある。概して、他の先進諸国と比べて政治制度や権威一般への信頼が低く[66]、収入格差が大きく[67]、家族の統合機能が損なわれているのが合衆国の特徴である[68]。主要な制度の犯罪対策に関する現在の合衆国の特徴は、刑事司法（特に刑務所）支出が多く[69]、教育支出が多く[70]、社会福祉支出が少ない点である[71]。

しかし、こうした明白な違いにもかかわらず、合衆国の戦後の経験は他の先進諸国に重要な示唆を与えるであろう。最も興味深いこととして、合衆国は犯罪および根本的な社会制度の動向に関して、例外的であるというよりも

早成であるということがあげられる。すでにみたように、合衆国の街頭犯罪は1960年代初めに急増し、1980年代にピークに達した。それに対して、他の多くの先進諸国の街頭犯罪は1970年代初め以降に増加した[72]。さらに、街頭犯罪率は最近の合衆国において安定し低下してさえいるけれども、そのような動きは他の西欧民主主義諸国においてまだ表れていない。合衆国は戦後における街頭犯罪の急増が単に早かっただけかもしれない。

上記以外の興味深い示唆として、人種や民族、移住、犯罪問題の違いがあげられる。マイケル・トンリーの最近の研究によれば、調査したすべての西欧諸国では人種や民族、国籍の違いにより暴力や財産、薬物犯罪の嫌疑で逮捕され、有罪宣告を受け、拘禁されることが異常に多いマイノリティ集団が少なくとも一つ存在する[73]。さらに、ロラン・チルトンとその同僚たちによると、ドイツ国内に居住する非ドイツ系住民はドイツ国民に比べて窃盗だけでなく強盗や暴行の犯罪率も大幅に高い[74]。また、パメラ・アービング・ジャクソンによると、特に最近の北アフリカやトルコからフランスに来た移民による犯罪率は、それ以外の人々をはるかに超える[75]。つまりどの国家においても、マイノリティでない人々に比べて、イタリアの北アフリカ系住民、カナダやイングランドのアフロ-カリブ系住民、ドイツの東欧系住民、スウェーデンのフィンランド系住民、オーストラリアのアボリジニ、日本の韓国朝鮮人は、概して犯罪率が高いという指摘もある[76]。

社会制度と犯罪の関係も世界的な関心事である。特に合衆国以外の西欧民主主義諸国において興味深いのは、最近の社会福祉支出削減が犯罪率に及ぼす潜在的影響力である。過去多くの西欧諸国は、不遇な人々に対して包括的な社会福祉網を提供することによって、制度の正統性への異議申し立てを抑えてきた。国際的な圧力によって社会福祉支出が削減されるにつれて、犯罪率が上昇するかもしれない。

アメリカ国内の犯罪データ収集に比べて世界各国の犯罪データ収集は今なお不充分な状態であるが、そのようなデータソースは明らかに改善されつつある[77]。現在、世界各国の犯罪統計は国際警察や国連によって、殺人統計は世

界保健機構によって毎年編纂されている。さらに、1988年初めには数ヵ国の研究者が被害データを国際的に収集する共同研究を行った[78]。そうしたデータは、本書でみてきた戦後合衆国の犯罪率の急速な変化が他国においてどの程度生じつつあるのかを見極め、またこうした変化がどの程度社会制度の正統性に関係しているかを見極める研究に役立つであろう。

グローバル化の影響

　本書は合衆国の動向のみに焦点を合わせてきたが、戦後合衆国の社会制度を形づくったプロセスの多くは、疑いなく広範な世界的な動向と直接関わっている。このことはおそらく経済制度に関して最も明らかである。財や資本の国際的流動性の拡大は、資本主義世界システムに与するすべての国家にとって、戦後経済成長の普遍的な特徴であった[79]。この事実はジャーナリストのエリック・シュロッサーの記事によく例証されている。彼は苺市場がますます儲かるのに呼応して、南カリフォルニアで生じた移民の農場労働キャンプについて述べている[80]。シュロッサーは、労働者の賃金の低さや利潤の欠如、労働状態と生活状態の劣悪さが、合理的計画でなく世界的な需給法則によって決まると指摘し、「その市場は、水が流れ落ちるように、賃金をできる限り最低水準にまで落としてしまうだろう。現在その賃金水準は、ワシントンやニューヨーク、サクラメントでなく、バハ・カリフォルニアの農場やオアハカ［メキシコの南部太平洋岸の州］の山村で、決められている」と述べている[81]。

　しかし、合衆国はこうした経済発展を形づくりもするし、また逆に経済発展によって形づくられてもいる。社会学者サスキア・サッセンによると、「家族賃金(family wage)」の考え方を世界に広めたのは、戦後初期の合衆国である[82]。合衆国は大量生産を史上最高水準にまで発展させることによって家族の生計を支え、家族消費を絶えず増大させるメカニズムとして郊外化を促した。しかし、戦後後期の合衆国において、時間給労働者や臨時労働者、年功序列の恩恵を受けない労働者、年金や健康保険給付をもらえない労働者が激増する

ことによって、家族賃金という考え方とそれに暗黙であった労使間の固い結び付きは、深刻なダメージを受けた。サッセンによると、こうした変化は新たなグローバルな配置を産み出しつつあり、合衆国の大都市郊外にはっきりとそれを見ることができる。その変化の特徴は、収入格差の拡大である。つまり、極端に貧困な都市住民と急速に増大した高収入労働者の併存である[83]。

経済制度における変化は、グローバル化が社会内部の社会変動に対してどのような影響を及ぼすかを最も明瞭に示すが、本書で検討した多くの制度も国際的動向によって影響を受けている。例えば、政治・教育・福祉制度の構造や解釈の点でそれぞれの国による違いが少なくなっている[84]。

4　制度・犯罪・社会変動

SF小説のありふれた筋書きとして、探検隊の掘り出した旧式の宇宙船が、結局その物語の後半部において、実は地球上でかつて栄えた文明によってつくられたもので、記録上の歴史から漏れた存在であったことがわかるというものがある。ある意味で人類は自ら創り出した社会制度に関して同様の問題に絶えず直面している。人間は経済的・政治的構造を築き、その後それらを築いたのは自分たちであるという事実を忘れてしまう。もちろん、制度の作用は、目にみえず、人的創造物であることが忘れ去られ、客観的で、自立しているようにみえるという性質から生じる。ピーター・バーガーとトーマス・ルックマンは、人々によって創り出された現象が、人間の手を離れ、人間を超えた事柄に感じられるようになるプロセスを「物象化」と称している[85]。勘違いした宇宙探検家と同様に、人類は自分たちや先人が創り出した社会制度を異質なもの (alien) として扱い続けている。バーガーとルックマンは、人類社会のこの逆説的な特徴を「創造者としての自分を否定する現実の創造」能力と称している[86]。

こうした過程についてロバート・ベラーとその同僚は、「制度はそこに住む個人の生活から本質的に独立した客観的メカニズムであるという考え方は、

高い道徳的・政治的価値を強要するイデオロギーである」と述べている[87]。しかし逆説的にいえば、戦後アメリカの社会制度に見られる急速な変化によって最も確実な様相を呈したものがある。それは制度がそのように変化し得るという事実である。研究者が動物のある本能を無効にする遺伝プロセスの理解を深めていくのとまさに同様に、研究者と政策立案者は制度を研究することによって、私たちが望むように制度を機能させる知識を深めていくことができる。犯罪率が急増したことや数千の人々に家がないこと、数百万の子どもが貧困生活を送っていることを知れば、それらに対してなし得ることは何もないとはいえない。こうした社会状態を創り出したのは私たちであるのだから、それらを変えることができるのも私たちなのである。

　実際、人間が創り出した制度を変えることができるのは、多くの場合、長所であることを忘れてはならない。大きな犯罪の波に促されて戦後アメリカの社会制度において生じた画期的な変化が、進歩や発展として今日ではしばしば広く受け容れられている変化と同一のもであることを容易に忘れがちである。犯罪が少なかった古きよき戦後初期を懐かしむ前に、当時は露骨に人種差別が制度化されていた時代であり、女性（ときには男性も）が好まない役割や得意でない役割に縛り付けられていた時代であり、多くの個人の自由と権利が大きく制限されていて、規範と異なるだけで犯罪者扱いされた時代でもあったことを思い出すべきである。私たちの生活を支配する制度を変えることのできる私たちの能力こそ、その優れた点である。

☆　☆　☆

　社会学者クリストファー・ジェンクスは1990年代初めに出版した犯罪と社会政策に関する影響力のある著書のなかで、いくつかの「未知の理由」から25年前に犯罪率が上昇したと述べ、「犯罪学者はどうしてこうしたことが起こったかについて信頼に足る説明をできないけれども」、自ずと犯罪率は再び低下するだろうと結論づけている[88]。これまでの諸章からわかるように、私は犯罪率が変化した理由を解明する犯罪学の能力をジェンクスほど悲観的には考えていない。それどころか、何が戦後中期に犯罪率を上昇させ、なぜ

戦後後期に犯罪率がいくぶん低下したかについて私たちは多くのことを知った。

　戦後を迎えたとき、アメリカ人はかつて経験しなかったほどに高い政治制度への信頼、歴史的に低い収入格差、強い家族を保持していた。アメリカと同様に他の社会でもこれら3つの状態全てが低い犯罪率に結び付いていた。政治・経済・家族制度それぞれにおいて全面的な大変革が生じ、その後犯罪の波が続いた。政策立案者や一般の人々は危機の重大さを感知して、まず教育制度と福祉制度を強化する社会政策を支持し、次に懲罰的な刑事司法制度を強化する社会政策を支持した。これら新しい制度の対応を組み合わせることで政治・経済・家族制度の正統性の減退動向を緩やかにし、さらには好転させることによって、街頭犯罪は1980年代には安定し始め、1990年代半ばには減少した。

　まさに現実的な意味で、科学は不可視のものを可視化する歴史である。チャールズ・ダーウィンの自然淘汰説は、それまで神の創造物と思われていた複雑な生物学的プロセスを可視化した。アルバート・アインシュタインの相対性理論は、物質の不可視の運動を可視化した。ワトソンとクリックのDNA理論は、細胞の遺伝構造を可視化した。社会科学はこの100年間で勢いを増し、自然科学と同様のプロセスをたどっている。つまり、社会は物質的客体物と同じぐらいリアルなものであるというエミール・デュルケムの主張は、それまで不可視であった構成体を可視化させることである。私たちは社会制度を見たり嗅いだり聴いたり触れたり感じたりできない。しかし、社会制度は生物種や物質やDNA鎖と同じぐらいリアルなものである。私たちは人々の生活を形づくる不可視の社会制度を、理解し始めたばかりである。社会制度は、おそらく人類のあらゆる創造物のなかで、最も重要で影響力の強いものなのである。

注

1　Bertrand Russell, "On the Notion of Cause with Application to the Free Will

Problem," Lecture eight in *Our Knowledge of the External World as a Field for Scientific Method in Philosophy* (London: Allen & Unwin, 1914), p. 234.

2   Peter L. Berger, *Invitation to Sociology: A Humanistic Perspective* (Garden City, NY: Anchor, 1963), p. 90. (＝1979, 水野節夫・村上研一訳『社会学への招待』思索社.)

3   Walker Percy, *The Moviegoer* (New York: Alfred A. Knopf, 1960), p. 82.

4   例えば、Willem Bonger, *Criminality and Economic Conditions* (Boston: Little, Brown, 1916); Richard Quinney, *Critique of Legal Order* (Boston: Little, Brown, 1973).

5   Steven F. Messner and Richard Rosenfeld, *Crime and the American Dream* (Belmont, CA: Wadsworth, 1994), p. 76.

6   Messner and Rosenfeld (1994), p. 78.

7   Messner and Rosenfeld (1994), pp. 78-84.

8   Jack A. Goldstone, *Revolution and Rebellion in the Early Modern World* (Berkeley: University of California Press, 1991); Ted Robert Gurr, *Why Men Rebel* (Princeton: Princeton University Press, 1970).

9   Francis Fukuyama, *Trust: The Social Virtues and the Creation of Prosperity* (New York: Free Press, 1995). (＝1996, 加藤寛訳『「信」無くば立たず』三笠書房.)

10 Warren E. Miller, *American National Election Studies Cumulative Data File, 1952-1996* (Ann Arbor, MI: Center for Political Studies, 1996) であげられた動向を参照のこと。

11 Frank Levy, *Dollars and Dreams* (New York: Russell Sage Foundation, 1987), p.151. それに対してレヴィによれば、夫の収入が高い女性が労働力参入に及ぼした影響よりも、夫の収入が低い女性が労働力参入に及ぼした影響が大きかったので、戦後期に共働き家族が増えたことにより経済格差は縮小した。

12 Shirley P. Burggraf, *The Feminine Economy and Economic Man: Reviving the Role of Family in the Postindustrial Age* (Reading, MA: Addison Wesley, 1997), p. 175.

13 例えば、Kate Millett, *Sexual Politics* (Garden City, NY: Doubleday, 1970), ch. 2 (＝1985, 藤枝澪子・横山貞子訳『性の政治学』ドメス出版.) を参照のこと。

14 Lois DeFleur, *Delinquency in Argentina: A Study of Cordoba's Youth* (Pullman: Washington State University Press, 1970) を参照のこと。

15 Robert K. Merton, "Anomie, Anemia, and Social Interaction: Contexts of Deviant Behavior," in M. B. Clinard, ed., *Anomie and Deviant Behavior: A Discussion and Critique* (New York: Free Press, 1964), p. 226.

16 これに関する議論として、Fukuyama (1995), p. 320を参照のこと。

17　William Julius Wilson, *The Truly Disadvantaged: The Inner City, the Underclass, and Public Policy* (Chicago: University of Chicago Press, 1987). (＝1999, 青木秀男・平川茂・牛草英晴訳『アメリカのアンダークラス』明石書店.)
18　Frank F. Furstenberg, Jr., "How Families Manage Risk and Opportunity in Dangerous Neighborhoods," in W. J. Wilson, ed., *Sociology and the Public Agenda* (Newbury Park, CA: Sage, 1993), p. 245.
19　Furstenberg (1993), p. 245. また、Roger Waldinger, *Still the Promised City? African-Americans and New Immigrants in Post-Industrial New York* (Cambridge, MA: Harvard University Press, 1996) も参照のこと。
20　John Braithwaite, *Crime, Shame and Reintegration* (Cambridge, UK: Cambridge University Press, 1989); Tom R. Tyler, *Why People Obey the Law* (New Haven: Yale University Press, 1990); Lawrence W. Sherman, "Defiance, Deterrence, and Irrelevance: A Theory of the Criminal Sanction," *Journal of Research in Crime and Delinquency* (1993) 39:445-473.
21　Gerald F. Seib and Joe Davidson, "Whites, Blacks Agree on Problems; The Issue Is How to Solve Them," *Wall Street Journal* (1995) November 3:1.
22　David L. Kirp and Ronald Bayer, "Needles and Race," *Atlantic Monthly* (1993) July:38-42; Paul Raeburn, *Albuquerque Journal*, "Blacks See AIDS as Genocide," (1995) November 2:A9.
23　Kirp and Bayer (1993), p. 39.
24　Seib and Davidson (1995).
25　Seib and Davidson (1995).
26　Emile Durkheim, *The Division of Labor in Society*, translated by George Simpson (New York: Free Press, 1964 [1893]), p. 377. (＝1989, 井伊玄太郎訳『社会分業論』上・下, 講談社学術文庫.)
27　"The Boss's Pay," *Wall Street Journal* (1997) April 10:R15.
28　Richard Harwood, "Inequalities in Salaries Are Common in America," *Albuquerque Journal* (1997) April 30:7.
29　Charles Handy, *The Age of Paradox* (Boston: Harvard Business School Press, 1994), pp. 40-41. (＝1995, 小林薫訳『パラドックスの時代――大転換期の意識革命』ジャパンタイムズ.)
30　Jonathan Kelley and M.D.R. Evans, "The Legitimation of Inequality: Occupational Earnings in Nine Nations," *American Journal of Sociology* (1993) 99:75-125.
31　Handy (1994), p. 41.

32 Burggraf (1997), p.17.
33 例えば、上院議員スペンサー・アブラハムが1997年6月12日に議会に提出した the Family Impact Statement Act, Senate Bill 891; William J. Bennett, John J. DiIulio, Jr., and John P. Walters, *Body Count: Moral Poverty and How to Win America's War Against Crime and Drugs* (New York: Simon & Schuster, 1996), ch. 5; Burggraf (1997), p.181を参照のこと。
34 例えば、Barbara Reskin and Irene Padavic, *Women and Men at Work* (Thousand Oaks, CA: Pine Forge Press, 1994) を参照のこと。
35 Burggraf (1997), p.14.
36 Burggraf (1997), p.7.
37 Hiro Yoshikawa, "Prevention as Cumulative Protection: Effects of Early Family Support and Education on Chronic Delinquency and Its Risks," *Psychological Bulletin* (1994.) 115:28-54.
38 J. R. Berrueta-Clement, L. J. Schweinhart, W. S. Barnett, A. S. Epstein, and D. P. Weikart, *Changed Lives: The Effects of the Perry Preschool Program on Youths Through Age 19* (Ypsilanti, MI: High Scope Press, 1984).
39 Dale L. Johnson and Todd Walker, "primary Prevention of Behavior Problems in Mexican-American Children," *American Journal of Community Psychology* (1987) 15: 375-385.
40 J. R. Lally, P. L. Mangiaone, and A. S. Honig, "The Syracuse University Family Development Research Project: Long-Range Impact of an Early Intervention with Low-Income Children and Their Families," in D. R. Powell, ed., *Annual Advances in Applied Developmental Psychology, Volume 3, Parent Education as Early Childhood Intervention: Emerging Directions in Theory, Research and Practice* (Norwood, NJ: Ablex, 1988).
41 V. Seitz, L. K. Rosenbaum, and N. H. Apfel, "Effects of Family Support Intervention: A Ten-Year Follow-Up," *Child Development* (1985) 56:376-391.
42 Franklin Zimring and Gordon Hawkins, "Lethal Violence and the Overreach of American Imprisonment," *National Institute of Justice Research Report* (Washington, DC: Government Printing Office, July 1997); Francis T. Cullen, "Assessing the Penal Harm Movement," *Journal of Research in Crime and Delinquency* (1995) 32:338-358; Michael Tonry, *Malign Neglect: Race, Crime, and Punishment in America* (New York: Oxford University Press, 1995).
43 Michael K. Block, "Supply Side Imprisonment Policy," *National Institute of Justice*

Research Report (Washington, DC: Government Printing Office, July 1997); James Q. Wilson, "Crime and Public Policy," in J. Q. Wilson and J. Petersilia, eds., *Crime* (San Francisco: Institute for Contemporary Studies Press, 1995); John J. DiIulio, Jr., "The Question of Black Crime," *Public Interest* (1994) 117:3-32.

44 Zimring and Hawkins, "Lethal Violence" (1997); Cullen (1995); Tonry (1995).
45 Yoshikawa (1994), p. 45.
46 E. Zigler, "Head Start Falls Behind," *New York Times* (1992) June 27:23.
47 U.S. Department of Education, *Digest of Education Statistics 1996* (Washington, DC: Government Printing Office, 1996), p. 15.
48 James S. Coleman, "The Rational Reconstruction of Society: Presidential Address," *American Sociological Review* (1993) 58:1-15, 7.
49 Burggraf (1997), p. 13.
50 Christopher Jencks, *Rethinking Social Policy: Race, Poverty and the Underclass* (Cambridge, MA: Harvard University Press, 1992), p. 233.
51 Jerry Watts, "The End of Work and the End of Welfare," *Contemporary Sociology: A Journal of Reviews* (1997) 26:409-412; Elaine Rivera, "Hungry at the Feast," *Time* (1997) July 21:38; Rachel L. Swarns, "For Now, Few Are Going from Food Stamps to Soup Kitchens," *New York Times* (1997) July 6:13.
52 Jencks (1992), p. 227.
53 Kathryn Edin and Christopher Jencks, "Reforming Welfare," in C. Jencks, *Rethinking Social Policy: Race, Poverty and the Underclass* (Cambridge, MA: Harvard University Press, 1992), p. 205.
54 Edin and Jencks (1992), p. 225.
55 Edin and Jencks (1992), pp. 233-234.
56 Burggraf (1997), p. 174.
57 Burggraf (1997), p. 173.
58 Burggraf (1997), p. 174.
59 Burggraf (1997), p. 171.
60 Burggraf (1997), p. 172.
61 Stanley Lieberson, *Making It Count: The Improvement of Social Research and Theory* (Berkeley: University of California Press, 1985), p. 180.
62 Julia S. Brown and Brian G. Gilmartin, "Sociology Today: Lacunae, Emphases, and Surfeits," *American Sociologist* (1969) 4:283-291.
63 Alexis de Tocqueville, *Democracy in America,* edited by R. D. Hefner (New York:

Mentor, 1963 [1835]). (=1972, 岩永健吉郎・松本礼二訳『アメリカにおけるデモクラシー』研究社出版.) (=1987, 井伊玄太郎訳『アメリカの民主政治』講談社学術文庫.)

64 Seymour Martin Lipset, *American Exceptionalism: A Double-Edged Sword* (New York: W. W. Norton, 1996). (=1999, 上坂昇・金重紘訳『アメリカ例外論——日欧とも異質な超大国の論理とは』明石書店.)

65 Franklin E. Zimring and Gordon Hawkins, *Crime Is Not the Problem: Lethal Violence in America* (New York: Oxford University Press, 1997).

66 Lipset (1996), ch.1.

67 Brigitte Buhmann, Lee Rainwater, Guenther Schmaus, and Timothy M. Smeeding, "Equivalence Scales, Well Being, Inequality, and Poverty: Sensitivity Estimates Across Ten Countries Using the Luxembourg Income Study (LIS) Database," *Review of Income and Wealth* (1988) 34:115-142.

68 David Popenoe, *Disturbing the Nest: Family Change and Decline in Modern Societies* (New York: Aldine de Gruyter, 1988).

69 Ineke Haen Marshall, "How Exceptional Is the United States?" *European Journal on Criminal Policy and Research* (1996) 4:7-35.

70 Charles Hampden-Turner and Alfons Trompenaars, *The Seven Cultures of Capitalism* (New York: Doubleday, 1993), p.45. (=1997, 上原一男・若田部昌澄訳『七つの資本主義——現代企業の比較経営論』日本経済新聞社.)

71 Lipset (1996), p.22.

72 H. Franke, "Violent Crime in the Netherlands: A Historical-Sociological Analysis, *Crime, Law and Social Change* (1994) 21:73-100; Marshall (1996)

73 Michael Tonry, ed., *Ethnicity. Crime and Immigration: Comparative and Cross-National Perspectives* (Chicago: University of Chicago Press, 1997) p.I

74 Roland Chilton, Raymond Teske, and Harold Arnold, "Ethnicity, Race and Crime: German and Non-German Suspects, 1960-1990," in D. F Hawkins ed., *Ethnicity, Race, and Crime: Perspectives Across Time and Place* (Albany: State University of New York Press, 1995).

75 Pamela Irving Jackson, "Minority Group Threat, Crime and the Mobilization of Law in France," in D. F. Hawkins, ed., *Ethnicity, Race, and Crime: Perspectives Across Time and Place* (Albany: State University of New York Press 1995)

76 Tonry (1997).

77 これを概観したものとして、Gary LaFree, "Comparative Cross-National Studies

of Homicide," in M. D. Smith and M. Zahn, eds., Homicide: *A Sourcebook of Social Research* (Thousand Oaks, CA: Sage, 1998)を参照のこと。

78　Jan J.M. van Dijk, Pat Mayhew, and Martin Killias, *Experiences of Crime Across the World: Key Findings of the 1989 International Crime Survey*, second edition (Deventer, the Netherlands: Kluwer, 1991).

79　Peter B. Evans, "Transnational Linkages and the Economic Role of the State An Analysis of Developing and Industrialized Nations in the Post-World War II Period," in P. B. Evans, D. Rueschemeyer, and T. Skocpol, eds., *Bringing the State Back In* (New York: Cambridge, 1984), p. 193.

80　Eric Schlosser, "In the Strawberry Fields," *Atlantic Monthly* (1995) November: 80-108.

81　Schlosser (1995), p. 108.

82　Saskia Sassen, *The Global City: New York. London and Tokyo* (Princeton: Princeton University Press, 1991), p. 333.

83　Sassen (1991), p. 337.

84　John Boli and George M. Thomas, "World Culture in the World Polity: A Century of International Non-Governmental Organization," *American Sociological Review* (1997) 62:171-190; John W. Meyer, David Kamens, Aaron Benavot, Youn-Kyung Cha, and Suk-Ying Wong, *School Knowledge for the Masses* (London: Falmer Press, 1992).

85　Peter L. Berger and Thomas Luckmann, *The Social Construction of Reality: A Treatise in the Sociology of Knowledge* (Garden City, NY: Anchor, 1967) p. 89.（＝1977, 山口節郎訳『日常世界の構成――アイデンティティと社会の弁証法』新曜社.）

86　Berger and Luckmann (1967), p.89.

87　Robert N. Bellah, Richard Madsen, William M. Sullivan, Ann Swidler and Steven M. Tipton, *The Good Society* (New York: Alfred A. Knopf 1991) p.12.（＝2000, 中村圭志訳『善い社会：道徳的エコロジーの制度論』みすず書房.）

88　Jencks (1992), p.119.

訳者あとがき

　本書はGary LaFree, *Losing Legitimacy: Street Crime and the Decline of Social Institutions in America. Boulder,* CO: Westview Press, 1998. の全訳である。ゲリー・ラフリーは現在アメリカ合衆国のメリーランド大学の「犯罪学と刑事司法学部」の教授で、アメリカ国内および国際的な犯罪動向の計量的研究を行っており、この分野の第一人者である。1973年にインディアナ大学を卒業後、同大学で社会学の修士・博士課程を終え、1979年にPh.D.を取得している。その後、ニューメキシコ大学の社会学部で長年活躍し、2000年1月から現在の地位にある。

　著書は本書以外に、学位論文をベースにして書かれた*Rape and Criminal Justice: The Social Construction of Sexual Assault.* Belmont, CA: Wadsworth, 1989がある。編著としては、*The Changing Nature of Crime in America.* Gary LaFree, Robert J. Bursik, Sr., James Short and Ralph B. Taylor, eds. Washington, D.C.: National Institute of Justice, 2000がある。論文は*American Sociological Review; Social Forces; Journal of Criminal Law and Criminology*;*Criminology*をはじめとする専門誌に40篇あまり掲載され、さらに多数の書評を発表している。これらのなかにはスペイン語で書かれた論文もあり、ラテンアメリカの諸国との研究交流も多い。近年では、殺人の国際比較研究をヨーロッパの研究者と共同で行い国際的に活躍している。

　ラフリー教授の精力的な研究活動のなかで、初期の大きな業績はレイプの研究である。1989年の著書にその成果は集約されているが、ラベリング論とコンフリクト論をベースにして、フォーマルな刑事司法の過程でレイプが法的に認定され、罪が構成されていくさまを明らかにしている。ラベリング論の多くの研究が質的方法を用いることが多いのに対して、ラフリーは警察官

や裁判所あるいは陪審員においてレイプの認定がどのようになされるのかを、回帰分析などを用いて計量的に厳密に分析する実証主義の方法に徹している。彼は、被告と被害者の人種関係や被告の前歴がレイプの認定に大きな影響を及ぼす変数であることを明瞭に論証している。さらに計量分析だけでなくて、時には裁判過程のケーススタディーを通じて、質的方法も活用し、レイプが裁判でフォーマルに構成される様子を生き生きと描いている。今回訳出した本書だけを読むと、ラフレーは構築主義と無縁な研究者かと思われるかも知れないが、徹底した実証主義者であることにはかわりはないにしても、彼は広い視野と柔軟な姿勢を併せ持つ学者である。

　ニューメキシコ大学に移ってからは、しだいに彼はレイプ研究から手を広げ、殺人や暴力行為など重大な街頭犯罪を対象とするマクロな計量的研究を行うようになる。この間、大学の社会調査センターのディレクターを勤めるとともに、州や連邦政府の刑事司法統計機関でいくつかのディレクターを歴任し、数多くの研究資金を獲得して、犯罪動向の国内はもとより国際比較研究を幅広くおこなっている。彼は研究者としてだけでなく、研究のオルガナイザーとしても優れた力量を発揮している。

　彼の本領は犯罪動向の計量的な比較研究にあるが、研究の特色として、以下の点をあげることができる。第1に、縦断的な研究を重視して、時系列的分析を可能にするデータを集めること。第2に、見出された現象のパターンに対して、既存の多様な社会学理論を検討しながら、自らの理論的視点と対比しながら、独自な理論的説明を与えること。第3に、統計上、例外的ないしは特異な特徴を示しているカテゴリー集団に注目して、自らの理論がその集団の特徴をどこまで的確に説明できるのかを常に検証しようとする姿勢を保持すること。

　本書もこれらの3つの研究スタイルを意欲的に実践しようとするものである。まず、各種の公式統計や自己申告調査や被害調査などのデータの比較から、戦後アメリカ社会での街頭犯罪は3つの時期に区別され、それぞれ特徴的なパターンを示すことが示される。すなわち、戦後初期(1946年－1960年)の

低犯罪期、戦後中期(1961年－1973年)の犯罪の急増期、戦後後期(1974年以降)の高水準での安定ないし減少期である。次に、街頭犯罪のこうした変動を説明するための理論的視点として、既存の理論を検討した後に、彼は「制度的正統性」の理論を提起する。戦後、アメリカ社会においては、政治・経済・家族制度に対する正統性が衰退するにともなって、街頭犯罪率は高まる、というのが「犯罪の波」に対する彼の理論的解釈である。この理論は、経済的環境や政治的参加の条件が比較的改善された時期であるにもかかわらず、アフリカ系アメリカ人が他の人種や民族と比べて不釣合いに高い街頭犯罪率を示していた60年代のパラドクスも、説明できるものでなくてならない。彼は、アフリカ系アメリカ人の場合は、他の人種に比べて歴史的におかれた立場や相対的不満の拡大などによって、制度の正統性が一段と衰退していたことで、この人種の異常に高い犯罪率をうまく説明できると主張する。彼の理論的視点は社会解体論やコントロール論とは一味違うマクロ制度論の系譜に属すもので、理論としてはある意味では単純ではあるが、戦後アメリカ社会での政治や経済や家族の変動を具体的に示している点では、的確でなるほどと思わせるものである。さらに、教育や刑事司法や福祉などを、経済や家族などの制度的正統性の衰退と区別して、「犯罪の波」への制度的対応として位置づけている点などは、犯罪と各種制度の相互の影響関係を時系列的に区別して明らかにしようとする彼の視点がよく反映しているといえるだろう。

　本書に関する書評は、すでにジエムス・ショート, Jr.やリチャード・ロゼンフェルトなどによってなされているが、そこでも指摘されているように、ラフリーは、キー概念である政治や経済や家族の正統性をどのように測定するのかについて、必ずしも十分に展開しているわけではない。例えば、民事訴訟率と犯罪率の変動との間の類似性のグラフが示されるが、民事訴訟率が政治的正統性を判断する尺度としてどこまで妥当なものか判然としない。概して、彼の示したデータから導き出した彼の主張は一応可能な解釈ではあるが、必ずしも確定的なことではない。データからいえること以上のことを彼は時には主張していると、厳密にいえばいえるだろう。こうした批判は、変

数の操作化をせず、時系列回帰分析などを用いずに、もっぱら記述統計や2つのグラフを重ね合わせるだけで、視覚的に変数間の関係を直感的に把握していることから生じることである。しかし、こうしたことは欠点というよりも本書の魅力であると思う。例えば、物価上昇率と強盗率のグラフを重ねることで、両者の関連を年度の変化のなかで視覚的に把握することができるが、このグラフを眺めることでいろいろな解釈を思い浮かべることができる。形式的な厳密さの要件の点では若干問題があっても、イマジネーションをかきたて、一つの理論的解釈を深めていくうえからもこうした方法は積極的に評価されてもよい。

近年、日本社会でも様々な特異な犯罪が次々と生じ、日本の「安全性の神話」も崩壊しかけている。だが、個々の事件に目を向けるだけでなくて、マクロな社会制度レベルで生じている変化とそれらの制度的対応の影響を把握することが、社会において何が起きているのかを正確に知るうえで重要と思われる。マクロな犯罪動向の分析視点と簡便な方法をわかりやすく示してくれる本書は、日本社会の犯罪動向を理解するための一つの有力な手がかりを与えてくれるものである。

戦後日本社会の犯罪の動向に関しては、幸いなことにラフリー教授はアキ・ロバーツさんとの共著の英文論文を日本犯罪社会学会の最近の学会誌に発表している (Aki Roberts and Gary LaFree, "The Role of Declining Economic Stress in Explaining Japan's Remarkable Postwar Crime Decreases, 1551 to 1977." 「犯罪社会学研究」26号 11-33. 2001)。以下、同論文に基づいて、戦後日本の犯罪の動向がどのような傾向を有するのかを紹介しておきたい。なお、この解説に用いたグラフは同論文に掲載のグラフに依拠するものであるが、そのままというわけではなくて、2つのグラフを重ね合わせて表示する加工を解説者がほどこしている。そうしたのは、本書で用いられたようなアメリカの犯罪動向を示す直感的な手法で、日本の場合も同じように図示するほうが本書の解説としては適当と判断したからである。オリジナルな論文ではグラフはそれぞれ別個

に示され、さらに回帰分析を用いて厳格に殺人率と強盗率と外生変数の関連を推計しているので、興味のある方はぜひ論文のほうを参照していただきたい。

　戦後日本社会は犯罪率が一貫して低下してきた点で、アメリカ社会の動向と明瞭な違いを示している。それは重大な街頭犯罪の代表格である殺人率と強盗率の時系列的な変化を示す**図1、2**のグラフの殺人率と強盗率の推移から明らかである。では、日本社会はなぜ犯罪率の下降趨勢を保つことができたのか。この現象を説明するこれまでの主な理論は、いずれも日本社会の文化や集団主義や家族構成の特徴に注目するものであった。集団主義の強い文化や家族の絆が重要な日本社会では、インフォーマルな社会コントロールが作用して犯罪が抑制されているといった説明の類である。こうした説明を、ラフリーらは明確に否定する。社会的コントロールの低下を示す指標として離婚率・女性就業率・都市化率を用いると、それらの時系列のグラフはいずれも上昇傾向を示している。**図3**をみてもらえば、明らかなように殺人率の低下と離婚率の上昇とは相反するグラフを示している。離婚率などが社会的コントロールの水準を示す指標であるとするならば、そのコントロール能力は

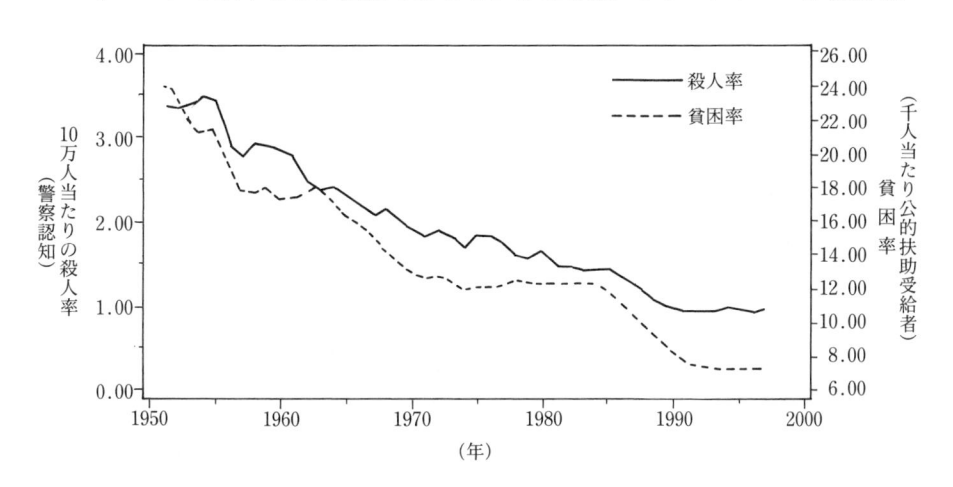

図1　日本の殺人率と貧困率（1951年－1997年）

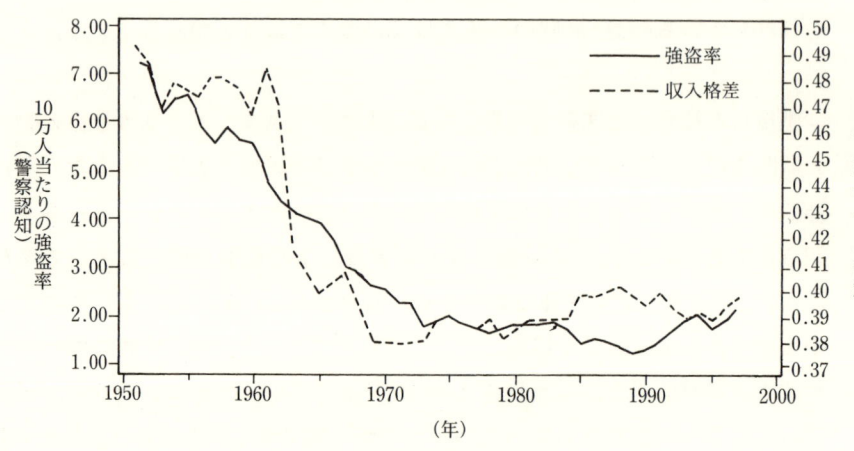

図2　日本の強盗率と収入格差（1951年−1997年）

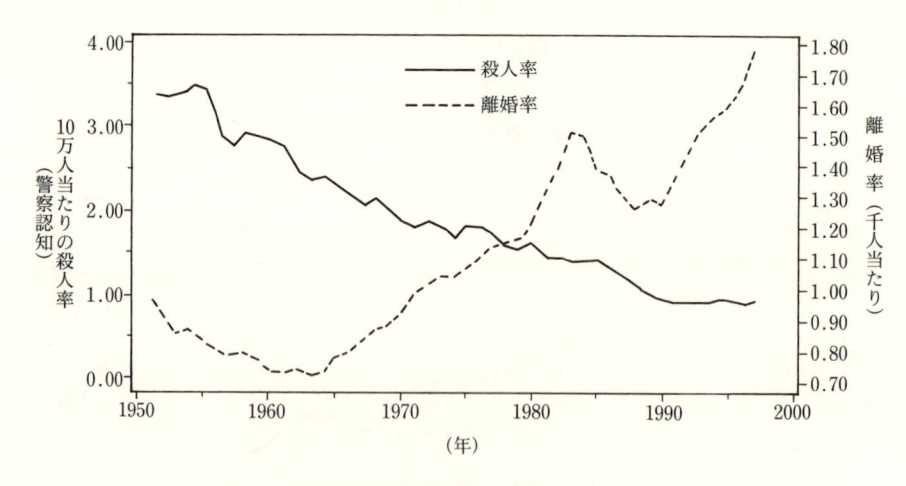

図3　日本の殺人率と離婚率（1951年−1997年）

低下してきているといえる。それにもかかわらず、戦後日本社会の犯罪率が増加しないことから考えれば、犯罪率の変化をコントロールから、さらにそれを支える日本文化や集団主義によって説明することはできない。

　それに代わる説明として、ラフリーらは経済的圧迫（economic stress）をあげ

る。その指標として貧困（公的扶助受給）率・経済的格差（ジニ指数）・失業率を用い、それらの時系列的変化と殺人率・強盗率の関係を問う。彼らは回帰分析によって、貧困率の低下と経済的格差の縮小さらに失業率は殺人率の低下と相関していること、強盗に関しては貧困率と経済格差が関係していることを明らかにしているが、そのことは図1と図2で示した合成グラフからも可視的に読み取れることである。貧困率や経済的格差の縮小とともに殺人率・強盗率も低下していることをグラフは示している。したがって結論としていえることは、日本の戦後社会における犯罪率の低下は、日本特有の文化や集団主義に基づくものではなくて、経済的圧迫の減少に基づくものであるということになる。言い換えれば、順調な戦後の経済成長が犯罪の少ない安全な社会を形成したのである。

　以上の紹介を通じて、彼の視点や方法が日本社会のマクロな犯罪動向の研究にも有効であることが明らかになったことと思われる。もちろん、文化や集団主義や経済的圧迫の指標には若干問題があるとしても、興味深い研究であることには間違いない。そして、彼らの結論がもし正しいとすれば、21世紀に入りさらに一段と混迷を深めている日本の経済状況においては、安全な社会の「日本神話」も、残念ながらほどなく崩壊することになるだろう。収入格差が広がり、貧困層が増えるにつれて経済制度への正統性はゆらいでくるが、それに政治制度や家族制度の不安定が加われば、社会は一気に解体に向かい、その結果として犯罪も増加する。犯罪の研究はともすれば社会心理学的な解釈に頼ることが多いが、ラフリーが示したような制度レベルからのアプローチが混迷の時代には求められていると思われる。

　本書を翻訳する契機は、京都大学の同僚の竹内洋さんを通じて、ラフリー教授を紹介されたことによるものである。一読して、こうしたアプローチを日本でも広く知ってもらいたいと考え、大学院の演習のテキストにし、翻訳にとりかかった。翻訳は大山小夜・平井順・高橋克紀の各氏に分担していただいたが、いずれも監訳者が全面的に手を入れ全体の統一を行った。本来な

らもっと早い時期に完成しているはずであったが、多忙にまぎれてのびのびになり、翻訳を待ち望んでおられるラフリー教授をはじめ関係者にご迷惑をおかけしてしまった。最後になったが、翻訳出版の事情の厳しい折にもかかわらず、本書の出版を快く引き受けていただき、その上仕事の遅延にもかかわらず辛抱強くお持ちいただいた東信堂の下田勝司社長にお礼を申し上げたい。また、編集部村松加代子さんから受けた多くの手助けとアドバイスに感謝したい。

2002年4月25日

宝月　誠

事項索引

【ア行】

アジア系アメリカ人　　　　　　69, 70
アノミー理論　　　　　　　　92-95
アフリカ系アメリカ人　　8-10, 23, 70,
　　　　　149-152, 163, 173, 188, 261
　――移住の影響　　　　　　190-193
　――家族　　　　　　　202, 215-217
　――教育　　　　　　　228, 237-239
　――経済状態　120, 173, 174, 187-190, 232
　――合理的選択理論の不充分　　　87
　――差別　　　　　71, 90, 145, 146, 262
　――ジェンダー・アイデンティティ 218
　――自己申告データ　　　　　　28
　――自尊心　　　　　　　　　249
　――社会制度との結びつきの弱さ　14,
　　　　　110, 150, 152, 215-217, 267
　――人口統計　　　　　　　　7, 54
　――人種差別撤廃　　　　　265, 266
　――と緊張理論　　　　　　　　94
　――と刑事司法システム　　7, 8, 188,
　　　　　　　　　228, 234, 245
　――と社会的コントロール理論　　97
　――と福祉　　　　　　　　　228
　――とベトナム戦争　　　　　　147
　――とラベリング理論　　　　　91
　――犯罪統計　　　　　7, 68, 75, 76
　――犯罪を減らすための示唆　　267
アメリカ先住民　　　　　　　　70
「安全弁」モデル（集合行為の）　139, 159
移住・移民　　　　　176, 177, 190-193
イタリア　　　　　　　　41, 42, 113
イングランド　　　　　　　41, 42, 279
インナーシティ ➡ 近隣住民（Neighborhoods）を見よ
ウェールズ　　　　　　　　　41, 42
ウォーターゲート事件　　　　148, 149
AFDC ➡ 母子家庭公的扶助（Aid to Families with Dependent Children）を見よ
AIDS ➡ 後天性免疫不全症候群（Acquired Immune Deficiency Syndrom）を見よ
エール児童福祉プロジェクト　　　272
NCS ➡ 全米犯罪調査（National Crime Survey）を見よ
NCVS ➡ 全米犯罪被害調査（National Crime Victimization Survey）を見よ
オーストラリア　　　　　　　41, 42
オーストリア　　　　　　　　　41
オランダ　　　　　　　　　　41, 42

【カ行】

家族　　11-13, 116, 121-123, 125, 202, 261
　――解体の尺度　　　　　　　206
　――経済の影響　13, 122, 201, 212-215,
　　　　　　　　　217-219, 263, 271
　――構造の安定（1990年代終わり）　220
　――正統性を増やすための示唆 270-273
　――単親世帯　　　　　123, 207, 211,
　　　　　　　　215-217, 219, 264
　――「伝統的家族」に対する異議申し立て　　　　　122, 208-212, 218, 264
　――と刑事司法システム　　　　219
　――と人種　　　　　　　　　202
　――と政治制度　　　　217-219, 264

──と福祉　　　　　　　　　　219
　　──の正統性　　　　97, 116, 121-123,
　　　　　　　　203-210, 215-217, 265
　　──の正統性の衰退への対応としての教
　　　育　　　　　　218, 219, 227, 274
　　──犯罪規制のメカニズム　　11, 112,
　　　　　　　121, 123, 202-205, 207
　　──非家族世帯　　　　202, 206, 210
　　──不利な税制　　　　　　　　277
　　──への愛着　　　　　　　96, 203
　　──への犯罪の影響　　　　　　126
家庭内紛争　　　　　　　　　　　　61
カナダ　　　　　　　　　　41, 42, 279
監視　　　　　　　　　98, 118, 121, 125
　　家族による──　　　　121, 202-204
　　学校による──　　　　　　　　231
北アイルランド　　　　　　　　　　42
ギャリソン・ハイツ(フィラデルフィア)
　　　　　　　　　　　　　　205, 266
ギャング対策教育プログラム(GREAT) 219
教育　　　　　14-15, 94, 124, 231-233
　　家族の正統性の衰退への対応としての
　　　──　　　　　　218, 219, 227, 274
　　──監視　　　　　　　　　　　231
　　──支出動向の時期　125, 228, 235-239
　　将来の──　　　　　　　　274, 275
　　──青少年の社会化　　　　　　231
　　──増加した就学　　　　　214, 235
　　──と人種　　　　　　　228, 237-239
　　──と賃金　　　　　　　　186, 187
　　──の「インフレーション」　　　232
　　──の質　　　　　　　　　　　239
　　非行と──の関係　　　　　　　231
　　──幼児教育プログラム　　272, 275
緊張理論　　　　92-95, 119-121, 138, 175
近隣住民
　　──移住・移民の影響　　　190-193

　　──ギャリソン・ハイツ(フィラデル
　　　フィア)　　　　　　　　　　205
　　──公民権運動の影響　　　　　226
　　──コミュニティ中心の取り締まり 250
　　──人口入れ替わりの影響と異質性 176
GREAT ➡ ギャング対策教育プログラム
　　(Gang Resistance Education and Training)
　　を見よ
軍事作戦　　　　　　　　　　137, 138
経済指標　　　　　　　　　　125, 173
　　アフリカ系アメリカ人に関する──
　　　　　　　　　　　120, 187-190, 232
　　──失業　　　　　　13, 177, 182, 260
　　──収入格差(経済的不平等)　13, 117,
　　　120, 125, 177-179, 186-190, 260, 263, 269
　　──収入の中央値　　　　　181, 188
　　──絶対的・相対尺度　　　177, 260
　　──動向の時期　　　　　　179-187
　　──と年齢　　　　　　　　　　120
　　──貧困　　　　　　13, 173, 177, 260
　　──物価上昇　　　13, 117, 120, 125,
　　　　　　177-179, 184-187, 260, 263
経済制度　　　　　　11, 116, 118-121,
　　　　　　　　　　171-195, 263-265
　　──教育と賃金の関係　　　186, 187
　　──金銭的目標を得られない緊張　92-
　　　　　　　　　　　　　94, 119, 175
　　──正統性の衰退への対応としての福祉
　　　　　　　　　　　　　　　　227
　　──正統性を増やすための示唆　　270
　　──戦後の動向　　　　　　172, 173
　　──と家族　　　217-219, 264, 265, 271
　　──と政治制度　　　　　　　　263
　　──の正統性の減退　　　　　　116,
　　　　　　　　　　118-121, 264, 265
　　──労働市場の変化　　　122, 123, 186
警察　　　　　　　　　　　　　　　71

——コミュニティ中心の取り締まり　250
　——市民と警察の関係　230
　——動員　36, 37, 43
　ニューヨーク市の——　250
　——による差別　71
　——による犯罪の防止　241
　——への支出　234
刑事司法システム　7, 8, 14, 15, 219, 241-251
　——支出動向　124, 125, 228, 241, 261
　将来の——　274
　政治制度の正統性の衰退への対応としての——　227
　——「前衛」アプローチと「後衛」アプローチ　228, 241-245, 250
　——と家族　219
　——と人種　228
　——犯罪規制のメカニズム　229, 241, 251
　➡ 警察 (Police); (拘禁) 刑務所 (Prison) を見よ
強姦　7, 26, 29, 32, 33, 65, 66, 70, 206
拘禁 (刑務所)　235, 242-245, 274
　——とアフリカ系アメリカ人　245, 246
　——と年齢　243
　——の有効性　231, 246-250
　——暴動　142
強盗　7, 26, 27, 29, 32, 33, 70, 182
　——拘禁率　244, 246
　——国際比較　42, 43
　——就学前教育参加　236
　——政治的積極行動　159
　——と家族と離れて過ごす時間　206
　——と収入格差　183
　——と収入の中央値　181
　——と人種　72
　——と性別　60, 61
　——と訴訟率　156
　——と年齢　63-66

　——と福祉　233, 240
　——と物価上昇　178, 184
　——と離婚　211
　——犯罪者の特徴　75
後天性免疫不全症候群 (AIDS)　268
公民権運動　110, 118, 145, 157-161, 235, 266, 267
　➡ 政治的積極行動 (Political activism) を見よ
コーカサス系 (白人)
　——家族　215-217
　——教育　237-239
　——経済状態　187
　——検挙率　70
　——自尊心　249
　——就学　238
　——人口下位集団の比較　75, 76
　——政治的に動機付けられた暴力に対する態度　152
　——政府に対する態度　268
　——と刑事司法システム　228
国際的な犯罪動向　40-44, 278-280
子ども　➡ 年齢 (Age); 教育 (Education); 家族 (Family); 青少年 (Juveniles) を見よ
コミュニティ　➡ 近隣住民 (Neighborhoods) を見よ

【サ行】

差異的接触理論　154
殺人　32, 61, 70, 141, 179
　——家族と離れて過ごす時間　206
　——拘禁率　246
　——国際比較　41
　——青少年の検挙率　65, 66
　——戦前の統計　39, 40
　——と人種　7, 8, 68, 70
　——と性別　60, 61

——と年齢	63, 65	収入格差(経済的不平等)	13, 125, 185-190, 260
——と福祉	233	収入の中央値	181, 182, 185, 188
——と物価上昇	178, 179	郊外とインナーシティの——	193
差別	71, 90, 145, 146, 262	——動向の時期	263
死刑	242, 245	——と人種	187-190
資源動員論	117, 141	——に関する人々の認知	269
自己申告データ	20, 22, 23, 27, 28, 57	状況理論	97, 98
自尊心	119, 176, 249	女性	
失業	13, 177, 182, 260	——親によるコントロール	109
自動車盗	34-38, 43, 65-67, 70	——経済的役割	201

社会運動 ➡ 公民権運動 (Civil rights movements); 政治的積極行動 (Political activism) を見よ

——主婦の孤立　208
——と貧困　123
——と福祉　241
——の行動選択　109, 262
——母子世帯　206, 215-217, 264
労働力における——　122, 123

社会化	202, 209		
家族における——	112, 121, 123		
——と教育	231		
——と刑事司法システム	230		
社会解体論	154, 176		

シラキュース大学家族開発調査プロジェクト　272

➡ 緊張理論 (Strain theory) を見よ

➡ 性別 (Gender) を見よ

社会資本	107, 265	人口学的増減の影響	54, 59, 62-64
社会制度	10-14, 105-128	人種	68-77
——とアフリカ系アメリカ人の結びつきの弱さ	14, 110	——強盗率	72
——変化の速度	108	——差別	90, 145, 262
——予測可能性	106, 110, 111	——自尊心	249

➡ 経済制度 (Economic institution); 家族 (Family); 政治制度 (Political institutions) を見よ

——収入格差 (経済的不平等)　190
——世帯収入の中央値　189, 190
——とUCRの検挙率　56
——犯罪者の年齢と性別　75, 76
——犯罪報告　55-57
——暴動　143, 158
——母子世帯　215, 216

社会的コントロールのメカニズム　112-115, 117, 125

➡ 刑事司法システム (Criminal justice system); 経済制度 (Economic institutions); 教育 (Education); 家族 (Family); 政治制度 (Political institutions); 福祉 (Welfare) を見よ

人種差別撤廃

➡ 該当する民族集団 (specific ethnicities) を見よ

社会的コントロール理論	96, 97	シンボリック相互作用論	91
社会復帰	229	スイス	41, 42

事項索引　303

スウェーデン	41, 42, 279
スコットランド	41, 42
スペイン	42
政治制度	116-118, 125, 137-163
——政治スキャンダル	118, 148, 149
——正統性の尺度	260
——正統性の衰退への対応としての刑事司法	227
——正統性を増やすための示唆	265-268
——世論の認知	149-153
——と家族	217-219, 264
——と経済制度	263
——と公民権運動	145, 146
——と人種	267, 268
——とベトナム戦争	146-149
——の正統性の減退	117, 118, 146-149, 264
——犯罪率上昇の影響	125-127

➡ 民事司法システム (Civil justice system); 刑事司法システム (Criminal justice system) を見よ

政治スキャンダル	118, 148, 149
政治的積極行動	117, 125, 141-143, 157-163

➡ 公民権運動 (Civil rights movement) を見よ

青少年
——親によるコントロール	202-205, 207
——家族への愛着	96
——と経済的圧迫	119
——と刑事司法システム	219
——の自尊心	119
——未婚女性による出産	215-217

➡ 年齢 (Age); 教育 (Education); 家族 (Family) を見よ

正統性(制度の)	108-111
家族の——	97, 116, 121-123, 203-207, 215-217, 265
経済制度の——	92, 93, 118-121, 175, 264, 265
政治制度の——	117, 118, 143, 144, 264, 265
——と矯正の効果	247
——の起源	111
——の尺度	156, 260
——の衰退への対応	123-125, 227-252
——の伝達	112, 202
——を増やすための示唆	265-277
政府に対する人々の態度	149-153
性別(ジェンダー)	58-62
——家族構造	270
——人口統計	54, 55, 75, 76
——男性と女性の経済的関係	201
——男性と女性の犯罪率の収斂	59-61
——と親によるコントロール	109
——と行動選択	109, 262
——と犯罪報告	55-57
——とラベリング理論	91

➡ 男性 (Men); 女性 (Women) を見よ

世界保健機関(WHO)	40
石油危機	185
窃盗	25, 29, 34-38, 65, 66, 70

➡ 自動車盗 (Motor vehicle theft) を見よ

全米刑事司法情報統計サービス	25
全米犯罪調査(NCS)	25, 26
全米犯罪被害調査(NCVS)	23-26, 36, 56, 74
訴訟	146, 155, 156

【タ行】

第二次世界大戦	144

他者による犯罪行為からの保護→監視 (Guardianship) を見よ

WHO➡世界保健機関(World Health Organization) を見よ

単親世帯	123, 206, 207, 211,

　　　　　　　　　　　212, 215-217, 220, 264
男性
　——拘禁率　　　　　　　　　　243
　——ジェンダー・アイデンティティ 218
　——収入格差　　　　　　　　　183
　——と「伝統的」家族の変化 208-210, 218
　——非農業労働への移行　　　　213
　➡ 性別 (Gender) を見よ
チェコスロヴァキア　　　　　　　42
調査方法論 ➡ データの収集 (Data collection) を見よ
データの収集　　　　　　　　19-22
　——国際犯罪統計 (ICS)　　　　41
　——「事件数」の測定法　　　　158
　——自己申告データ 20, 22, 23, 27, 28, 246
　——縦断的と横断的研究　　　　277
　——人口学的増減の影響　54, 59, 62-64
　——世界保健機関　　　　　　　40
　——全米犯罪被害調査　　　　23-26
　——タイプの比較　　　　　　26-29
　——統一犯罪報告書　　　　　20-22
　——における偏り　　　　　23, 27-29
　——被害データ　　　　　20, 27, 28
適当な標的　　　　　　　　　　　98
TANF ➡ 貧窮家族一時支援 (Temporary Assistance for Needy Families) を見よ
デンマーク　　　　　　　　　　　41
DAREプログラム ➡ ドラッグ対策教育プログラム (Drug Abuse Resistance Education Program) を見よ
ドイツ　　　　　　　　　　　41, 279
統一犯罪報告書 (UCR)　　20-22, 30-33
　——NCVSデータとの比較　　　36
　——自己申告データとの比較　　57
　——データのタイプ　　　　　　55
　——の妥当性　21, 22, 26-29, 55-57, 71
　——白人・アフリカ系アメリカ人以外の

　　逮捕者に関するデータの不足　68, 69
道徳性
　——社会的ルールの道徳的妥当性　112
　——と合理的選択理論　　　　　　88
　——犯罪の道徳的正当化　118, 140, 141
投票率　　　　　　　　　　　　　157
ドラッグ対策教育プログラム　　　219

【ナ行】

ニカラグア　　　　　　　　　　　149
西ドイツ　　　　　　　　　　　　42
「日常活動」理論　　　　　　　　97
日本　　　　　　　41, 107, 173, 279
ニュージーランド　　　　　　41, 42
ニューヨーク市　　　　　　　　250
年齢　　　　　　　　　　62-68, 262
　——拘禁率　　　　　　　　　　243
　——就学　　　　　　　　214, 235
　——収入格差 (経済的不平等)　120
　——人口学的増減の影響　　62-64
　——人口統計　54, 55, 62-64, 75, 76
　——と緊張理論　　　　　　　　93
　——と社会制度との結びつき　　110
　——と犯罪報告　　　　　　55-57
　——犯罪統計　　　　　63, 65-68
　——犯罪をおかす性向の変化　　65
　➡ 青少年 (Juveniles) を見よ
ノルウェー　　　　　　　　　　　41

【ハ行】

反抗理論　　　　　　　　249, 267
犯罪　　　　　　　　　4, 5, 26, 67
　——家族構造への影響　　　　　126
　——国際比較　　　　　　　　278
　——適当な標的　　　　　　　　98
　——動向の時期　　8-10, 38, 39, 127
　——と道徳性　　　88, 117, 140-143

事項索引　305

――へのアメとムチのアプローチ　234
――報告　24, 25, 28, 29, 36, 37, 55-57, 247
――歴史的動向の説明　39, 40
――を減らすための示唆　265-277
➡ 犯罪者の特徴(Offender characteristics); 該当する犯罪(specific crimes)を見よ
犯罪および街頭の安全性に関する包括法　241
犯罪学者の政治的態度　153-155, 162
犯罪者の動機　11, 88, 112, 117, 125, 140-142, 161
犯罪者の特徴　53-77
　――人種　68-77
　――性別　58-62
　――年齢　62-68
犯罪に関する合理的選択論　86-89
犯罪に関する説明　9, 44-46, 83-100, 153, 154
　――移住・移民の影響　190-193
　――緊張理論　92-95, 119, 138, 139, 175
　――権力-コントロール理論　109
　――合理的選択論　86-89
　――コントロール理論　96, 97
　――状況理論　97
　――シンボリック相互作用論　91
　――心理学的説明　45, 84-86
　――生物学的説明　45, 84-86
　――説明すべき特徴　76, 83, 98-100, 179, 180, 228
　――反抗理論　249, 267
　――犯罪者の動機　11, 88, 112, 117, 125, 139-142
　――文化的逸脱理論　95, 96
　――ラベリング理論　89-92, 154
犯罪に関する人々の認知　35-38, 46
➡ 刑事司法システム(Criminal Justice system); 教育(Education); 社会的コントロール(Social control); 福祉(Welfare)を見よ
犯罪のコントロール　14, 15, 265-277
犯罪の心理学的説明　45, 84-86
犯罪の生物学的説明　45, 84-86
被害データ　20, 23-28, 56
非行の権力-コントロール理論　109
ヒューストン親子開発センター　272
貧窮家族一時支援　276
貧困　13, 123, 173, 174, 177, 234, 260
フィンランド　41
フェミニズム　122, 219
物価上昇　13, 117, 120, 125, 177-179, 184-187, 260, 263
福祉　14, 15, 86, 233
　経済制度の正統性の衰退への対応としての――　227
　――国際比較　126, 279
　――支出動向　124, 125, 228, 239, 240, 261
　将来の――　275-277
　――と家族　219
　――と女性　241
　――と人種　228
　――犯罪率への影響　233
不法目的侵入　29, 34-38, 70, 179
　――家族から離れて過ごす時間　206
　――国際比較　42
　――と人種　70, 241
　――と性別　60, 61
　――と年齢　65-67
　――と福祉　233
　――と物価上昇　178
フランス　41, 42, 279
文化的逸脱理論　95, 96
ヘッドスタート・プログラム　275
ベトナム戦争　110, 118, 146-149, 185

ペリー幼稚園 272
ベルギー 42
法執行と司法運営に関する委員会 14, 234, 241
暴行 26, 29, 31-33, 61, 70, 206, 246
暴動 138, 142, 146, 157-163
ポーランド 42
母子家庭公的扶助（AFDC） 219, 267, 276
ホワイトウォーター事件 149

【マ行】

民事司法システム 155, 156
民族集団
　——アジア系アメリカ人の検挙率 68-70
　——アメリカ先住民の検挙率 70
　——移住・移民 7, 176, 177
　——諸外国におけるマイノリティの犯罪率 279
　——ラテン系アメリカ人の検挙率 69
　➡ アフリカ系アメリカ人（African Americans）；コーカサス系（Caucasians）；人種（Race）を見よ

【ヤ行】

UCR➡統一犯罪報告書（Uniform Crime Reports）を見よ
「豊かさの中の犯罪」という逆説 181
抑止 141, 229, 248
予測可能性 106

【ラ行】

ラテン系アメリカ人 69
ラベリング理論 89-92, 153, 154
離婚 206, 209, 210, 215
ロシア連邦 41

人名索引

【ア行】

アイゼンハワー, ドワイト, D. (Eisenhower, Dwight D.) 144
アドラー, フレッダ (Adler, Freda) 59
アブドゥ, マーガレット (Abudu, Margaret) 142
アルボネッティ, セレスタ (Albonetti, Celesta) 153
アンダーソン, エリヤ (Anderson, Elijah) 141, 161
アンブローズ, ステファン (Ambrose, Stephen) 138
ウィッテ, アンネ (Witte, Anne) 174
ウィルソン, ウィリアム, ジュリアス (Wilson, William Julius) 8, 192, 232, 239, 266
ウィルソン, ジェームス Q (Wilson, James Q.) 154, 174, 181
ウィルソン, マーゴ (Wilson, Margo) 85
ウェイト, リンダ (Waite, Linda) 201, 210
ウェーバー, マックス (Weber, Max) 111
ヴォルド, ジョージ (Vold, George) 178
ウォルフ, プレーベン (Wolf, Preben) 23
エイジトン, スーザン (Ageton, Susan) 28, 57, 249
エクバーグ, ダグラス (Eckberg, Douglas) 40
エチオーニ, アミタイ (Etzioni, Amitai) 88
エッカート, クレイグ (Eckert, Craig) 145
エディン, キャサリン (Edin, Kathryn) 276
エバンス, M.D.R. (Evans, M. D. R.) 269

エリオット, デルバート (Elliot, Delbert) 28, 57, 249
オーバーシャル, アンソニー (Oberschall, Anthony) 139
オーリン, ロイド (Ohlin, Lloyd) 93, 94, 119, 176
オズグッド, D.ウェイン (Osgood, D. Wayne) 85
オブライアン, ロバート (O'Brien, Robert) 36

【カ行】

ガー, テッド (Gurr, Ted) 39, 143
カーマイケル, ストークリー (Carmichael, Stokely) 146
カサダラ, ジョン (Kasarda, John) 232
カッツ, ジャック (Katz, Jack) 141
カポネ, アル (Capone, Al) 175
キング, マーチン ルーサー Jr. (King, Martin Luther, Jr.) 147
キンゼイ, アルフレッド (Kinsey, Alfred) 22
クーリー, チャールズ (Cooley, Charles) 89
クラーク, ヒルトン B. (Clark, Hilton B.) 268
グラスミック, ハロルド (Grasmic, Harold) 88
グラノヴェター, マーク (Granovetter, Mark) 109, 114
クリーバー, エルドリッジ (Cleaver, Eldrige) 147
グリーン, ドナルド (Green, Donald) 88
グリュック, シェルドンとエレノア (Glueck, Sheldon and Eleanor) 203

クリントン, ビル (Clinton, Bill)　149, 162
グレーザー, ダニエル (Glaser, Daniel)　5
クロワード, リチャード (Cloward, Richard)　93, 94, 119, 176
ケネディ, ジョン F. (Kennedy, John F.)　162, 176
ケリー, ジョナサン (Kelley, Jonathan)　269
ケリー, レイモンド (Kelly, Raymond)　251
コーエン, アルバート (Cohen, Albert)　119, 175
コーエン, ローレンス (Cohen, Lawrence)　37, 97, 205, 206
ゴールディン, クラウディア (Goldin, Claudia)　180
ゴールドシャイダ, フランセス (Goldscheider, Frances)　201, 210
ゴールドスミス, ウィリアム (Goldsmith, William)　186
コールマン, ジェームズ (Coleman, James)　116
ゴットフレドソン, マイケル (Gottfredson, Michael)　46, 59, 62, 140, 141

【サ行】

サザーランド, エドウィン (Sutherland, Edwin)　95, 153
サッセン, サスキア (Sassen, Saskia)　280
サンプソン, ロバート (Sampson, Robert)　203, 207
ジェンキンス, J.クレイグ (Jenkins, J. Craig)　145
ジェンクス, クリストファー (Jencks, Christopher)　276, 282
シャーマン, ローレンス (Sherman, Lawrence)　249, 267
ジャクソン, パメラ, アービング (Jackson, Pamela Irving)　279

シュテッフスマイアー, ダレル (Steffensmeier, Darrell)　59, 61
シュロッサー, エリック (Schlosser, Eric)　280
ショー, クリフォード (Shaw, Clifford)　153, 176
ショート, ジェームス (Short, James)　22, 23
ジョンソン, ジョージ (Johnson, George)　186
ジョンソン, リンドン (Johnson, Lyndon)　14, 24, 184, 185, 234
シンプソン, O.J. (Simpson, O. J.)　268
スコーガン, ウェスレー (Skogan, Wesley)　56
スタック, キャロル (Stack, Carol)　205
スパークス, リチャード (Sparks, Richard)　23
ゼドレフスキ, エドワード (Zedlewski, Edward)　246
ソロモン, フレデリック (Solomon, Frederic)　139

【タ行】

タイラー, トム (Tyler, Tom)　248, 267
チルトン, ロラン (Cliton, Roland)　279
ティトル, チャールズ (Tittle, Charles)　87
ティリー, チャールズ (Tilly, Charles)　143
デイリー, マーティン (Daly, Martin)　85
デヴァイン, ジョエル (Devine, Joel)　178, 233
デフロンゾ, ジェームズ (DeFronzo, James)　86
デュルケム, エミール (Durkheim, Emile)　92, 94, 139, 248, 268
トンリー, マイケル (Tonry, Michael)　279
トマス, W.I. (Thomas, W. I.)　89
ドラス, クリス (Drass, Kriss)　179,

181-182, 189

【ナ行】

ナイ, F. イヴァン (Nye, F. Ivan) 22, 23
ニーブルグ, H. L. (Nieburg, H. L.) 142
ニクソン, リチャード (Nixon, Richard) 148

【ハ行】

バーガー, ピーター (Berger, Peter) 10, 106, 281
ハーガン, ジョン (Hagan, John) 109, 153
バーグラフ, シャーリー (Buggraf, Shirley) 122, 264, 271, 275, 277
ハーシ, トラビス (Hirschi, Travis) 23, 46, 59, 62, 96, 140, 141, 202
パーソンズ, タルコット (Parsons, Talcott) 108
バーナード, トーマス (Bernerd, Thomas) 178
バウンド, ジョン (Bound, John) 186
パトナム, ロバート (Putnum, Robert) 113
ハリス, アンソニー (Harris, Anthony) 249
ハンディ, チャールズ (Handy, Charles) 269
ピリアビン, アービング (Piliavin, Irving) 204
ヒンデラング, マイケル (Hindelang, Michael) 27, 56, 74-76
ファーリントン, デイビッド (Farrington, David) 207
ファスティンバーグ, フランク (Furstenberg, Frank) 205, 266
ブース, アラン (Booth, Alan) 85
フェルソン, マーカス (Felson, Marcus) 37, 97, 204, 206
フクヤマ, フランシス (Fukuyama, Francis) 113, 209, 264
ブッシュ, ジョージ (Bush, George) 149

ブラック, ドナルド (Black, Donald) 140, 141
フリーマン, リチャード (Freeman, Richard) 243, 246
ブレイクリー, エドワード (Blakely, Edward) 186
ブレイスウェイト, ジョン (Braithwaite, John) 113, 248, 267
ブレイン, ポール, フレデリック (Brain, Paul Frederic) 85
ベッカー, ハワード (Becker, Howard) 90
ベネット, ウィリアム (Bennett, William) 247
ベラー, ロバート (Bellah, Robert) 155, 281
ベンサム, ジェレミー (Bentham, Jeremy) 113
ホージ, ラグナー (Hauge, Ragnar) 23
ホーファース, サンドラ (Hofferth, Sandra) 212
ホブズボーム, エリック (Hobsbawm, Eric) 6

【マ行】

マーゴ, ロバート (Margo, Robert) 180
マートン, ロバート (Merton, Robert) 92, 119, 139, 158, 175
マーベル, トーマス (Marvell, Thomas) 63, 246
マッケイ, ヘンリー (McKay, Henry) 153, 176
マッセイ, ダグラス (Massey, Douglas) 193
マリー, チャールズ (Murray, Charles) 239, 240
マルクス, カール (Marx, Karl) 140, 263
ミード, ジョージ, ハーバート (Mead, George Herbert) 89
ミラー, ウォーレン (Miller, Warren) 149
ミラー, エイブラハム (Miller, Abraham) 157
ミレット, ケイト (Millet, Kate) 208
ムーディ, カーライル (Moody, Carlisle)

　　　　　　　　　　　　　　　62, 246
モイニハン, ダニエル, パトリック
　(Moynihan, Daniel Patrick)　　　97

【ヤ行】

ヨシカワ, ヒロオ (Yoshikawa, Hiro)　272

【ラ行】

ラフリー, ゲリー (LaFree, Gary)　179, 181,
　　　　　　　　　　　　　　182, 189
ライシュ, ロバート (Reich, Robert)　187
ラウブ, ジョン (Laub, John)　　　203
ラグレス, スティーブン (Ruggles, Steven)
　　　　　　　　　　　　　　　215
ランガン, パトリック (Langan, Patrick)　245
ランス, バート (Lance, Bert)　　　149
リースク, ジョエル (Lieske, Joel)　143
リーバーソン, スタンレー (Lieberson,
　Stanley)　　　　　　　　　　277

リーマン, ニコラス (Lemann, Nicholas)　191
リューデ, ジョージ (Rude, George)　140, 160
ルックマン, トーマス (Luckmann, Thomas)　　　　　　　　　　　106, 281
レヴィ, フランク (Levy, Frank)　185,
　　　　　　　　　　　　　　191, 264
レーガン, ロナルド (Reagan, Ronald)　149
　　　　　　　　　　　　　　150, 243
レーバー, ロルフ (Loeber, Rolf)　207
ローゼンフェルド, リチャード (Rosenfeld, Richard)　　　　　　　　263
ロン, シャロン (Long, Sharon)　174
ロング, デニス (Wrong, Dennis)　108
ロンブローゾ, チェザーレ (Lombroso, Cesare)　　　　　　　　　　　　84

【ワ行】

ワースマン, カール (Werthman, Carl)　204

訳者紹介

宝月　誠（監修）
京都大学文学研究科・文学部教授。滋賀県生まれ。京都大学文学研究科修了。
〈主要著作・論文〉『逸脱論の研究』(恒星社厚生閣、1990)、『社会生活のコントロール』(恒星社厚生閣、1998)、『講座社会学第10巻　逸脱』(編著、東京大学出版会、1999)、「逸脱行動の統合理論の構築」(科学研究費研究成果報告書、2002)。

大山小夜（第1〜3章）
金城学院大学人間科学部講師。兵庫県生まれ。京都大学大学院文学研究科(社会学専攻)博士課程修了。
〈主要著書・論文〉「危機を生きる家族」(宝月誠・中野正大編『シカゴ社会学の研究』恒星社厚生閣、1997)、「多重債務者の生活史―消費者取引における紛争解決の一事例」(『研究論集』第18巻、相愛大学、2002)。

平井　順（第4〜5、9〜10章）
同志社大学大学院文学研究科(社会学専攻)博士課程在学。大阪府生まれ。同志社大学大学院文学研究科修士課程修了。
〈主要著書・論文〉「被害者と加害者が同じ論理を採用することに関する一考察――公害と薬害の裁判過程における主張と見解を事例として」(『同志社社会学研究』第3号、同志社社会学研究学会、1999)、「近畿圏有権者の特徴的意識――95年SSM調査B票データを用いた分析」(『地域社会の政治構造と政治文化の総合研究』第一輯、地方自治研究会、2001)、「情報公開に関する意識――積極的な参加・地域社会の形成・自治体への信頼」(『地域社会の政治構造と政治文化の総合研究』第一輯、地方自治研究会、2001)。

髙橋克紀（第6〜8章）
同志社大学大学院総合政策科学研究科博士課程在学。石川県生まれ。同志社大学法学部卒業。
〈主要著書・論文〉「住民投票制度の再検討：社会的コントロールの視点から」(『同志社政策科学研究』2巻1号、同志社大学、2000)、「『公共性』と『公共圏』の概念の整理：政策科学への応用に向けて」(『同志社政策科学研究』3巻1号、同志社大学、2002)。

現代社会学叢書

正統性の喪失――アメリカの街頭犯罪と社会制度の衰退　※定価はカバーに表示してあります

2002年7月20日　初　版第1刷発行　　〔検印省略〕

監訳者©宝月誠／発行者　下田勝司　　印刷・製本／中央精版印刷

東京都文京区向丘1-20-6　郵便振替00110-6-37828
〒113-0023　TEL(03)3818-5521　FAX(03)3818-5514
E-mail : tk203444@fsinet.or.jp
発行所　株式会社　東信堂
Published by TOSHINDO PUBLISHING CO., LTD.
1-20-6, Mukougaoka, Bunkyo-ku, Tokyo, 113-0023, Japan
ISBN4-88713-441-X　C3336　¥3600E　　© Makoto Hogetsu

東信堂『現代社会学叢書』刊行の趣旨

　21世紀を射程に入れて、地球規模、アジア規模そして日本社会の大きな社会的変動が刻々とすすみつつあります。その全貌について、あるいは特定の局面についてであれ、変動の諸要因、方向などを解き明かす社会科学的パラダイムの形成がいま切実に渇望されております。社会科学の一分肢である現代社会学もまた新しい飛躍が期待されています。

　しかし、現代日本の社会学には、混乱と一種の沈滞がみられます。それを流動化、拡散化、分節化、私化、商品化状況と見ることもできましょう。この事態を一日も早く脱却し、社会科学としての社会学の確立、発展のための努力が払われなくてはなりません。

　そうした中で、東信堂といたしましては、それに応えるべく斬新な社会学的研究の成果を『現代社会学叢書』として、逐次刊行していく企画をたてました。形式は、単著、共著、編著、共編著とさまざまになりましょうが、内容的には、理論的にも実証的にも、これまでの実績を、一歩でも二歩でもこえる著作の刊行を目指しております。各著作ともに明確なポレミィークとメッセージがふくまれ、またリアリティを持った主張がふくまれるものとなるように心掛けたいと考えます。この叢書が地道でも堅実な研究の発表の機会として、誠実な社会学関係の研究者に、とりわけ優れた博士論文などを執筆した若い研究者に、広くその成果を公表できる場として活用されるなら非常に幸いです。

　このため当社としては当面下記の諸先生方に、編集参与として新しい研究の発掘、指導、ご推薦などを賜り、ゆるやかであっても、レフェリー的役割を果たして下さるようお願いし、内容の向上のため、なにほどかのお力添えを得ることができるようにいたしました。幸い諸先生方から多くのご指導をいただき、いよいよ本叢書の刊行ができる段階に達しました。

　叢書は、その性格からして、刊行は不定期となりますが、質の高い業績を集めて刊行し、斯学界のみならず、社会科学全体の発展と、現代社会の解明のために資し、いささかなりとも学術的・社会的貢献を果たす所存です。本叢書の刊行の意図をご理解の上、大方の多様かつ多面的なご叱正とともに厚いご協力を、ひろくお願いいたします。簡単かつ卒辞ながら、刊行の辞といたします。

　1998年11月3日

　　　　　　　　　　　　　　　　　　　　　　　株式会社 東 信 堂

編集参与(敬称略)
　編集参与代表　北川隆吉
　　†飯島伸子、稲上毅、板倉達文、岩城完之、奥山真知、川合隆男、北島滋、厚東洋輔、佐藤慶幸、園田恭一、友枝敏雄、長谷川公一、藤井勝、舩橋晴俊、宝月誠

〔現代社会学叢書〕

開発と地域変動
——開発と内発的発展の相克
北島滋 三二〇〇円

新潟水俣病問題
——加害と被害の社会学
飯島伸子・舩橋晴俊編 三八〇〇円

在日華僑のアイデンティティの変容
——華僑の多元的共生
過放 四〇〇〇円

健康保険と医師会
——社会保険創始期における医師と医療
北原龍二 三八〇〇円

事例分析への挑戦
——個人・現象への事例媒介的アプローチの試み
水野節夫 四六〇〇円

海外帰国子女のアイデンティティ
——生活経験と通文化的人間形成
南保輔 三八〇〇円

有賀喜左衛門研究
——社会学の思想・理論・方法
北川隆吉編 三六〇〇円

現代大都市社会論
——分極化する都市？
園部雅久 三二〇〇円

インナーシティのコミュニティ形成
——神戸市真野住民のまちづくり
今野裕昭 五四〇〇円

ブラジル日系新宗教の展開
——異文化布教の課題と実践
渡辺雅子 八二〇〇円

イスラエルの政治文化とシチズンシップ
奥山眞知 三八〇〇円

福祉国家の社会学[シリーズ社会・政策研究1]
——21世紀における可能性を探る
三重野卓編 二〇〇〇円

戦後日本の地域社会変動と地域社会類型
——都道府県・市町村を単位とする統計分析を通して
小内透 七九六一円

新潟水俣病問題の受容と克服
堀田恭子著 四八〇〇円

ホームレス ウーマン
——知ってますか、わたしたちのこと
E・リーボウ 吉川徹・藍里香訳 三二〇〇円

タリーズ コーナー
——黒人下層階級のエスノグラフィ
E・リーボウ 吉川徹監訳 二三〇〇円

盲人はつくられる
——大人の社会化の研究
R・A・スコット 三橋修監訳・解説 金治憲訳 二八〇〇円

〒113-0023 東京都文京区向丘1-20-6　☎03(3818)5521　FAX 03(3818)5514／振替 00110-6-37828

※税別価格で表示してあります。

東信堂

〈シリーズ 世界の社会学・日本の社会学 全50巻〉

タルコット・パーソンズ	——近代主義者の最後の	中野秀一郎	一八〇〇円
ゲオルク・ジンメル	——現代分化社会における個人と社会	居安 正	一八〇〇円
ジョージ・H・ミード	——社会的自我論の展開	船津 衛	一八〇〇円
奥井復太郎	——都市社会学と生活論の創始者	藤田弘夫	一八〇〇円
新明正道	——綜合社会学の探究	山本鎭雄	一八〇〇円
アラン・トゥーレーヌ	——現代社会のゆくえと新しい社会運動	杉山光信	一八〇〇円
アルフレッド・シュッツ	——主観的時間と社会的空間	森 元孝	一八〇〇円
エミール・デュルケム	——社会の道徳的再建と社会学	中島道男	一八〇〇円
レイモン・アロン	——危機の時代の透徹した警世思想家	岩城完之	一八〇〇円
米田庄太郎		中 久郎	一八〇〇円
高田保馬		北島 滋	続刊

書名	副題	編者	価格
白神山地と青秋林道	——地域開発と環境保全の社会学	橋本健二	四三〇〇円
現代環境問題論	——理論と方法の再定置のために	井上孝夫	三二〇〇円
現代日本の階級構造	——理論・方法・計量分析	井上孝夫	三二〇〇円
社会と情報 1〜4 〔研究誌・学会誌〕		「社会と情報」編集委員会編	二〇六〇〜二八〇〇円
東京研究 3〜5		東京自治問題研究所編	二三〇一〜二三九〇円
日本労働社会学会年報 4〜12		日本労働社会学会編	二九一三〜三三〇〇円
社会政策研究 1・2		「社会政策研究」編集委員会編	各一八〇〇円

〒113-0023 東京都文京区向丘1—20—6　☎03(3818)5521　FAX 03(3818)5514／振替 00110-6-37828

※税別価格で表示してあります。